심리검사 및 평가

전주람 · 전지은 · 한혜현

KNOWLEDGE COMMUNITY 공동체

일러두기

1) 이 책에서는 '피검사'와 '수검자'라는 용어가 혼용되어 사용되었음을 밝힙니다.
2) 이 책에 수록된 모든 사례는 내담자 또는 학습자의 동의를 얻어 학술적 목적에서 제시되었음을 밝힙니다.

머리말

이 책은 심리검사라는 검사 및 평가의 장에서 실제 상담을 어떻게 진행해야 하는지에 대한 가이드라인의 부족에 대한 아쉬움으로부터 탄생되었습니다. 가족학 전공자인 전주람은 2014년부터 10여 년 이상 법원 내 이혼상담을 비롯하여 청소년위탁, 후견상담, 부모교육의 상담위원으로 활동해오며 심리검사의 기본적인 개념과 실제 적용부분에서 가이드라인을 제공할 수 있는 교재가 상담가들에게 필요할 것이라고 확신하였습니다. 또한 임상심리사로 현재는 아동발달센터에서 근무하고 있는 전지은은 아동발달 전문가, 임상 실천가이자 아동 심리평가 및 아동문제를 다루는 전문가로서 그들의 심리적 회복에 관심을 기울이고 있습니다. 그리고 부부치료 전문가이자 서울가정법원 협의회 회장을 역임한 한혜현은 2012년부터 서울가정법원에서 이혼소송, 협의이혼을 신청한 부부 및 아동학대사건의 가족 등 여러 이슈에 관한 내담자를 만나오고 있습니다. 그 과정에서 우리는 법원 협의회 임원을 함께하기도 했고, 상담현장에서 고민하고 있는 여러 이슈에 관해 동료 슈퍼바이저 역할을 해오고 있습니다.

세 명의 공저자들은 상담현장에서 일해오며, 심리검사의 분야에서 초보 상담사들이 현장에서 어떻게 적용해 나갈 수 있는지에 관해 다양한 각도에서 정리할 필요성을 직감하였습니다. 아울러 저희들은 심리검사와 관련된 기본 개념을 설명하면서 동시에 학습자와 저자 간의 상호작용하는 방식의 중요성을 깨닫고 예시를 통해 질문을 던지고 그 질문에 스스로 답해보는 방식의 교재 형태로 엮는다면 보다 많은 학생들이 쉽고 흥미롭게 책을 접할 수 있을 것이라고 판단했습니다.

그리하여 이 책은 오랜 시간 상담현장에서 주로 활용해 오고 있는 주된 심리검사의 내용을 소개하고, 초보 상담사들이 현장에서 전문성을 발휘하며 내담자의 마음을 정확하게 파악해 나갈 수 있는 역량을 향상시킬 수 있도록 하였습니다. 이를 통해 이 책이 상담이라는 특수한 장에 입문하는 초보 상담위원들이 심리검사와 평가를 어떻게 해나가야 할지 고민하는 부분에 관해 사례를 들어 개념을 보다 쉽게 적용할 수 있고, 조금이나마 어려움을 덜어내는 데 도움이 될 수 있을 것이라 기대하는 바입니다. 아울러 이 책을 통해 그동안 상담자로서 쌓아온 임상경험과 공부해 온 여러 분만의 철학이나 이론적 근거를 확고히 해나가는 창조적인 생각의 기회와 성찰의 장이 되기를 바랍니다.

이러한 맥락에서 이 책은 심리검사 및 평가 중에서 심리검사의 개념, 정신병리적 문제 판별을 위한 검사인 MMPI, 초기면담에서 주로 활용되는 검사로 SCT, HTP, KFD, 아동과 청소년을 위한 심리검사 및 평가 등에 관해 다루어 심리검사의 각 영역을 자세히 정리할 수 있도록 해줄 것입니다. 이를 통해 기존의 심리검사 및 평가의 내용에 대해 궁금하였던 점을 이해하고, 각 영역의 심리검사에서 상담사의 역할이란 도대체 무엇인지에 관한 인식 제고의 전환점과 담론을 제공해 줄 것입니다.

이 책을 집필하는 과정에서 기존 연구물과 저자들의 상담 및 교육현장의 경험들을 살폈고 세 명의 저자 간에 논의하며 이 책에 담아냈습니다. 하지만 전주람과 한혜현은 법원이라는 현장에서 다양한 이슈들을 다루어 왔으나 역시 자신의 경험에 머무를 수밖에 없는 한계점이 있고, 전지은은 아동문제를 주로 다루어 왔다는 점에서 한계가 있습니다. 이러한 한계점에도 불구하고 내담자의 문제를 진지하게 평가하고 다루는 데 관심을 지닌 세 명의 필자들은 향후 한국 심리상담의 발전을 소망하며 몇몇 연구물, 전문서적과 현장경험에 의지하여 결과물을 내놓습니다.

이 책이 나오기까지 학문의 열정을 깊이 파헤치도록 저희 세 명의 연구자를 성장시켜 주신 가족들과 심리상담의 발전과 노력에 아낌없이 헌신하신 법원 관계자 여러분들과 선배 상담위원분들께 감사의 마음을 전합니다. 아울러 표지에 특별한 상상력과 생명을 불어넣어 주신 그림작가 전주성 님께 깊은 감사의 마음을 전합니다. 또한 원고 기획의 큰 흐름을 잡아주신 공동체 김진경 상무님과 세심한 편집으로 완성도를 높여준 공동체 편집부에게 깊이 감사드립니다. 아무쪼록 이 책을 통해 상담에 입문하는 상담위원들이 보다 안정적으로 자신의 상담세계에서 전문성을 발휘할 수 있기를 바라며 마칩니다.

2025년 겨울

전주람, 전지은, 한혜현 일동

CHAPTER 07 가족 및 부부상담에서 유용한 심리검사 도구 전주람

CHAPTER 08 심리평가 보고서 전주람 · 전지은

CHAPTER

01

상담이란 무엇인가?

1. 상담(Counseling)이란
2. 상담의 다양한 영역들
3. 현재 한국 사회에서 상담의 재조명

CHAPTER 01

상담이란 무엇인가?

(한혜현)

심리상담/ 치료에는 심리상담자/ 치료자의 인간적 자질과 경험이 영향을 미친다. 내담자와 치료적 만남을 결정하는 가장 강력한 결정인자가 바로 이 부분이다(Gerald Corey, 2008).

1. 상담(Counseling)이란

'상담의 역사는 길지만, 상담심리학의 역사는 짧다'(Dawis, 1992)고 한다. 상담의 역사가 길다는 것은 사람이 진화가 시작되며 사회집단을 이루어 생활하던 고대부터 어떤 형태로든 사람의 어려움을 해결하기 위한 상담이 존재했을 것이라는 의미다. 지금처럼 전문적이고 체계적이지는 않았겠지만, 상담과 비슷한 행위가 있었다는 것이다. 의식이나 주술, 종교 등을 통해 심리적 지지를 하기도 하고, 사람들의 어려움이나 관계갈등을 어떻게 해결할지 고민하면서 어떤 시도를 했다는 측면에서 상담의 역사는 길다. 그러나 1879년 Wundt가 독일 라이프치히대학 실험실을 설립하면서 새로운 연구방법을 시도한 것을 상담 시작의 기점으로 본다면 체계적이고 전문적인 학문으로서 상담심리학의 역사는 150년도 채 되지 않는다.

체계적인 상담심리학의 발달은 1900년대 초 정신과 의사인 Freud가 정신분석을 통해서 시작됐다. Watson의 행동주의도 시작되고 Adler, Jung, Horney

등 신정신분석학이 등장했다. Adler의 개인심리학(Individual Psychology), Jung의 분석심리학(Analytical Psychology), Horney의 현상적 심리학과 여성 심리학 등 다양한 영역에서 심리상담이 뿌리를 내리기 시작했다. 이후 Rogers의 인간중심 상담과 인본주의 심리학, Perls의 게슈탈트 치료(Gestalt Therapy), 인지행동치료, 가족체계치료, 통합적 치료 등으로 확장되며 심리상담은 발전해 나가고 있다.

한국에서 심리상담의 역사는 더 짧다. 1950년대 서울대, 고려대, 이화여대 등 각 대학에서 심리학이 개설되는 것을 출발로 미국 교육사절단이 한국에서 활동하면서 상담과 생활지도, 심리검사 등이 소개되기 시작했다. 1970년대 한국심리학회에서 상담심리전문가를 배출하면서 상담의 전문화가 시작되었지만, 한국 심리상담의 역사는 100년도 채 되지 못한다. 현재 한국에서 상담은 개인상담만이 아니라 부부상담, 가족상담, 기업상담, 온라인상담 등 다양한 삶의 영역에서 자리 잡고 있다. 짧은 상담의 역사를 가진 한국에서 상담은 변화하는 사회 속에서 국민의 정신건강과 심리치료에 중요한 역할을 하게 될 것이다.

새로운 시대에 정신건강과 심리치료에 중요한 역할을 하는 상담, 심리상담이란 무엇인가?

체계적이고 전문적인 상담이란 주로 심리상담자/ 치료자가 치료를 목적으로 내담자의 이야기를 듣고 내담자의 문제에 대해 이해, 수용, 공감, 조언 등을 해주는 일이나 과정이라고 일반적으로 정의한다. 그러나 상담 관련해서 다양한 이론이 있고, 이론적 입장에 따라 상담에 대한 정의나 상담과정을 다르게 볼 수 있다. 하지만 모든 심리상담 이론은 기본적인 세 가지 요소를 지니고 있다고 한다. 상담에는 첫째, 인간을 어떤 존재로 보는가 하는 인간관, 둘째, 증상이 왜 생기는가에 대한 원인론, 셋째, 증상을 어떻게 개선하는가에 대한 치료방법론이라는 세 가지 요소가 들어 있다.

Corey는 상담에는 심리상담자/ 치료자의 인간적 자질과 경험이 주요하게 영향을 미친다고 했다. 모든 심리상담 이론에 있는 기본 세 가지 요소들도 심리상담자/ 치료자가 기본적인 인성이나 그의 경험에 영향을 받을 것이다. 심리상담자/ 치료자가 내담자를 만날 때 그의 인간관이나 증상에 대한 이해, 치료 방법 등은 상담과정에 결정적인 영향을 미칠 것이다.

상담에는 다양한 이론이 있고 그 이론마다 상담을 다르게 정의하고 있는데, 상담에 대한 몇 가지 정의를 살펴보겠다. 상담을 포괄적으로 정의하면 "두 당사자 사이에서 이루어지는 공식적인 상호작용 과정으로, 둘 중 어느 한쪽의 인지적 기능(사고의 장애), 감정적 기능(정서적 고통), 행동적 기능(행동의 부적절성) 중 일부 영역이나 전체 영역에서 생기는 고통을 개선할 목적을 갖는다"(Raymond J. Corsini, 2007)라고 한다. Corsini는 상담에서 심리상담자/ 치료자와 내담자 사이에서 일어나는 상호작용과 내담자가 자신의 삶에서 생긴 고통에 대해서 뭔가 변화하고 개선할 목적이 있다는 점을 분명히 했다.

Rogers는 "효과적인 상담은 내담자가 자신이 선택한 새로운 방향으로 적극적으로 행동할 수 있도록 자기 자신을 이해할 수 있게 해주는 명확하게 구조화된 허용적 관계"(Carl Rogers, 1998)라고 정의했다. Rogers는 상담을 심리상담자/ 치료자와의 안전한 관계에서 내담자가 과거의 부정했던 경험을 다시 통합하여 새로운 자기로 변화해 가는 과정이라고 보았다. 상담에서 심리상담자/ 치료자와의 관계, 성장을 경험하는 치료적 관계를 중요하다고 강조했다.

상담계 원로 고 이장호 교수는 상담심리학에서 상담의 정의를 "도움을 필요로 하는 사람(내담자)이 전문적인 훈련을 받은 사람(상담자)과의 대면 관계에서, 생활 과제의 해결과 사고, 행동 및 감정 측면의 인간적 성장을 위해 노력하는 학습 과정"(이장호, 2005)이라고 정리해 놓았다.

이장호 교수의 상담심리학에서 상담을 네 가지 기준을 가지고 설명하고 있다. 첫째, 세 가지 구성요소가 있는데 그것은 내담자, 상담자, 그리고 대면 관계라고 한다. 둘째, 상담에서는 무엇이 이루어지느냐인데 상담의 결과로 과거의 생각, 느낌, 행동 등에서 변화가 이루어진다는 점에서 학습이 이루어진다고 본다. 셋째, 상담의 내용이나 목표는 생활 과제의 해결 및 인간적 성장에 두었다. 생활과정상의 문제가 구체적으로 해결되고, 사고방식이나 행동 측면에서 전보다 더 발전되기 위한 노력이 포함된다고 한다. 넷째, 상담의 성과는 한두 번의 대화보다는 대개 여러 번의 면접을 포함하는 하나의 과정에서 이루어진다고 강조한다.

현대사회의 새로운 도구인 AI(2025년)가 정의한 상담 내용을 보면 "상담의 정의는 개인이 겪는 심리적·정서적·사회적 문제를 전문적인 상담자가 경청하고 이해하며, 문제의 원인을 함께 탐색하고 해결 방법을 모색하도록 돕는 상호작용 과정"이라고 한다. 즉, 상담은 내담자가 자신의 감정과 생각을 표현하고 스스로 문제를 인식하며 변화할 수 있도록 지원하는 대화 및 협력의 과정이라고 설명하고 있다.

상담심리학(1982)에서 이장호 교수가 말한 상담의 세 가지 구성요소인 내담자, 상담자, 대면 관계를 중심으로 상담이란 무엇인지 살펴보자. 상담 결과에 영향을 주는 요인들로는 내담자 요인, 상담자 요인, 상담자와 내담자의 상호작용을 구체적으로 탐색해 보겠다.

먼저 내담자 요인을 보면 내담자 또는 환자라는 용어를 사용한다. 의학적 배경을 가지고 있는 심리치료자는 환자로 보는 경향이 있고, 반면 다른 배경을 가진 사람들은 내담자로 보는 경향이 있다. 환자(patient)는 질병을 내포하며, 내담자(client)는 사업 관계를 내포하고 있다고 한다. 심리상담이나 심리치료 장면에서는 통상 내담자라는 용어를 사용한다.

대부분 내담자는 자신이 경험한 일이나 그로 인한 감정, 생각, 행동 등에서 어려움을 호소하며 상담에서 자신의 문제나 증상을 해결하기 바라고 상담실을 찾아오게 된다. 내담자가 경험한 과거의 어떤 사건이나 상황으로 인해서 스트레스, 심리적 상처, 정신병리적 증상으로 인한 어려움을 해결하고자 심리상담자/ 치료자를 찾게 되는 것이다. 간혹 내담자가 상담에 자발적으로 찾아오지 않는 사례도 있는데, 예를 들면 부모나 교사가 상담을 의뢰한 청소년이나 법적 문제로 상담을 받게 된 사람들이다.

상담은 내담자의 상담에 대한 기대와 동기에 영향을 받는다. 상담에 찾아온 내담자는 상담에 대한 자신만의 기대가 있다. 내담자는 자신의 문제나 증상이 왜 생기고 그 문제나 증상들을 어떻게 변화, 성장할 수 있는지 등을 기대하고 상담에 온다. 상담에 대한 기대를 가지고 온 내담자도 첫 상담을 시작한 이후 상담을 계속하거나 아니면 상담을 종결할지 결정하게 된다. 내담자의 기대와 동기, 의지가 어떤지에 따라 상담의 진행 방향이나 방식, 상담목표 등이 영향을 받게 될 것이다. 내담자가 자발적으로 상담에 오지 않았다면 그 경우에는 상담에서 저항하거나 반항적인 태도를 보일 수 있다. 모든 상담자 관계에서 라포 형성이 중요하지만, 특히 자발적으로 오지 않은 내담자와 상담 초기 라포가 형성되지 않으면 상담을 진행하는 과정에서 어려움이 생길 수 있다.

내담자가 정서적으로 어려운 상태일수록 상담에 대한 동기가 강할 수 있다. 내담자가 현재 상황에서 우울, 불안, 스트레스로 인해서 어려움이나 고통이 크면 상담에서 변화에 대한 동기가 강해서 상담을 지속하게 될 가능성이 높다. 동기가 강한 내담자는 상담에서 어려움이 있더라도 잘 견디고 상담을 효과적으로 진행할 수 있다. 반면 문제의 심각성이 높고 오래된 만성적인 문제가 있었던 내담자는 그동안 문제가 해결되지 않아서 좌절감이 깊을 수 있다. 변하지 않는 가족관계나 대인관계에서 사람에 대한 신뢰감이 떨어져서 상담에서 변화나 성장에 대한 기대도 떨어지고 문제나 상황이 쉽게 변하지 않을 것이라는 생각이 강할 수 있다. 내담자가 과거 문제를 해결하려는 시도가 효과적이지 않았던 경험과 그 결과 형성된 생각으로 인해서 상담과정에서 변화의 가능성을 부정하거나 저항하는 태도로 인해서 어려움을 겪을 수 있다. 이런 내담자는 자신만의 방어적 태도나 방어기제가 강해서 우울, 불안 및 갈등의 원인을 근본적으로 탐색, 직면하지 않으려 할 수 있다. 겉으로는 자신의 어려움이나 고통을 변화시키겠다는 태도를 보이지만, 막상 치료적 과정에서 직면하기를 거절하고 내면에서는 저항적인 경향이 강하게 나타날 수 있다.

내담자가 가진 자원이 풍부한 경우 상담에 긍정적인 영향을 미칠 수 있다. 내담자가 지능이 높아서 상담과정을 잘 이해하고, 상담에서 다루는 문제에 대한 이해, 분석, 통찰력이 높으면 상담에 효과적인 영향을 미칠 것이다. 내담자의 자아 강도가 높은 경우에도 상황이나 사건을 잘 받아들이고, 어려움을 잘 견뎌내기 때문에 자신의 문제를 적극적으로 변화시켜 나가는 상담과정에 도움이 될 수 있다. 또한 가족관계나 대인관계에서 지지와 지원이 풍부하다면 내담자가 자신의 문제를 직면하고 해결해 나가는 상담을 안정적으로 유지하는 데 도움이 된다. 그 외 내담자의 교육수준, 경제적 수준, 사회적 수준이 높거나 낮을 때는 상담에 긍정적인 영향과 부정적 영향도 있을 것이다. 내담자가 상담경험이 있는 경우는 이전 상담과정의 내용에 따라 긍정적이거나 부정적인 영향을 미칠 수 있다.

그 외 상담과정에서 내담자의 태도도 상담에 영향을 미친다. 상담에서 내담자가 길게 침묵을 하거나 솔직하지 않거나 반대로 상담 초기 너무 많은 정보를 이야기하는 것은 부정적인 요인이 될 수 있다. 상담에 대한 기대가 너무 없거나 과도한 기대를 하는 것도 상담에 좋은 영향을 미치지 못한다. 심지어 상담의 필요성을 부정하거나 의심하는 경우에는 상담에 부정적인 영향을 미칠 것이다.

상담자가 내담자와의 우호적인 관계를 형성하는 것만이 아니라 내담자의 자발성, 적극성, 긍정적 기대와 동기는 상담에 주요한 영향을 미칠 것이다.

다음으로 상담자 요인을 보면 일반적으로 심리상담자/ 치료자라고 통칭한다. Corey가 쓴 『심리상담과 치료의 이론과 실제(Theory and Practice of Counseling and Psychotherapy)』에서 심리상담/ 치료를 정의하면서 심리상담자/ 치료자라는 용어를 사용했다. 심리상담자/ 치료자는 기본적으로 상담에 필요한 전문적인 지식과 능력이 있어야 한다. 이장호 교수는 상담자는 전문적 훈련받은 사람이라고 했고, Corey는 심리상담/ 치료에는 심리상담/ 치료자의 인간적 자질과 경험이 영향을 미친다고 강조했다. 상담자는 심리상담자/ 치료자로서 인간적 자질만이 아니라 전문성이라는 영역에서 전문적이고 체계적인 훈련을 받아 준비된 자를 말한다.

심리상담자/ 치료자의 인간적 자질에는 인간을 어떤 존재로 보느냐 하는 인간관과 인간을 대하는 태도와 자세 등이 있을 것이다. 인간을 어떤 존재로 보느냐 하는 인간관은 상담자의 철학이나 삶에 대한 태도를 통해서 드러난다. 상담심리의 이론적 배경에 따라 인간의 마음은 우리가 알 수 없는 동기(무의식, 성충동, 공격성)에 따라 움직인다(Freud)고 보기도 한다. 무의식은 알 수 없고 보이는 것만 믿고 측정 가능한 실험주의에 기초해 보이는 행동을 중심으로 인간을 이해했던 행동주의(Watson)도 있다. 정신분석이나 행동주의의 한계를 보면서 인간의 마음은 눈에 보이는 것이 아니며 측정되지 않는 것이라는 입장에서 무의식적 동기를 부정하고 인간의 자유 의지를 강조한 인본주의(Rogers)에서는 다르게 인간을 이해하고 해석한다. 상담자가 자신이 배운 상담이론적 배경과 삶의 경험을 통해서 어떤 인간관과 삶의 철학을 가지고 있는지는 상담에 영향을 미치는 중요한 요소이다.

그리고 심리상담자/ 치료자가 타고난 기질이나 성격적인 면도 심리상담/ 치료에 영향을 미칠 수 있다. 심리상담자/ 치료자가 차분한 기질인지 충동적인 기질인지, 안정적이며 인내하는 기질인지 감정적이고 예민한 기질인지에 따라 내담자를 안정화시키고 라포를 형성하는 데 영향을 미칠 것이다. 심리상담자/ 치료자의 성격적 성향이 외향적 성격인지 내향적 성격인지, 개방적이고 친화적인 성격인지 등에 따라서 동기가 약한 내담자를 상담에 적극적으로 참여하게 추동하고 내담자의 왜곡된 사고를 명료화하는 데 긍정적인 영향을 미칠 수 있기도 하다. 심리상담자/ 치료자의 직관적인 태도나 현실을 판단하고 사고하는 태도는 상담의 전략과 방향을 세우고 그것을 적용해 나가는 데도 효과적일 것이다. 그 외 상담자/ 치료자가 내담자에게 호감을 주고, 대화 분위기를 밝고 친밀하게 만드는 태도도 상담에 영향을 미친다.

심리상담자/ 치료자가 상담이나 내담자를 대하는 태도나 자세도 중요하다. 상담자는 자신과 타인을 이해하고 수용을 잘하고, 현실적 감각이 높고, 성숙한 대인관계를 유지하고 사회적 관심도 높아야 한다. 또한 상담자가 상담에 당연히 자발적 동기와 의도를 가지고 참여하며, 상담자의 삶에서 상담의 의미를 긍정적으로 형성하고 있어야 한다.

심리상담자/ 치료자는 인간적 자질은 기본적인 토대이고 전문적인 자질도 일정한 시간 동안 체계적으로 훈련을 받아야 한다. 전문적 자질은 내담자의 증상이 왜 생기는가에 대한 원인과 그 증상을 어떻게 개선할 것인지 구체적인 치료 방법을 훈련받는 과정에서 형성된다. 심리상담자/ 치료자는 인간에 대한 깊은 이해와 상담이론에 대한 해박한 지식, 공식적 과정으로 상담을 구조화하고 효율적인 절차와 개입기술을 통해 체계적으로 진행할 수 있는 능력을 가지고 상담에 임해야 한다. 심리상담자/ 치료자는 자신의 상담 진행과 개입기술이 어떤 효과를 나타내고 있는지의 연구를 하거나 그 연구 내용을 숙지하고 있어야 한다.

심리상담자/ 치료자의 인간적 자질과 전문적 자질은 한순간 형성되는 것은 아니다. 심리상담자/ 치료자가 되기 위해 학부, 대학원에서 기본적인 교육을 받으면서 동시에 꾸준히 임상적 수련과정을 거쳐야 한다. 심리상담/ 치료를 배우는 과정에서 상담자 자신의 심리적 문제나 가족문제 등을 직접적으로 치료받는 과정을 통해 체화하는 경험을 하고, 내담자를 만나서 상담적 경험을 쌓으면서 인간적 자질과 전문성을 숙련해 나가야 한다. 심리상담자/ 치료자가 경험과 숙련이 잘 되어 있으면 내담자에 대한 이해가 깊고 넓어지고 적절한 수용과 공감을 통해서 상담 관계를 효과적으로 형성하고 상담을 원만하게 진행해 나갈 수 있다. 상담의 다양한 이론과 기술을 습득하는 것도 중요하지만 상담을 체화하고 경험을 쌓아가는 숙련성은 실제 상담을 진행하는 데 주요한 영향을 미칠 것이다.

마지막으로 대면 관계 요인은 가장 중요한데 심리상담자/ 치료자와 내담자의 대면 관계에 대해서도 여러 가지 입장이 있다. 일반적으로 상담은 단순한 조언이나 해결책 제시를 넘어, 내담자가 자기 이해를 깊게 하고 자발적인 성장을 이루도록 돕는 데 초점을 두기도 한다. 상담이란 사람들이 자신의 문제나 고민, 갈등 등을 전문적인 도움을 받으며 이야기하고 해결해 나가는 과정을 말한다. 쉽게 말해, 자신의 마음속 어려움이나 상황에 대해 심리상담자/ 치료자가 경청해 주고 조언이나 지원을 해주는 대화이고 활동과정이라고 본다. 심리상담자/ 치료자와 내담자의 대면 관계는 주로 언어를 통한 대화과정이나 활동과정이라고 할 수 있다.

이장호 교수는 대면 관계란 인간적 성장이나 성숙을 위한 대화적 관계, 학습 과정이라고 보았다. Corey는 인지, 감정, 경험, 행동 등 모든 영역을 포괄하는 통합적 관계라고 보았다.

인간중심 상담의 Rogers는 대면 관계를 구조화된 허용적 관계 또는 안전한 관계, 진정한 관계 등으로 치료적 관계를 명명했다. 이러한 치료적 관계는 내담자의 문제를 해결하는 것이 목적이 아니라 내담자를 도와 심리적 성숙을 하게 하고 내담자가 자신의 삶을 통합된 방식으로 대처하도록 돕는 것이다. 심리상담자/ 치료자와의 내담자의 체험적(experiential) 과정을 강조하며, 상담자는 비지시적(non-directive) 태도를 가지고 훈련된 전문적 촉진자 역할을 하는 것으로 본 것이다. Rogers는 이전 심리상담/ 심리치료와 대별해서 상담을 내담자중심(client-centered) 상담, 인간중심(person-centered) 상담이라고 부른다.

심리상담자/ 치료자와 내담자의 일반적인 대면 관계는 협력적 관계, 상호작용하는 관계, 안전한 관계, 진정성 있는 관계라고 본다. 상담에서 상담자와 내담자가 대화적 관계를 통한 상호작용을 하면서 내담자 스스로 문제를 인식하고 변화하는 협력과정이라는 점에서 일반적 정의와 크게 다르지 않다.

가족상담・부부상담은 상담자와 내담자 관계를 안전한 관계, 안정감 있는 관계, 내담자의 관계(가족체계, 부부관계) 속에서 연결된 관계, 내담자의 경험세계를 존중하고 배려하는 관계(전주람・한혜현, 2024)라고 정리하고 있다.

상담에서 심리상담자/ 치료자라면 내담자가 무엇을 생각하고, 어떻게 느끼고, 어떤 행동을 하는지를 자세히 살펴야 한다(Gerald Corey, 2008). 심리상담자/ 치료자는 상담을 할 때 내담자가 인지적 요인의 영향을 어떻게 받는지, 경험적 측면과 감정은 어떻게 나타나는지, 계획을 행동으로 옮기고 행하는 것을 통해서 어떻게 배우는지, 그리고 이 모든 영역을 통합하여 포괄적인 과정으로 보아야 한다.

1) 상담 그리고 심리상담, 심리치료, 심리치유

상담은 그냥 상담, 상담심리, 심리치료, 심리치유 등 다양한 용어로 불리고 있는데 혼재되어 사용되기도 한다. 상담 관련한 이 용어들은 다 비슷한 내용을 말하고 있다. 상담 관련한 다양한 모든 용어는 마음과 관련된 도움을 주는 과정을 표현하고 있지만, 목적과 방법, 깊이에서 약간 차이가 있다고 한다.

심리상담, 심리치료, 심리치유를 일반적으로 정리해 보자. 먼저 심리상담과 심리치료를 구분하는 것은 전문가에 따라 입장의 차이가 있다. 상담 및 심리상담과 심리치료라는 개념은 상당히 혼동되기 쉽고 의미상 호환적으로 사용되기도 한다. Rogers는 그의 저서 『Counseling and Psychotherapy』(1942)에서 제목 자체가 '상담과 심리치료'였고, 상담과 심리치료를 각각 별개의 것이 아닌 동일한 영역으로 간주하였다(이장호, 1982). 상담과 치료는 혼재되어서 사용되고 있고, 상담과 치료를 구분하기도 모호하다. 그러나 상담심리전문가나 임상심리전문가, 그리고 정신건강의학과(구 정신과) 전문의 등 전문가의 입장에서 보면 논쟁의 여지가 있다. "심리치료는 본래 정신분석학의 덜 강렬한 형태를 지칭하는 것이고, 여전히 일부 전문가들에게는 정확히 얘기해서 오직 정신분석학적 심리치료만이 치료"(Stephen Palmer, 2006)라고 본다. 심리치료는 주로 정신건강의학과라는 병원 장면에서 사용하는 치료적 용어로 보기도 했다. 그러나 심리치료는 병원에서 사용하고, 심리치료는 긴 것이고 상담이란 짧은 것이라는 극도로 단순화된 주장에 이의를 제기한다(Stephen Palmer, 2006). 상담과 심리치료의 구별에 대해서는 상담자가 상담이라고 생각하는 것이 심리치료에서 일어나기도 하고, 반면에 심리치료자가 심리치료라고 보는 것을 상담에서 하고 있어서 상담과 심리치료가 명확히 구별되기 힘들다(이장호, 1982).

사실 심리치료가 병원에서 환자를 대상으로 증상을 다룬다는 면에서 다르다고 주장하지만, 전문적인 상담이 정서적 문제를 심리학적으로 접근한다는 점에서 큰 차이가 없다고 볼 수도 있다. 상담에서 대인관계와 성격상의 여러 문제를 다룬다는 점에서 내용을 구분하기는 더 어렵다.

일반적으로 정의한다면 상담은 "상담기술이 사용되는 상호작용에 따라 다른데 일반적으로 윤리적인 요인, 보호된 시간, 지정된 목적을 가지고 어떠한 사적인 공간에서, 합의된 시간에, 비밀성의 훈련된 조건 아래 만나는 상담자와 내담자 간의 드러나는 합의라는 특징을 가지고 있다"(Stephen Palmer, 2006)라고 강조한다.

상담을 학문적으로 정의하면 "상담, 상담심리는 심리학의 다양한 하위 분야 중 한 분야"이다. 심리학(psychology)은 "행동과 정신과정을 과학적으로 탐구하는 학문이다"(권대훈, 2017)라고 본다. 심리학은 매우 광범위한 학문 분야로, 인간의 마음과 행동을 다각도에서 탐구하기 위해 여러 세부 분야로 나누어져 있다. 상담학(counseling)과 상담심리학(counseling psychology), 임상심리학(clinical psychology)은 심리학의 다양한 분야 중 한 분야이다.

심리학의 정의에서 행동은 '관찰할 수 있는 외현적 행동과 호흡, 심장박동, 혈압, 뇌파와 같은 생리적 변화' 등이 포함된다. 그리고 '정신과정은 감각, 지각, 기억, 정서, 동기, 신념 등'을 다룬다. 외현적 행동과 달리 정신과정은 직접 관찰하고 측정할 수 없다. 단, 정신과정은 직접 관찰하고 측정할 수 없으므로 특정 상황에서 관찰한 행동에 근거하여 추론해야 한다. 행동주의를 제외한 거의 모든 심리학파는 정신과정을 심리학의 핵심 탐구 대상으로 간주하고 있다. 심리학은 정신과정과 행동에 대한 탐구에서 과학적 방법을 사용한다(권대훈, 2017). 심리적 측정이 발달하게 된 배경에는 심리학이 과학으로 존재하기 위한 하나의 방법으로 심리측정을 채택하게 되었다. 심리학의 목적은 기술, 설명, 예측, 통제 등으로 체계적인 절차를 통해 수집된 자료를 기반으로 과학적 방법을 사용한다. 상담과 상담심리는 심리학의 하위 학문으로써 심리학의 목적에 부합되는 과학적 방식으로 내담자/ 환자의 드러난 현상을 탐색하고 심리적 문제를 다룬다는 점에서는 큰 차이가 없다.

일반적으로 심리상담은 주로 현재 겪고 있는 문제나 고민을 이야기하고, 그 문제를 함께 이해하며 해결 방안을 찾아가는 과정이다. 보통 대화 중심으로 진행되며 일상에서의 스트레스, 대인관계 문제, 진로 고민 등 비교적 경미한 어려움을 다룬다. 상담자는 내담자의 이야기를 경청하며 문제를 정리하고 자원이 동원되도록 돕는 역할을 한다. 상담 기간은 비교적 짧을 수도 있고, 상황에 따라 다르다.

심리상담에 대비해서 심리치료는 한층 깊고 전문적인 과정으로 본다. 심리적 문제나 정신건강 장애(우울증, 불안장애, 트라우마 등)를 진단하고 치료하기 위한 과정이다. 주로 임상심리전문가, 정신건강의학과 전문의 등 전문 자격 보유자가 심리평가, 진단을 통해 개입하며, 치료 기법은 체계적이고 장기적일 수 있다. 따라서 심리치료는 마음에 깊이 있는 상처나 내면 갈등을 다루며, 변화를 유도하는 목적을 가지고 있다고 본다.

그러나 심리치료의 포괄적 정의에서 "두 당사자 사이에서 이루어지는 공식적인 상호작용 과정으로, 둘 중 어느 한쪽의 인지적 기능(사고의 장애), 감정적 기능(정서적 고통), 행동적 기능(행동의 부적절성) 중 일부 영역이나 전체 영역에서 생기는 고통을 개선할 목적을 가지며, 자기 치료(self-therapy)도 심리치료"(Raymond J. Corsini, 2007)에 포함된다고 주장한다. 심리상담과 심리치료의 차이를 강조하던 학문적 차원에서 벗어나서 실제 심리상담과 심리치료의 현장에서는 서로를 보완하고 통합하는 단계에 이르렀다.

상담심리와 심리치료를 포괄하는 심리치유는 마음의 상처가 회복되어 건강한 상태로 나아가는 과정을 의미한다. 심리치유는 심리상담이나 심리치료를 포함하고, 더 넓은 의미로 명상, 예술치유, 자연치유, 자기성찰 등 다양한 방법을 통해 마음의 평안이나 회복을 도모하는 과정이라고 본다. 심리치유는 전문적 상담이나 치료뿐 아니라 개인이나 집단, 공동체가 마음의 안정을 찾고 성장하는 과정까지 포함한다. 심리치유는 반드시 전문가가 주도하지 않더라도, 스스로 또는 주변과 함께 이루어질 수 있다.

결론적으로 심리상담은 일상의 고민과 문제를 이해하고 해결하려는 상대적으로 가볍고 대화 중심의 과정이다. 심리치료는 정신건강 문제나 깊은 심리적 어려움을 전문적이고 체계적으로 다루는 치료 과정이다. 심리치유는 마음의 상처가 회복되는 넓은 의미의 과정으로, 상담과 치료 모두 포함하고 개인적·비전문적 방식까지도 포함할 수 있다. 심리상담과 심리치료, 심리치유는 약간의 차이가 있으나 심리치유를 심리상담, 심리치료와 구분하는 것은 크게 논쟁의 여지가 없다. 심리치유는 넓은 의미에서 심리상담이나 심리치료를 포함하는 의미로 이해할 수 있다. 그리고 심리상담을 할 때 필요에 따라 심리치료과정으로 넘어가기도 하고, 심리치유에서 상담과 치료가 이루어질 수도 있다. 심리상담과 심리치료는 각각의 영역에서는 차이가 있다고 보지만, '마음의 건강과 안녕'을 위한 과정이라는 점에서 공통적 요소는 비슷하다고 볼 수 있다.

2. 상담의 다양한 영역들

상담심리는 심리학의 하위의 한 분야로 한국의 상담심리 영역에는 상담심리학회, 상담학회 양대 학회 외에도 다양한 학회와 협회 등이 존재한다. 심리상담과 심리치료처럼 상담학(counseling)과 상담심리학(counseling psychology)도 구분하기 어렵다.

두 학문은 상담 관련한 학문을 다룬다는 점에서 별반 다르지 않다. 상담심리학이라는 용어는 직업상담의 아버지라고 불리는 Parsons가 1908년 진로상담에서 처음으로 사용했다고 한다. 그 이후 1950년대 초반을 기점으로 상담심리학이라는 공식적인 이름이 등장하게 된다.

상담심리학은 개인이 겪는 심리적·정서적 문제나 어려움을 이해하고, 이를 해결하거나 완화할 수 있도록 돕는 심리학의 한 분야이다. 상담심리학은 사람들이 일상생활에서 경험하는 스트레스, 대인관계 문제, 불안, 우울 등 정신적인 어려움을 상담을 통해 지원하는 학문이라고 보면 된다. 한마디로 상담심리학은 일상생활에서 사람들이 겪는 스트레스, 대인관계 문제, 진로 고민 등 심리적 어려움을 상담을 통해 돕는 분야이다. 임상심리학(clinical psychology)은 정신건강 문제를 진단하고 치료하는 분야로, 심리적 장애나 정신질환을 연구하고 치료하는 활동이 중심이다.

상담심리학이나 상담학은 심리상담의 다양한 분야와 상담 대상, 문제 유형에 따라 여러 가지로 나눌 때 하위 영역을 보면 큰 차이가 없다. 상담심리학이나 상담학에서 대표적인 분야를 정리해 보면 다음과 같다.

- 개인상담영역에서 개인의 정서적 어려움, 대인관계나 갈등, 스트레스, 우울, 불안 등 심리적 문제를 다룬다.
- 부부 및 가족상담에서는 부부 문제, 부모-자녀 문제 등 가족 간의 갈등, 의사소통 문제, 관계 회복 등을 다루고 개선을 지원한다.
- 학교 상담, 아동청소년 상담에서는 아동 및 청소년을 대상으로 학교 내에서 학업 문제, 진로 문제, 친구 관계, 정서 문제 등을 해결하도록 돕는다.
- 기업 및 조직 상담은 직장 내 스트레스 관리, 직무 만족도 향상, 조직 내 인간관계 문제를 다루어 개인과 조직의 효과성을 높이는 상담을 한다.
- 심리상담/ 치료는 주로 우울증, 불안장애 등 정신건강 문제를 대상으로 전문적인 심리치료 기법을 통해 치료적 개입을 하는 영역이다.
- 위기 상담(재난상담)은 자살 시도, 사고, 재난, 폭력 등 긴급 위기 상황에서 심리적 응급 지원을 제공하는 상담 분야이다.
- 중독 상담은 알코올, 약물, 도박 등 중독 문제를 다루는 전문 상담 분야이다.
- 건강 상담은 만성질환, 통증 등 신체 건강 문제와 연관된 심리적 어려움을 지원한다.
- 발달 상담은 아동, 청소년, 노인 등 발달 단계별 심리적 문제에 개입한다.
- 앞으로 중요한 상담영역인 노인 상담은 노년기의 심리적 변화나 고립, 상실감 등을 지원하고 돕는 상담영역이다.

- 기타 장애인 상담, 범죄심리 상담, 영성 상담, 뇌과학과 신경심리학 등 다양한 영역이 존재하며, 상담 대상과 상담 목적에 따라 영역별 전문적 지식과 상담/ 치료 기법을 바탕으로 내담자/ 환자의 상황에 맞는 상담을 진행한다.

이 외에도 최근에는 노인 상담이나 위기 관련 트라우마 상담, 신체심리치료 및 소매틱(Somatic) 영역에 대한 관심이 높아지고 있다.

3. 현재 한국 사회에서 상담의 재조명

세계적으로 21세기(century)의 시작은 새천년, 뉴밀레니엄(millennium) 시대라며 환상적이고 희망적인 축제로 시작되었다. 하지만 2001년 9·11테러로 인한 위험, 2010년 신종플루와 메르스로 인한 질병에 대한 불안, 기후 위기로 인한 미래에 대한 걱정, 부의 불평등과 공평하지 못한 새로운 세계 질서로 인해 미래의 세계는 불편하고 우울한 세계로 그려지고 있다. 미국과 중국, 중국과 러시아 등의 신냉전체계와 러시아와 우크라이나 전쟁, 이란과 이스라엘의 전쟁 등의 갈등과 대립으로 인한 불안감과 공포가 높아지고 있다. 21세기는 극도로 복잡해진 글로벌 연결망, 기술·사회·환경 변화가 급격하게 일어나고 있어 미래를 정확히 예측하기 힘든 혼돈의 시대라고 볼 수 있다. 우리는 인류가 어떻게 역사를 써나갈지 누구도 예측 불가능한 혼돈의 시대를 살아가고 있다.

이런 위기와 혼돈의 시대에 PC 중심의 IT 세상은 모바일 중심으로 바뀌며, 아날로그 문화와 공존하며 빠르게 변하는 디지털 시대로 탈바꿈하고 있다. 2010년대 이후에는 페이스북, 한국에서 카카오톡 등과 같은 SNS는 세계를 하나로 연결하고, 인류가 세계적으로 연대하는 세상, AI가 인간의 일자리를 대체해 가는 새로운 세상을 살고 있다.

현대사회는 복잡해진 글로벌한 연결과 예측 불가능한 기술적·사회적으로 급변하는 상황에서 인간의 마음이나 행동에 대한 복잡성과 어려움은 더 증가하는 실정이다. 개인이나 조직, 사회의 행동방식도 다양하게 변하고 있다. 이제 이전 상담이론으로 변화하는 개인이나 집단을 이해하고 문제를 해결해 나가기에 복잡하고 비선형적인 상황에 직면해서 미래를 예측하고 문제를 해결해 나가는 것은 더욱 어렵고 힘들어지고 있다. 노벨상 수상자인 Daniel Kahneman(2017)은 의료, 자문, 조직 행동의 세계가 전반적으로 기술, 그리고 특히 인공지능에 의해서 중대한 변화를 겪게 될 것이라고 믿고 있다(Arnon Rolnick, et al., 2021). Corey는 보다 다원화되는 사회에서 이론적 다원론이 특히 더 요구된다(Gerald Corey, 2008)고 미래 예측을 했다. 인공지능과 함께 일상을 보내게 되는 사회적 변화로 인해 상담에서도 큰 변화를 겪고 있다.

급변하는 사회 현실 속에서 "숙련된 상담자는 어느 한 이론에 매이지 않고, 실제 경험을 토대로 내담자에 따라 다양한 접근법을 활용해야 한다"(이장호, 2008)고 주장한다. 이 말은 필요에 따라 지시적이거나 비지시적인 상담이 될 수도 있고, 한 상담에서 문제해결 중심 접근과 인간중심 접근을 어떻게 통합하는가라는 관점에서 통합적 상담을 새롭게 만들어가야 한다는 것이다. 2019년에는 코로나 팬데믹(코로나바이러스감염증-19)이 세계적으로 유행하여 사람들은 위기와 공포를 경험하기도 했다. 팬데믹 이후 원격 근무, 온라인 교육, 전자상거래 등이 보편화되었으며, 인공지능과 로봇 기술이 산업 전반에 확대 적용되어 노동 구조에 변화가 일어나고 있다. 그 결과 주로 대면 상담 중심으로 진행되던 상담 방식에서 전화, 인터넷을 활용한 온라인 상담 방식이 등장하며 새로운 상담 방식이 자리 잡게 되는 계기가 되었다.

심리상담/ 치료를 위한 인터넷 사용의 가능성은 상담현장에서 근본적인 딜레마를 마주하게 했다. 상담을 받을 수 없었던 사람들과 심리상담자/ 치료자를 찾기 어려웠던 사람들이 상담에 더 쉽게 접근할 수 있게 되었다는 것은 상담영역의 확장으로 긍정적인 변화로 볼 수 있다. 반면에 성공적인 심리치료에는 상담자와 내담자 사이의 접촉이 필수적이라는 전제가 흔들리게 되었다. 우리는 앞으로 심리상담/ 치료 분야의 중요한 두 가지 관점에서 방향을 잡아가야 하는데, 그중의 하나는 변화를 얻기 위한 근본적인 요소로 치료적 관계를 여전히 강조하는 것이고, 다른 하나는 치료기법을 치료의 중요 요소로 제시하는 것이다(Arnon Rolnick, 2021). 상담에서 치료적 관계는 대면을 전제로 신뢰하는 안정된 라포 형성이 우선이지만, 새로운 시대에 맞게 비대면 상담 방식에서 어떻게 치료적 방식을 적용해 나갈 것인가 하는 숙제를 남기고 있다.

뇌과학의 발달로 인해서 심리학과 더불어 신경과학, 컴퓨터공학, 생명과학, 의공학 등 다양한 분야가 결합해 복합적 뇌 기능과 장애를 연구하는 경향이 증가하고 있다. 이를 통해 개인 맞춤형 진단, 치료뿐 아니라 사회적·문화적 맥락을 반영하는 뇌과학 연구가 확장되어 감에 따라 뇌과학 관련 개인정보 보호, 뇌 관련 기술에 대한 윤리문제 등의 다양한 현대적 과제를 논의해 나가야 할 필요가 있다.

한국 사회에서도 산업화가 이루어진 1960~1970년대 못지않게 현재 급격한 변화를 맞이하고 있다. 산업화가 본격화되면서부터 주로 직장인을 대상으로 하는 산업재해 예방 및 노동력 보호 차원에서 건강검진이 진행되었다. 1980년대 들어서면서 국민건강보험이 확대 적용되었고, 1995년에는 국민건강보험법 개정으로 정기 건강검진이 법제화로 안정된 체계가 정착되었다. 근로자뿐만 아니라 일반 국민도 일정한 주기로 건강검진을 받을 수 있게 되었다. 그 결과 정신건강검진은 건강검진 일부에 포함되기도 했지만 미진한 상황이다. 정신건강검진은 40대, 50대, 60대, 70대에 10년 단위로 한 회기 진행되다가 2019년 20대, 30대도 확대 시행 중이다. 검사는 주로 우울증 검사(PHQ-9 설문지를 이용하여 아홉 가지 문항에 응답함으로써 우울증의 유무를 평가)와 조기 정신증 검사(CAPE-15 설문지를 사용하여 조기 정신증 징후를 확인)로, 정신건강검진은 주로 자가보고 형식으로 진행된다.

노령인구가 2025년에는 20%를 넘어가고 있고, 2050년에는 40%를 넘어설 전망이라고 한다. 노인 인구의 급격한 증가와 더불어 자살 문제는 2014년 자살률이 27.3명(인구 10만 명당 자살 사망자 수)으로 최대치 찍은 이후 사회 전반에 중요한 심리적 문제로 등장했다. 2023년에도 한국은 OECD 자살률 1위였고 2024년에는 자살률이 29.1명으로 여전히 높은 자살률을 유지하고 있고, OECD 자살률 평균 10.8에 비해 2.4배가 높다고 한다. 자살 예방 차원에서 2025년부터 만 20~34세 대상으로 무료 정신건강검진을 2년마다 한 번씩 시행하게 되었다. 검진 내용도 우울증 검사(PHQ-9)뿐 아니라 조현병이나 조울증도 포함된 조기 정신증 검사로 확대되었다. 2024년에는 전 국민 마음투자 지원사업을 통해서 전문 심리상담 바우처 지원도 진행되었다. 그 대상은 정신건강복지센터, 청소년상담복지센터, Wee센터/ Wee클래스, 대학교상담센터, 정신의료기관(정신건강의학과) 등에서 우울 및 불안으로 인해서 심리상담이 필요하다고 인정한 사람, 국가건강검진 중 정신건강검사(우울증 선별검사 PHQ-9) 결과에서 중간 정도 이상의 우울(10점)이 확인된 사람에게 8회기의 심리상담을 지원하고 있다. 그 외 대중매체에서는 드라마나 관찰 예능, 전문적인 프로그램에서 아동청소년 상담, 부부상담, 범죄심리 상담 등이 정규 프로그램에서 등장하기도 한다.

이처럼 21세기 현대사회는 기술 발전과 글로벌 네트워크, 환경과 다양성, 비대면 생활 등 복합적인 요인들이 상호작용하며 끊임없이 변화하는 특징을 보이고 있다. 현대 한국 사회의 변화를 겪는 젊은 세대들은 미래에 대한 희망적인 기대보다는 불안과 두려움을 호소하고 있다. 산업적·기술적 측면에서 고도로 발달한 시대에 인문학적·심리적·영적 차원에서 성숙이 필요한 것이다. 심리상담/ 치료영역에서는 개인 심리적 다양성을 존중하며 복잡하게 연결된 글로벌한 시대, 미래에 대한 정확한 예측이 불투명한 사회를 살아가는 사람에게 심리상담/ 치료가 어떻게 대처해 나가야 하는지가 중요하게 대두되고 있다. 격변하는 현대 사회에서 심리적 지지와 영적 성장을 위한 심리상담/ 치료가 어떻게 대처해 나가야 하는지를 밝혀나가야 한다는 현대 심리학적 과제가 남겨져 있는 것이다.

생각나눔

Q1. 여러분이 생각하는 상담이란 무엇입니까?

Q2. 상담자의 인간적 자질과 전문적 자질을 어떻게 향상시킬 수 있는지 생각해 봅시다.

조별나눔

Q1. 글로벌하게 연결되고 미래를 예측할 수 없는 새로운 시대에 상담은 어떻게 변화, 발전해야 할지 논의해 봅시다.

Q2. 뇌과학 관련 개인정보 보호, 뇌 관련 기술을 대한 윤리문제 등의 다양한 심리적 문제에 대해서 논의해 봅시다.

참·고·문·헌

권대훈(2017). 심리학의 이해. 서울 : 신정.
김 환·이장호(2009). 상담면접의 기초. 서울 : 학지사.
류경희·서미란·전주람(2022). 쉽게 배우는 상담이론과 실제. 경기 : 양서원.
이장호(2005). 상담심리학(제4판). 서울 : 박영사.
전주람·한혜현(2024). 마음치유와 관계회복의 시대 가족상담·부부상담. 경기 : 공동체.
Carl Rogers(1998). 칼 로저스의 카운슬링의 이론과 실제. 서울 : 학지사.
Clara E. Hill & Karen M. O' Brien(2001). 상담의 기술. 서울 : 학지사.
Gerald Corey(1990). 상담과 심리요법의 이론과 실제. 서울 : 성광문화사.
Gerald Corey(2008). 심리상담과 치료의 이론과 실제(제6판). 서울 : (주)시그마프레스.
Haim Weinberg & Arnon Rolnick(2021). 온라인 상담의 이론과 실제. 서울 : 씨아이알.
Raymond J. Corsini & Danny Wedding(2007). 현대 심리치료. 서울 : 박학사.
Stephen Palmer(2006). 상담 및 심리치료의 이해. 서울 : 학지사.

CHAPTER 02

심리검사의 이해

1. 심리검사와 심리평가
2. 심리평가를 위한 초기면담
3. 심리검사의 실시와 평가

CHAPTER 02

심리검사의 이해

(한혜현)

심리검사는 객관적이고 심층적인 정보를 제공함으로써 개인이나 집단으로 하여금 적절한 의사결정을 내릴 수 있게 해준다(박영숙 외, 2019; Thorndike & Hagen, 1986 재인용).

사람은 아프면 병원에 가서 의사에게 자신의 증상을 이야기하고 검사를 받는다. 몸이 아픈 사람은 증상의 원인과 치료 방향을 판단하기 위해 치료 전에 명확한 진단검사를 받게 된다. 병원에서 기초적인 피검사와 소변검사 등을 진행하고, 심각하다고 판단되면 정밀한 검사나 종합검진을 받게 된다.

신체가 아니라 심리적 어려움이 있거나 마음의 문제가 생기면 심리상담/ 치료를 받아야 하는데, 일상적인 심리적 문제라면 간단하게 스트레스 검사나 간이 우울 검사를 진행하기도 한다. 내담자/ 환자를 심리상담/ 치료하는 과정에서 치료적 개입이나 목표를 세우려면 심리 상태를 정밀하게 진단하기 위한 종합심리검사를 먼저 진행할 수도 있다. 인터넷과 SNS가 발달하면서 대중매체에서도 검사에 대한 관심이 높아지고 있다. 최근에는 MBTI 검사의 성격유형을 주제로 한 방송, 예능, 유튜브 콘텐츠가 등장하며, 검사와 관련해서 내담자/ 환자만이 아니라 일반인들도 자신의 성격유형이나 심리적 상태에 대한 호기심이 높아지면서 심리검사에 대한 관심도 높아지고 있다.

심리상담자/ 임상심리자는 심리검사나 종합심리검사를 통해서 문제 상황에 처한 내담자/ 환자를 평가하고, 이를 토대로 심리상담/ 치료의 목표와 방향을 세우고 상담을 시작하게 된다. 심리상담자/ 치료자는 내담자/ 환자에게 어떠한 문제가 있는지 파악하고 어떻게 상담과 치료를 하는 것이 적합한지 결정해야 한다. 내담자/ 환자를 상담과 치료하려는 심리상담자/ 치료자는 심리검사를 통해 다양한 정보를 모으고 측정, 진단, 평가를 통해서 종합심리평가를 해나간다. 평가 결과가 나오면 심리검사과 심리평가 결과를 내담자/ 환자에게 구체적으로 전달하고 심리상담/ 치료를 해야 할 상태라면 심리상담/ 치료를 시작하게 된다.

1. 심리검사와 심리평가

심리검사와 심리평가는 사람에 대한 심리측정과 개인차에 대한 연구에 관한 관심이 높아지면서 개발되고 발달하게 된다. 19세기 말 프랑스에서 활동하던 Binet는 정부의 요청에 따라 검사 도구 연구를 시작했다. 당시 초등학교 수업을 따라가지 못하는 아이에 대한 대처를 위해서 수업 가능 여부를 측정하는 검사가 필요했다. 특수학교 교사였던 Binet는 정부의 자금으로 아이들을 분류하기 위한 좀 더 구체화된 도구인 검사를 개발하게 된다. 비네 검사는 미국으로 넘어와 비네-사이먼 검사로 바뀌고, 스탠포드-비네 검사에서 좀 더 표준화되고, 웩슬러가 지능이 현실에서 합목적으로 적용하는 것을 중심으로 생활연령에서 정신연령을 알아보고 측정하는 수준의 지능검사로 발달하게 된다. 지능검사 개발로 심리측정 개발이 활성화되었고 표준화된 개인 지능검사는 응용심리학 분야의 중요한 발전 계기가 된다.

그 이후 제1차 세계대전이 일어나면서 심리검사는 새로운 변화를 맞이하게 된다. 미국 육군 인력선별분류위원회에서는 신병을 적절한 군 업무 분야에 충원하는 방법을 개발하는 과제를 수행하게 되었다. 군인의 목숨과 관련한 중요한 사항이라서 집단 지능검사, 면접, 평정척도 등을 개발하고 군 직무 분야를 세부적으로 분류하는 작업을 수행하게 된다. 전쟁 후에는 트라우마, PTSD 등 치료를 위해서 진단과 더불어 집단상담이 활성화된다. 당시 치료자는 적고 내담자는 많아서 집단상담이 발달하게 되었다고 한다. 1930년대 경제공황 상황에서는 직무분석 및 인력선발분류의 문제로 인해 산업심리학이 발전하게 된다. 상담심리학의 주요 분야로 직업 및 진로상담이 발전하게 되면서 개인의 성격, 흥미 및 능력에 있어서 개인차를 평가하는 전문적 작업의 중요성을 인식되는 계기가 된다. 1940년대, 1950년대에는 심리검사가 전문 심리학자들에게 가장 중요한 활동이었으나 그 비중은 점차 감소하고 심리학자의 역할이 경영, 자문, 조직의 발달, 직접적인 치료로까지 확장되었다. 현대에는 심리검사와 심리평가는 심리상담/치료의 영역에서 당연히 세분화되고 발달을 거듭하고 있으며, 학교나 직장 등 다양한 영역에서 활용되고 있다. 심리검사와 심리평가는 "학교장면, 산업장면, 상담장면, 임상장면 등 다양한 현장과 더불어 직장인, 군대 등 다양한 기관에서 실시"(박영숙 외, 2019)되고 있다.

임상현장에서 심리검사와 심리평가는 같은 의미로 이해해 혼용해서 사용하기도 한다. 일반적으로 심리검사라는 용어를 주로 사용하는데, 상담심리자나 임상심리자 입장에서는 그 차이를 분명히 해야 한다. 심리검사와 심리평가가 동일한 의미를 지니고 있다고 생각할 수 있으나 전문적인 입장에서 보면, 심리검사와 심리평가는 동일한 의미를 지니고 있는 용어가 아니다(박영숙 외, 2019). 임상심리학의 주 관심사인 개인에 대한 심리평가는 심리검사 과정을 통해서 얻은 정보를 중심으로 하여 면담, 행동관찰, 개인 내력 등에서의 자료를 참조하여 종합적인 평가를 내리는 전문적인 과정이다. 즉, 한 인간에 대한 포괄적인 이해가 목적인 심리평가의 장에서 심리검사는 핵심적인 자료를 제공하는 중요한 절차이다(최정윤, 2002).

심리검사(Psychological Test)와 심리평가(Psychological assessment) 외에도 검사(test), 측정(measurement), 척도(scale), 진단(diagnosis), 검진(examination), 평가(evaluation), 평가 또는 사정(査定; assessment) 등의 용어가 있는데, 이 용어들도 엄격하게 본다면 구별해서 사용해야 한다.

1) 심리평가란 무엇인가?

심리평가(Psychological Assessment)는 심리검사와 다르게 다양한 방식으로 얻은 정보들, 예컨대 개인의 사회적, 교육적, 직업적, 과거력 등을 통합하는 과정이다(박영숙 외, 2019; AERA, APA, & NCME, 1985 재인용). 심리평가는 개인에 대한 정보를 수집하여 개인의 신체적 · 심리적 · 사회적 특성을 추론하고 예언하기 위해서 사용하는 일련의 과정(김영환 외, 2005)을 전체적으로 포괄하는 용어이다.

심리평가는 면담, 행동관찰, 자료수집 등을 통해 다양한 정보를 수집하고 수집된 정보와 자료들을 정리하고 체계적으로 요약하는 종합적인 과정이다(박영숙 외, 2019). 심리평가는 Aiken(1989)에 따르면 "어떤 개인이 가지고 있는 특성의 질적 · 양적 수준의 풍부한 자료를 이용하여 다각적으로, 그리고 객관적으로 추정(estimating), 감식(appraising), 평가(evaluation)하는 것이 사정(査定; assessment)"(김영환 외, 2005)이라고 한다. 심리평가란 현재 기능에 대한 원인이나 현재 기능을 설명할 수 있는 개인의 기저 특성이나 특질들을 알아보는 위한 과정이다. 개인만이 아니라 집단에 대해서 보다 잘 이해하기 위해서 다양하고 특별한 기법으로 체계적인 심리검사를 사용하여 측정하고 진단하는 전체적인 과정이다.

초기 심리평가는 개인이나 집단의 심리적 차원에서 전통적인 심리검사를 진행하고 진단했으나 점차 생리·심리적 평가나 행동 기능 평가 등을 추가하게 되었다. 생리·심리적 평가는 기질적 손상, 기능적 손상, 손상의 심각도, 그리고 기질적 손상인지 기능적 손상인지 구분 등을 알아보기 위해서 발달되었다. 생리·심리적 평가는 특징적 증후 접근과 심리측정 접근이라는 두 가지 방식으로 나누어 진행한다. 행동치료가 증가하기 시작한 1960~1970년대에는 행동평가도 등장하게 된다. 행동평가는 행동의 기능적 분석에 대한 개별 기술적 접근에 초점을 맞추어 체계적으로 평가하는 형식화된 방법이다. 행동평가에는 행동(행동목록표, 행동분석), 생리적 반응(GSR, EMG), 또는 자기 보고가 포함될 수 있다(박 경·최순영, 2010).

심리평가에서 1980년대 이전에는 별로 강조하지 않던 분야인 경계선 성격장애, 나르시시즘 등과 같은 성격장애, 스트레스와 대처, 최면 상태의 반응, 심리적 건강관리, 컴퓨터 평가까지도 관심을 기울여야 한다(박 경·최순영, 2010). 이 밖에도 가족체계, 개인과 환경 간의 관계, 행동장애의 인지적 과정, 개인적 통제의 수준 등이 포함되며 적용 분야가 점차 확대되는 추세이므로 심리상담자/ 치료자는 새로운 접근 영역을 수용하고 유연하게 대처할 수 있어야 한다.

심리평가에서 다루는 내용은 심리상담/ 치료에 오게 된 상황이나 목적에 따라 다양하다. 내담자/ 환자의 신체적·인지적·감정적·정신적 영역까지 탐색하여 측정하고, 내담자/ 환자가 살아온 삶과 현재 겪고 있는 가족관계나 사회적 관계까지 총체적으로 다루게 된다. 신체적인 상태를 직접 다루지 않지만, 스트레스 검사나 우울 검사 등을 통해서 질병이나 신체적 문제가 있는지도 탐색해야 한다. 심리평가 결과를 바탕으로 심리상담, 인지치료, 약물치료 등이 필요한지, 정신병리적 문제가 있는지, 가족이나 부부상담을 진행해야 할지 각 개인에게 맞는 심리상담/ 치료 방향이나 방식을 판단하고 결정하여 심리상담/ 치료 계획을 세워나갈 수 있다.

심리평가에서 다루는 내용은 다양한데 구체적으로 살펴보자.

첫째, 개인의 심리적·정서적 상태와 문제를 탐색하게 된다. 어떤 감정을 표현하고 감정 조절은 되는지, 정서적 안정성은 있는지 등 정서적 문제를 다룬다. 정서적 민감성, 감정 조절능력, 심리적 회복력 및 충동성 조절 등을 파악한다.

둘째, 인지적 능력이나 사고 기능 등을 평가한다. 지능검사를 통해서 언어적 사고력, 기억력, 주의력, 문제해결력 등을 평가하는데 지능 수준 및 학습 능력을 파악하고 평가한다. 노인의 경우 치매나 신경 심리적 이상 여부도 평가할 수 있다.

셋째, 성격 특성이나 상태도 분석한다. 성격검사를 통해 개인의 타고난 기질, 성격 특성과 상태를 파악한다. 개인이 어떤 기질과 성격을 가지고 있는지, 자기 자신을 지각하고 자기인식은 어떻게 하고 있는지도 평가한다.

넷째, 가족관계 관련 가족 내 관계 역동이나 영향에 대해서도 탐색한다. 과거와 현재 부모-자녀 관계를 탐색하고 어떤 관계 방식을 가지고 있고 주된 방어기제는 무엇인지 등을 파악한다. 아동 및 청소년의 경우 양육태도, 양육 스트레스 등 부모 관련한 검사와 부모-자녀 관계검사를 할 수 있다.

다섯째, 일반적인 대인관계 패턴 및 갈등 해결 방식, 사회적 적응력 등도 평가한다. 성격검사와 투사적 검사를 통해 타인과의 관계에서 나타나는 행동 패턴을 파악할 수 있다. 가정이나 직장 내에서 관계 문제를 탐색하고, 사회적 관계에서 상호작용, 사회적 적응력, 갈등 양상이나 문제 대처방식 등 대인관계 패턴이나 대응방식도 평가한다.

여섯째, 정신건강 및 심리적 문제를 진단한다. DSM-5(Diagnostic and Statistical Manual of Mental Disorders, Fifth Edition)에 나와 있는 우울증, 불안장애, 강박장애, ADHD, 학습장애 등 심리적 문제를 조기에 발견하고 적절한 개입을 할 수 있게 된다.

일곱째, 진로 및 적성 평가로 내담자/ 환자의 기질이나 성향을 분석하여 적합한 직업이나 학습 방향을 설정하는 데 도움을 준다. 관심 분야 및 직업 적성 분석, 학습 스타일 평가, 개인의 강점 및 개발이 필요한 영역을 파악한다.

여덟째, 스트레스나 심리적 회복력을 평가한다. 현재 스트레스 상태는 어떤 수준이고 심리적 회복력이 어떻게 작용하는지를 탐색한다. 스트레스를 적극적으로 대처하고 자신의 심리적 안정성 및 회복탄력성 등의 자원을 가지고 정신건강을 회복하고 유지하게 한다.

그 외에도 가정폭력, 아동학대, 노인학대 등 가족관계 내에서 위기 문제, 자살 등 안전 문제, 약물이나 행동 중독 문제 등도 평가한다.

2) 심리검사란 무엇인가?

심리검사(Psychological Test)는 "성격, 지능, 적성과 같은 인간의 다양한 심리적 특성들에 대해서 파악하고자 하는 목적을 가지고, 다양한 도구들을 이용하여 이런 특성들을 양적 · 질적으로 측정하고 평가하는 일련의 절차를 말한다"(최정윤, 2002).

심리상담자/ 치료자 또는 정신건강의학과 전문의는 상담에 찾아온 내담자/ 환자를 상담 시작할 때 처음부터 이해하며 상담을 진행한다는 것은 쉽지 않다. 심리상담/ 치료 과정에서 내담자/ 환자를 깊게 이해하고 복잡한 심리적 문제나 관계 역동을 탐색하기 위한 심리검사가 필요하다.

심리검사는 "인간의 능력, 지각, 흥미, 동기, 성격, 적응, 가치, 태도 등과 같이 개인이 가지고 있는 심리적 특성과 그 정도를 밝힐 목적으로 일정한 조건에서 이미 마련된 자극 또는 문제나 작업을 제시한 다음 그 사람의 반응을 특정한 관점에 비추어 질적 또는 양적으로 기술하는 조직적 절차라고 정의"(김영환 외, 2005)하고 있다.

심리검사는 검사자가 내담자/ 환자에 대해서 개인이 가지고 있는 심리적 문제, 정신병리적 문제 등을 검사, 측정, 진단하는 과정이다. 심리검사 과정은 미리 연구된 검사 도구를 활용해서 그 사람이 어떻게 반응하는지를 전문적으로 이해와 탐색을 하는데, 그 결과는 심리평가의 자료가 된다.

심리평가의 자료가 되는 심리검사는 다양하게 정의되고 있다. 심리검사는 인지적 · 정의적 · 심동적 · 사회적 특성이나 특징을 객관적으로 정확하게 측정하는 데 사용되는 방법(Thurstone, 1925)이며, 특정 영역의 행동 표본을 통해 객관적이고 표준화된 측정(Anastasi, 1954)이다. 그리고 비연속적으로 나타나는 어떤 심리적 특성의 기능을 중심으로 개인과 집단의 행동에 대한 평가(Gronbach, 1960) 또는 표준화된 조건에서 특수한 기능, 행동, 일련의 심리적 특징을 재는 객관적이고 조직적인 통계학적 도구 또는 방법(Eysenck, 1967) 등으로 정의하고 있다(김영환 외, 2005). 그 외에도 개인의 행동을 관찰하고 그것을 수량적 척도나 유목 척도로서 기술하기 위한 체계(Cronbach, 1960)이고, 행동의 표본을 특정화하기 위한 모든 종류의 심리적 측정, 도구, 기술, 또는 절차(Casio, 1970)이며, 행동의 표본에 대한 객관적이고 표준화된 측정(Annastasi, 1988)이라고도 정의하고 있다.

심리검사는 심리적 특성에 대한 개인 간 차(inter-individual difference) 또는 개인 내 차(intra-individual difference)를 확인하는 방법과 도구를 의미한다. 최근에는 조직이나 직장에서 집단 풍토 또는 집단 생산성을 점검할 목적으로 집단을 하나의 단위로 집단 내의 차이와 집단 간의 차이를 진단, 평가하는 데 심리검사를 활용하기도 한다. 따라서 심리검사는 개인 및 집단의 심리적 특성을 밝히기 위한 조직적 절차라고 정의할 수 있다(김영환 외, 2005).

심리검사는 개인에 대한 진단과 평가의 도구가 되면서 동시에 학문적인 연구의 도구가 된다(최정윤, 2002). 심리검사란 표준화된 조건에서 특정한 행동 특성을 바람직한 심리측정적 성질을 가진 수치로 산출하기 위해 일련의 타당한 개념을 구성한 의도적인 과제 혹은 질문들로 구성된 과정이다. 심리검사는 표준 절차에 따라 행동 표본을 측정하는 도구이다. 심리검사는 규준(norm)을 갖추고 있고, 이러한 규준을 바탕으로 일상생활에서 행동을 예측하는 데 사용되고 있다(박영숙 외, 2019). 따라서 심리검사란 행동을 수량화하는 심리학적 측정 도구나 측정기법으로 개인의 행동을 이해하고 예측하도록 돕는다.

심리검사의 정의에 따른 심리검사의 기본적인 조건은 다음과 같다(박영숙 외, 2019).

> 심리검사는 행동을 표집하고 표집된 행동을 점수로 기술하는 과정이다.
> 심리검사는 심리학적 측정 도구이다.
> 심리검사는 행동 표본을 측정한다.
> 심리검사는 표준화된 도구이다.
> 심리검사는 규준을 갖추고 있다.
> 심리검사는 개인의 행동을 예견하고자 한다.

심리검사가 대표적으로 측정하는 것은 성취, 적성, 지능, 성격 등 다양한 영역들이다. 심리검사를 분류하는 방법은 검사의 내용이나 영역별로 다양하게 나눌 수 있다. 먼저 영역별로 구분하면 지능적 영역, 성격적 영역, 정서적 영역, 투사적 영역 등으로 나누어 볼 수 있다.

지능검사로는 K-WAIS, K-WISC, K-WPPSI 등이 있다. 성격검사로는 MMPI, MBTI, TCI, 에니어그램 등이 있다. 정서검사로는 우울, 불안, 스트레스 평가 등이 있다. 투사검사로는 로샤검사(Rorschach), 그림검사(HTP), 벤더-게슈탈트검사(BGT), 문장완성검사(SCT) 등이 있다.

심리검사에 대한 일반적인 정의를 가지고 검사를 분류한다면 표준화된 검사와 표준화되지 않은 검사가 있다. 표준화된 검사라고 할 때 표준화는 기술적으로 엄격하게 통제된 검사의 내용과 방법을 의미하고, 그와 같은 절차를 거쳐 만들어진 검사를 표준화된 검사 또는 표준화 검사라고 한다(김영환 외, 2005).

심리검사는 도구의 구조화 여부에 따라 크게 객관적인 검사(objective test)와 투사적 검사(projective test)로 구별할 수 있다(최정윤, 2002). 객관적인 검사는 과제가 구조화되어 있고, 채점과정이 표준화되어 있으며, 해석의 규준을 제시한 검사를 말한다. 객관적 검사는 검사의 실시와 해석이 간편하며, 검사의 신뢰도 및 타당도가 검증되어 있고, 검사자 변인이나 검사의 상황 변인에 따라 영향을 적게 받으므로 개인 간 비교가 객관적으로 제시될 수 있다는 장점이 있다(최정윤, 2002). 즉, 심리검사에서 평가하고자 하는 특정 영역에 대해 초점화하여 측정할 수 있도록 구성된 검사이기 때문에 그 특성을 재기에 가장 적합하다고 생각되는 일정한 방식에 따라 응답되고 해석된다. 따라서 개인의 독특성을 끌어내려 하기보다는 개인마다 공통적으로 지니고 있는 특성이나 타인을 기준으로 하여 개인들의 상대적인 위치를 비교, 평가하려는 것이다(최정윤, 2002). 그러나 수검자들이 자신이 의도하는 방향으로 문항에 대해 반응할 수 있는 여지를 제공할 수 있으며, 검사가 재고자 하는 특성의 양적인 면에 치우치기 때문에 그 개인의 질적인 독특성에 대한 정보는 무시된다는 한계를 지닌다(최정윤, 2002).

대표적인 객관적 검사로 지능검사(WISC, WAIS, WPPSI), 성격검사(MMPI, MBTI), 흥미검사(직업흥미검사, 학습흥미검사, 적성검사) 등을 들 수 있다. 투사적 검사에서 대표적인 검사는 로샤(Rorschach) 검사, TAT, CAT, DAP, HTP, BGT, SCT 검사 등이다.

투사적 검사는 객관적인 검사와 달리 검사 자극이 모호하고 수검자가 가능한 한 자유롭게 반응을 하도록 허용하기 때문에 독특하고 다양한 반응이 도출될 수 있다. 자극의 모호성 때문에 수검자가 반응 내용을 검토하여 자신의 의도에 맞게 방어적으로 반응하는 것이 어렵게 된다(최정윤, 2002). 따라서 평소에 의식화되지 않던 사고나 감정이 자극됨으로써 전의식, 무의식적인 심리적 특성이 반응될 수 있다는 장점이 있다. 반면 취약점이 있는데 투사적 검사는 전반적으로 신뢰도와 타당도가 객관적으로 검증되기 어렵다는 비판도 있다(최정윤, 2002).

그동안 검사 사용에서 분명한 변화는 투사검사를 사용하는 빈도가 감소되고 있다는 것이다. 그 이유는 실험심리학이나 정신측정학적 관점에서 보면 수량화나 통계적 처리와는 거리가 먼 투사적 검사는 채점이 복잡하고, 주관적이며, 예측력이 낮고, 타당도가 낮으며, 검사법을 배우는 데 너무 오래 걸리고, 비용이 많이 들며, 정신분석이론에 지나치게 의존한다는 비판을 받아왔기 때문이다. 이러한 비판에도 투사적 검사는 개인의 성격과 역동을 밝히고 진단하며 객관적 검사의 단점을 보완하는 데 유용하기 때문에 임상장면에서는 로샤검사 등 표준화된 투사검사가 여전히 많이 사용되고 있다.

심리검사를 하는 내용에 따라 수검자가 가지고 있는 지적 및 심동적 능력을 재는 검사인 성능검사와 수검자가 일상생활에서 나타내는 개인적이고 전형적인 습관적 행동을 측정하는 성향 검사로도 나눌 수도 있다. 성능검사는 내용별로 세분하면 지능검사, 적성검사, 사고능력검사, 인지능력검사, 심리언어검사, 장애진단검사 등으로 구분할 수 있다(김영환 외, 2005). 성향 검사에는 성격검사, 흥미검사, 적응검사, 동기검사, 인지양식검사, 가족관계검사, 작업환경검사, 도덕성 검사, 태도검사, 학습기술 검사 등이 포함된다.

심리검사는 상담심리자/ 임상심리자가 검사를 통해서 얻은 정보를 가지고 수검자가 치료를 받기에 적절한지, 적절하다면 어떤 치료가 적합한지, 어떤 유형의 상담심리자/ 치료자가 수검자에게 적합한지 등을 결정하는 데 도움을 준다. 심리검사의 목적은 수검자의 주호소 문제를 명료화, 세분화하여 수검자의 증상과 문제의 심각성 정도를 구체화하는 것이다.

그리고 수검자의 인지적 기능, 성격 특성, 정서 상태, 신경·심리적 요소 등을 측정하고, 수검자의 장점 및 잠재력을 평가할 수 있다. 수검자의 현재 문제와 증상에 따른 적절한 치료를 제시하며, 치료 전략을 수립할 수 있는 정보가 된다. 즉, 심리검사는 개인 내, 개인 간 비교를 통하여 개인의 행동이나 성격을 이해하고 이를 바탕으로 하여 개인의 문제해결에 도움을 주고자 하는 것이다. 심리상담자나 정신건강의학과 전문의가 우울증, 불안장애, 강박장애 등 정신질환 진단을 내리고 종합적으로 평가하는 데 근거자료가 되고, 심리치료나 약물치료 계획을 세우는 데도 활용된다. 환자의 증상을 보다 명확하게 이해하고, 약물치료나 상담치료 등의 적절한 개입 계획과 방법을 결정할 때 심리검사는 문제만 명세화·목록화하여 개인의 구체적인 것을 파악하지 못할 수 있는 한계도 있다. 심리검사를 통해서 내담자의 장점이나 잠재력을 파악하는 것도 중요하다.

심리검사를 할 때 여러 검사를 함께 진행하여 정확한 결과를 도출하고자 한다. 어떤 하나의 검사가 수검자의 모든 영역을 제대로 다룰 수는 없다. 그러므로 여러 검사를 사용함으로써 개인의 다양성 차원과 기능에 대해 전반적으로 파악하고 이해할 수 있다. 여러 가지 검사를 통해서 얻은 자료들은 단일 검사로 얻은 자료보다 검사상 측정오차를 최소화하여 결과의 정확도를 최대화할 수 있다. 따라서 심리상담 및 치료계획을 수립할 때 정확도를 높이고 심층적인 진단을 위한 종합심리검사가 필요한 것이다. 종합심리검사는 다양한 영역의 정신행동의 특성을 파악하고 일상생활에서 역기능적으로 작용하는 심리적 문제와 자신의 강점을 이해하며, 심리적 상태와 정신건강 상태를 객관적으로 진단 및 판단하는 데 효과적이다.

2. 심리평가를 위한 초기면담

심리상담/ 치료 과정을 보면 대체로 3단계 과정으로 나누어볼 수 있다. 1단계는 내담자가 감정 표현(releasing expression)을 하도록 하고 어떤 문제나 상황, 상태를 이해하여 내담자가 원하는 것이 무엇인지 파악한다. 심리검사나 심리평가를 통해서 얻은 내담자 정보와 의견을 반영한 상담목표와 계획을 세우고 상담을 진행한다. 2단계는 내담자가 훈습, 반복 학습, 계속적인 행동의 변화(working through)를 하면서 통찰의 성취(achievement of insight) 과정을 거친다. 3단계는 통찰을 하고 상담과정을 거치면서 내담자는 상담 초기에 자신이 원했던 심리적 문제가 해결되고, 변하기를 바랐던 상황이 나아지면 상담자와 논의를 통해서 종결 단계(closing phase)에 이르게 된다.

심리평가에는 단순한 검사의 실시와 해석뿐만 아니라 구조화된 면담, 비구조화된 면담, 자연상태의 행동관찰, 인간관계에서 상호작용의 관찰, 생리·심리적 평가, 행동평가와 같은 다양한 분야가 포함되어 있다. 심리평가를 위한 초기면담(interview)은 심리평가 과정에서 자료를 모으는 중요한 방법 중 하나이다.

심리상담/ 치료 전체 과정에서 초기면담은 심리검사와 심리평가의 중요한 단계이고, 면담 그 자체가 심리평가 과정이기도 하다. 심리검사와 심리평가 전후에 진행되는 초기면담 과정은 이후 상담에 많은 영향을 미친다. 초기면담은 심리검사로 알아내기 어려운 정보를 모으고, 심리검사와 심리평가를 하기 위한 치료적 관계를 형성하는 데도 도움이 된다. 면담은 내담자/ 환자의 의식적 관심, 느낌 및 직접 탐색하는 중요한 임상적 수단(김재환 외, 2006)이기도 하다.

초기면담은 심리평가에 유용한 내담자/ 환자의 현재 문제를 이해하고, 개인의 독특한 문제 상황에서 반응이나 대처방식을 알 수 있는 정보도 제공한다. 심리상담자/ 임상가는 면담을 통해 내담자/ 환자의 행동, 개별적 특징, 현 상황에 대한 반응 등을 알 수 있고, 라포를 형성할 수 있으며, 심리검사 결과의 의미와 타당성을 점검할 수 있다(박순경 · 최순영, 2010). 또한 면담은 "지금-여기서 직접 관찰할 수 없는 다양한 영역과 내용에 관한 정보를 얻을 수 있다"(김재환 외, 2006). 초기면담은 평가 과정의 전체적 틀을 제공하고, 평가 내용에 따라서 적절한 상황에 맞게 진행하는데, 평가 전이나 평가 후에도 진행할 수 있다.

심리상담/ 치료 초창기에는 주로 임상장면을 통해 내담자를 평가하였다. Freud, Jung, Adler와 같은 임상가는 비구조화된 면담을 통해서 내담자의 과거력과 기본적인 성격 구조를 파악하여 진단하였다고 한다. 1960~1970년대에는 심리학자들이 임상면담은 신뢰할 수 없고 경험적 타당도도 부족하다고 비판하였다. 이에 따라 면담법의 주관성과 편견을 없애기 위해서 심리검사가 개발되었다. 이후 다양한 구조화된 면담이 인기를 얻게 되었고, 내담자의 여러 기능을 한층 신뢰할 만하고 타당한 방식으로 파악할 수 있게 되었다(박 경 · 최순영, 2002). 구조화된 면담법은 전통적인 면담에 비해 라포 형성, 풍부한 기술적 정보, 융통성과 같은 상호작용의 요소는 부족하지만, 심리측정 기반이 탄탄하다는 장점이 있으며 때로는 심리검사보다 더 선호되기도 한다.

면담은 이론적 배경에 따라 면담에서 다루는 내용이나 방식이 다양하다.

인지행동면담(Cognitive-Behavioral Interview)은 뚜렷한 행동에 기초해서 평가한다. 당면한 내담자의 문제와 내담자의 환경 평가, 외현 행동, 인지적 요소, 신체적 활동 등을 초점에 두고 면담을 진행한다. 인지행동면담에서 다루는 내용은 내담자/ 환자의 일반적 배경(나이, 직업, 교육, 가족, 취미, 사회적 활동 등)이나 발달사(성장 과정에서의 주요한 생활사건 찾기), 신체적 건강 상태(의학적 질병 유무, 현재 치료 중인 병이 있는지) 등을 질문하고 다룬다. 무엇보다 중요한 것은 내담자/ 환자에게 당면한 문제 및 그 특징, 현재 도움받고자 하는 문제의 명료화, 심각성, 빈도 강도 등을 파악하는 것이 가장 초점이 된다.

그리고 현재 상황에서 내담자/ 환자의 인지적 · 신체적 증상은 어떤지 파악해야 한다. 내담자/ 환자가 원하는 것이나 증상을 유발한 문제의 근본적인 원인 및 그 문제를 유지시키는 요인, 그 문제의 촉발요인, 문제적 환경 등을 맥락적으로 파악하는 것이다. 과거의 치료 경험이나 현재 심리상담/ 치료의 목표, 그리고 현재 치료에서 기대하는 바는 무엇인지 질문하고 나눈다.

정신의학적 면담은 정신과 영역에서 정신병리를 임상적으로 평가하고 자료를 수집하며 치료 관계를 형성하도록 한다. 정신의학적 상담에서 다루는 내용은 정신의학적 과거력(psychiatric history), 환자의 개인적 치료 과정, 치료에 오게 된 배경을 탐색한다. 과거 개인사 관련해서는 출생 전, 3세 이전 영유아기, 11세 전까지 초기 · 중기 아동기, 후기 아동기에서 사춘기까지, 청년기, 성인기 발달과정 단계별로 탐색한다. 특히 부모와 애착 관계, 신체 · 정서 · 인지 · 사회적 관계의 발달, 배변훈련과정 등도 다룬다. 성적 과거력(성정체감, 사춘기 이차성징에 대한 자신의 견해, 청년기의 이성 관계 등), 가족력(가족의 영향력, 부모와의 관계, 형제 관계, 유전적 이상 등), 의학적 이상이나 의학적 과거력(암, 심장질환, 정신질환 등 질병) 등 광범위하고 다각적인 정보를 주는 정신의학적 영역에 대해서 질문하고 파악한다.

정신역동적 면담은 내담자/ 환자의 자기 지각이나 동기에 기초해서 평가한다. 과거력 수집을 통하여 개인의 핵심적 역동과 주요 역동을 밝히고자 하는 것이 목적이다. 정신역동적 면담의 내용은 의식 수준에서 회상되는 내용을 수집한다. 아동기 감정 양식이 중요하지만, 파악이 어려워서 현재 문제에 대한 호소나 환경적인 변인 문제를 중심으로 발달 단계별로 감정적인 영향을 주었던 대인관계 패턴을 파악하는 것이 중요하다. 주로 내담자의 의식 수준에서 감정적 태도, 즉 내담자/ 환자에게 질문함으로써 의식적 태도와 감정에 대한 정보를 얻는다. 내담자/ 환자의 과거나 현재의 타인과 자신에 대한 감정 등을 다루고 현재 자신의 고통에 대한 견해, 자신의 미래에 대한 견해, 주요한 욕구에 대한 이해와 동기에 대한 것을 탐색한다. 의존성, 애정, 열등감, 성취감, 적대감 등을 통해서 정보를 얻기도 한다. 아주 어린 시절 초기의 첫 기억이 대인관계 양상에 영향을 미친다고 보았고, 꿈과 전이 관계(상담자와의 관계에서 대인관계 양상), 자유연상, 역전이, 내담자/ 환자의 모든 말 등도 탐색한다.

마지막으로 임상심리학적 면담은 임상심리학적 평가를 기초로 한 전문가로서의 견해를 집중적으로 제시한다. 임상심리학적 면담의 내용은 인지상담과 비슷하지만, 심리검사 결과에 기초해서 파악한다. 임상심리학적 면담의 내용으로 면담 태도 등 비언어적 반응, 언어적 반응, 정서적 유연성, 주호소 문제의 진술 내용이나 방식, 행동관찰 등을 주요하게 탐색한다. 개인 발달사만이 아니라 현재의 가족관계, 직장생활, 스트레스, 유발 사건 등에 대해서도 다룬다.

초기면담에서 다루어야 할 상담 내용에는 인지행동면담, 정신의학적 면담, 정신역동적 면담, 임상심리학적 면담 등의 각 이론적 배경에 따라 다른 상담에서 다루는 내용이 대부분 포함될 것이다.

1) 심리평가를 위한 초기면담에서 다루어야 할 상담 내용은 무엇인가?

사전 접수 면접에서 다루는 내용과 초기 면접상담에서 다루는 내용은 일부 겹칠 수 있다. 첫 면접상담에서는 기술적인 기본정보를 사실적으로 파악한다. 상담의 사례 개념화를 위한 요소들을 중심으로 첫 면접상담을 진행하게 될 수 있다. 초기 면접상담에서는 내담자가 호소하는 문제나 증상 등에 대해서도 사실적으로 기술해야 한다.

첫 면접상담에서는 다음과 같은 기본적인 기술적 정보를 사실적으로 파악하고 기록한다.

① 내담자 인적사항(이름, 나이, 성별, 소속, 주소, 연락처, 메일주소, 최종학력과 졸업 연도, 종교, 가족 사항)
② 상담실에 온 경위(자발적 또는 비자발적으로 왔는지, 어떻게 알고 왔는지)
③ 상담에 오게 된 계기(지금 상담 오게 된 상황이나 동기, 스트레스 정도 등)
④ 내담자가 호소하는 문제(현재 문제 상황이나 적응 상태, 구체적인 증상들)
⑤ 과거 병력이나 현 증상의 내력(이전 상담경험이나 정신과적 진단, 의학적 병력)
⑥ 내담자의 개인 발달적 역사(가족관계, 부부관계, 직장 관계 등 대인관계)
⑦ 첫인상과 행동관찰, 면접상담자의 소견
⑧ 객관적 정보(심리검사 결과/ 현재 정신과 진단)
⑨ 내담자의 긍정적인 심리 자원이나 사회적 관계에서 지지나 지원
⑩ 상담자와 내담자의 각각 역할과 상담 안내

첫 면접상담에서는 기본적인 사실 정보와 더불어 내담자/ 환자의 자기에 대한 지각, 신체적·정서적·인지적·관계적 차원에서 다양한 심리 역동을 탐색하고, 심리평가 사례 개념화에 필요한 정보도 기술한다.

면접상담 처음에는 내담자/ 환자가 상담에 오게 된 문제 관련해서 상황적인 요인들을 먼저 탐색한다. 상담이나 심리검사를 받기 위해서 오게 된 구체적인 사건과 상황을 탐색한다. 그 사건이나 문제가 과거 어떤 사건과 관련이 있는지, 최근에 어떤 사건이 있었는지도 나눈다. 그 사건이나 문제로 인해서 얼마나 스트레스가 있었는지, 얼마 동안 스트레스가 지속되었는지도 중요하게 다루어야 한다. 잠을 잘 자고, 식사는 잘하는지 신체적 건강 상태를 체크한다. 혹시 신체적인 증상이 있는지, 신체적 증상이 질병이나 신체적 고통으로 인해서 발생했는지, 심리적 문제에서 고통이 비롯된 것인지를 다룬다.

다음으로는 내담자/ 환자가 상담에 오게 된 문제 관련해서 개인심리적 역동에 대해서 탐색한다. 그 사건이나 문제와 관련해서 자기 지각이나 개

념은 어떻게 표현되고 있는지를 탐색한다. 내담자/ 환자의 가족관계, 부부 관계, 대인관계에 대해서도 다룬다. 어린 시절 발달과정과 결혼, 임신, 출산 등 가족관계의 변화 등으로 인해 형성된 대인관계 패턴이나 방식도 다룬다. 내담자/ 환자의 인지하는 내용 등 인지적 패턴, 주요한 정서의 표현과 정서적 패턴, 신체적 긴장과 고통, 유전적 · 생물학적 요인 등을 탐색한다. 상담에 오게 된 사건이나 문제와 연관된 심리적 취약점이나 성격적 특성, 대처방식(방어기제, 생존기제), 의사소통 문제 등도 다룬다.

그 사건이나 문제 이외에도 학교생활 등 학업과정이나 직장생활, 흡연이나 술, 약물 등 중독 문제, 자살 사고나 자살 행동에 대한 체크도 함께 한다.

2) 심리평가를 위한 초기면담에서 가장 중요한 원칙은 무엇인가?

초기 면접상담은 내담자/ 환자에 대한 탐색단계이면서 라포를 형성하는 시점이기도 하다. 초기상담 과정에서 심리상담자/ 치료자는 내담자/ 환자들이 편안하게 탐색할 수 있도록 라포 형성(rapport building)을 해야 한다. 라포(rapport)는 치료적 관계의 발전을 위한 단계에서 필요하고 매우 중요한 상담과정이다. 라포의 뜻은 상호 신뢰 관계인데, 심리상담/ 치료를 할 때도 내담자/ 환자와 심리상담사/ 심리치료사 사이에 라포가 있어야만 내담자/ 환자가 안전감과 안정감을 가지고 깊은 얘기를 털어놓을 수 있다. 심리상담자/ 치료자는 내담자/ 환자와 이해와 존중받는 분위기를 형성해야 한다. 상담 초기 단계에서 치료 관계의 라포를 형성한다면 이후 심리상담/ 치료에서 엄청난 이점을 가져오게 된다.

모든 인간은 건강하고 창조적인 성장잠재력을 가졌다고 하는 Rogers의 낙관적이고 희망적인 이론은 심리검사를 위한 초기 면접상담에서 주요한 방향을 제시한다. 상담과정은 내담자가 중심이고 내담자의 경험과 감정, 가치 또는 종종 내담자의 '내부적 삶(inner life)'을 강조했다. 그는 인간은 누구나 현실을 각자 달리 지각하고 이런 주관적인 경험이 행동을 지배한다고 믿었다(Clara E. Hill, et al., 2001). Rogers는 면담 관계에서 공감의 중요성을 강조했다. 공감이라는 것은 다른 사람의 내적 사고의 틀과 정서적 요소와 그 의미를 마치 그 사람의 입장에서 있는 그대로 정확하게 지각하는 능력이라고 한다. 상담 특히 초기 면접상담의 성패는 심리상담자/ 치료자의 공감 능력, 내담자/ 환자를 어떻게 심리적으로 안정화하고 공감하느냐에 따라 결정된다. 초기 상담 단계에서 라포 형성이나 공감적 관계를 형성하는 것은 언어적 대화 관계만이 아니라 비언어적 방식에서 보이지 않는 상호작용도 중요하게 영향을 미친다.

객관적인 표준화된 검사든, 표준화되지 않는 검사든 심리검사 과정에서 내담자의 경험이나 감정, 생각 등을 검사 도구를 통해 깊게 탐색한다는 점을 잊지 말아야 한다. 객관적인 심리측정은 지능, 적성 등과 같은 능력을 파악하는 데 적절하지만, 다양한 성격 특성이나 관계 역동을 파악하는 데는 한계가 있다. 초기 면접상담에서 개인사, 행동관찰, 그리고 대인관계의 맥락을 탐색하고 객관적인 심리측정 결과와 통합적으로 보아야 심리평가의 정확도를 높일 수 있다. 심리평가에서 면접상담은 인간의 행동에 내포된 복잡한 과정을 탐색하고 파악하며, 내담자/ 환자의 삶이라는 맥락에서 검사 점수를 이해하는 데 매우 중요하다.

3) 심리평가를 위한 초기면담에서 탐색 방법과 주의할 점은 무엇인가?

내담자/ 환자가 처음 상담을 받으러 왔을 때 상담자는 그를 어떻게 도와야 할지 알아낼 방법이 없다. 심리상담자/ 치료자가 내담자에게 자신이 스스로를 탐색하도록 권유하는 것은 상당한 시간이 걸린다. 우리의 목적은 내담자 스스로가 선택과 결정에 이르도록 돕는 것이므로 상담자들은 내담자의 문제를 해결하기 위한 행동계획을 세우기 앞서 내담자들이 얘기하는 것과 또 어떻게 느끼는가를 주의 깊게 볼 필요가 있다(Clara E. Hill, et al., 2001).

심리상담자/ 치료자는 내담자/ 환자로부터 정보를 얻을 수 있어야 정확한 심리평가를 할 수 있다. 그러나 내담자/ 환자가 자신의 정보를 있는 그대로 보고하려고 하지 않는다면 초기 면접상담에서부터 어려운 일을 겪을 수 있다. 초기면담에서 내담자/ 환자는 자신의 감정이나 생각을 표현할 때 불편하거나 불안함을 느낄 수 있다. 내담자/ 환자가 처음으로 상담에 왔다면 경험하지 못한 낯선 상담과 심리검사에 대해서 막연한 불편감도 느낄 것이다. 심리검사는 뭔가 평가받는 기분이 들고 심각한 정신·병리적 진단을 앞두고 있다면 두려움이 더 앞설 수 있다. 내담자/ 환자는 초기면담에서부터 긴장감이 올라오고 거부감 때문에 심리상담자/ 치료자에게 자신의 감정이나 생각, 증상 등을 사실적으로 소상하게 말하기 어려울 수 있다.

앞에서도 말했듯이 심리평가를 위한 초기면담에서 가장 중요한 원칙은 내담자/ 환자가 안전감, 안정감을 느끼면서 공감적인 라포가 형성되어야 초기면담도 원만하게 진행되고, 심리검사와 평가나 그 이후 상담과정도 제대로 진행될 수 있다. 초기면담에서 내담자/ 환자는 심리상담자/ 치료자로부터 개방적이고 수용적이며 허용적인 태도를 통해서 심리적 안정을 찾아갈 것이다. 내담자/ 환자는 자신의 감정이나 생각이 적극적으로 경청되고, 지지를 받으며 공감도 받고 있다고 느낄 수 있어야 한다. 심리상담자/ 치료자가 내담자/ 환자의 불안하거나 두려운 기분을 이해하고, 내담자/ 환자의 감정에 조율하려는 태도를 보일 때 이해와 수용, 존중받고 공감받고 있다는 느낌을 받을 수 있다.

심리상담자/ 치료자와 내담자/ 환자는 함께 상호작용하면서 현재 겪고 있는 사건이나 상황을 변화하기 위한 동기와 의지가 생기게 된다. 그런 의지와 동기를 가진 내담자/ 환자는 초기면담에서 자신의 문제적 사건이나 상황, 증상 등에 대해서 더 구체적이고 사실적으로 표현하게 될 것이다.

내담자/ 환자가 안전감, 안정감을 가지고 심리상담자/ 치료자와 이해와 존중받는 치료적 관계를 형성하는 것이 전제되어야 한다. 먼저 내담자/ 환자와 초기 상담에서 많은 질문을 하게 되는데, 이때 '왜~'라는 질문은 내담자에게 방어성을 증가시킬 수 있으므로 피하는 것이 좋다(박 경·최순영, 2010). '왜~'라는 질문은 비난이자 지적을 받는 느낌을 주기 때문에 '~어떻게 되었는지' 또는 '~무엇 때문에 일어나게 되었는지' 등으로 바꾸어서 질문하면 내담자/ 환자는 방어적 태도에서 벗어나게 된다.

질문에는 폐쇄적인 질문과 개방형 질문(open question)이 있는데, '예나 아니요' 또는 한두 마디로 답할 수 있는 폐쇄적인 질문보다 개방형 질문을 사용하는 것이 유용하다. 개방형 질문을 사용하는 것은 내담자로부터 명확한 답을 원하는 것이 아니라 내면에서 일어나는 것들을 탐색하도록 격려하는 것이다(Clara E. Hill, et al., 2001). 내담자/ 환자가 자신의 생각과 느낌을 명확히 하거나 탐색할 수 있도록 할 수 있다. 심리상담자/ 치료자는 "무엇에 대해서 반응이 일어나고 감정을 느끼는지요?", "그것에 대해서 어떻게 느끼는지를 말해 주세요." 등 개방형 질문으로 초기 상담을 열어나가야 한다.

초기면담에서 내담자/ 환자가 구체적으로 기술한 정보는 정확성도 중요하기 때문에 반영하기(mirroring), 재진술(restatement) 등을 통해서 의사소통을 해나간다. 반영하기는 상대방의 행동이나 말을 거울처럼 따라 하며 내담자/ 환자를 있는 그대로 수용하는 과정이다. 재진술은 반영하기와 비슷하지만, 내담자/ 환자의 말의 반복이나 내용의 부연 또는 의미를 부여하는 과정이다. 재진술은 내담자가 말한 것에 비해 적은 수이지만 유사한 단어로 구성되어 있고, 보통 내담자의 진술보다 구체적이고 명백하게 전달한다. 회기의 끝에 하는 요약도 재진술의 종류로 볼 수 있다(Clara E. Hill, et al,, 2001).

그 외 상대방의 호흡, 말투, 움직임 등 페이스에 맞춰 결을 맞추기(pacing)와 상대방 말의 포인트를 반복하는 역추적(back tracking) 등의 기법을 사용하여 내담자가 공감받고 있다는 느낌, 신뢰받는 느낌으로 안정적인 라포를 형성해 나가야 한다.

내담자/ 환자가 침묵하는 경우 충분한 시간을 주고 기다리면서 내담자/ 환자가 대화를 할 것인지, 대화를 언제 할지 선택하도록 해야 한다. 침묵은 내담자/ 환자의 저항이나 무의식적인 자기탐색과정이 되기도 하므로 충분히 배려해야 한다. 내담자/ 환자에게 직접적인 대화과정과 달리 잘 드러나지 않는 과정에서 상담치료의 자원이 되는 긍정적인 강화가 일어날 수도 있다. 내담자/ 환자와의 관계에서 비언어적인 연결이 일어나게 되면, 내담자/ 환자의 동기와 의지를 높이게 될 수 있다. 그래서 해석이나 직면하기 등을 사용하지 않거나 만약 사용하게 되더라도 조심스럽게 사용해야 할 것이다.

심리상담자/ 치료자는 언어적 대화 관계만이 아니라 공감적인 라포를 형성하기 위해서 보이지 않는 비언어적 방식을 적절하게 사용해야 한다. 심리상담자/ 치료자의 눈 맞춤, 부드러운 표정이나 미소, 안정적인 태도 등 비언어적인 방식으로 내담자/ 환자에게 배려를 느끼게 하고 심리적 안정감을 줄 수 있어야 한다. 심리상담자/ 치료사는 일방적이거나 통제적인 방식이 아니라 내담자/ 환자와 함께하는 상호적인 관계를 형성하는 것도 중요하다.

심리상담자/ 치료자의 배려적이고 안정감 있는 상담 진행에도 불구하고 내담자/ 환자가 자신의 정보를 있는 그대로 보고하려고 하지 않거나 사실적 정보를 보고할 능력이 없을 수도 있다. 법적인 문제로 상담에 오게 된 경우, 예를 들어 이혼소송이거나 아동학대나 가정폭력 등의 법적인 문제와 관련되어 있다면 심리검사나 상담에 방어적인 태도를 가질 수 있다. 정신병리적 문제, 특히 분노폭발, 환청이나 환시, 자살 시도 등으로 병원

입원 등의 문제가 있는 내담자/ 환자의 경우에도 자신의 증상을 사실대로 말하지 않고 거짓말을 할 수 있다. 아동, 청소년의 경우 학교에서 문제 행동으로 인해 상담에 왔다면 사실적으로 자신의 문제 행동이나 어려움을 말하기 어려울 수도 있다. 영유아나 지적인 손상이 있는 경우에는 적절한 언어적 표현으로 상황이나 문제를 기술하기 어려울 수도 있다.

반대로 내담자/ 환자는 상담에 진지하고 솔직하게 대처하지만 심리상담자/ 임상가의 실수로 내담자/ 환자의 정보를 놓치거나 왜곡할 수도 있다. 심리상담자/ 치료자가 상담에 집중하지 못하고 부주의해서 내담자/ 환자의 말이나 몸짓, 행동을 놓치는 경우 중요한 정보를 잃게 될 수 있다. 시간이 부족하거나 조급해서 내담자/ 환자에게 너무 많은 질문을 하거나 침묵을 기다리지 못해서 충분한 정서적 표현을 드러내지 못하게 하는 방해요소가 될 수도 있다. 이런 심리상담자/ 치료자의 실수는 내담자/ 환자의 어떤 정서적 표현이 드러나고 그것을 어떤 방식으로 표현하는지 등 탐색할 수 있는 중요한 기회를 놓치게 된다. 만약 트라우마적 사건이 있는 내담자의 경우 어떤 사건이나 상황에 대해서 다루고 싶지 않을 경우 충분한 시간이나 안정성이 확보되지 않으면 탐색할 수 없을 수도 있다. 일반적으로 내담자/ 환자들은 가족 간의 심각한 갈등이나 폭력적 문제, 성적인 문제 등에 대해서는 쉽게 말을 꺼내지 못하는 경우도 있다.

이 외에도 심리상담자/ 임상가의 선입견이나 성급한 추론으로 인해서 면담에서 정보가 왜곡되기도 한다. 심리상담자/ 임상가에게 내담자/ 환자에 대한 전반적인 인상과 이미지가 먼저 생겼을 때 그 정보에 따라 다른 관련된 특성이나 정보를 추론하는 경향(halo effect)이 있을 수 있다. 심리상담자/ 임상가가 이미 내담자에 대해 추론을 마친 상태에서 그 추론에 입각해서 입증하는 정보를 이끌어 내는 방향으로 면담을 이끌어가는 확증편향(confirmatory bias) 경향도 문제이다. 내담자의 외모나 옷차림, 교육적 수준, 직업적 특성에 의해서 건강하거나 유능하게 평가하거나 반대로 부정적으로 평가하는 경향도 있을 수 있다. 내담자가 상담에서 자신을 실제와 다르게 보고하는 경우, 거짓말을 하기도 하고 과장이나 과소하게 보고할 수도 있다. 내담자/ 환자가 의도와 달리 기억에 대한 부정확한 회고로 인해서 정보가 사실과 다르게 파악될 수도 있다. 심리평가를 위한 초기면담 탐색 과정에서 후광효과(halo effect)나 확증편향(confirmatory bias) 등을 주의해야 초기면담에서 얻은 정보가 유용한 심리평가 자료가 될 것이다.

3. 심리검사의 실시와 평가

심리상담자/ 임상가는 심리검사의 실시, 채점, 해석을 훈련하고 지도하는 기관에서 검사 결과를 채점, 해석하는 방법을 배우고 훈련받아야 심리검사와 심리평가를 진행할 수 있다. 심리상담자/ 임상가는 각각의 심리검사별로 실시하는 요강을 충분히 이해하고 훈련이 되어 있어야 한다. 심리상담자/ 임상가는 검사를 실시할 수검자가 어떤 문제로 심리검사를 진행하는지도 알아야 하고, 어떤 심리검사를 실시할 것인지도 선택해야 한다. 집단 심리검사의 경우에는 문제지와 답안지에 표시하는 지필 검사의 형태로 진행되기도 한다. 컴퓨터가 등장하면서부터는 검사자를 대신해서 온라인 검사나 컴퓨터로 검사를 실시하기도 하고, 검사자를 대신해서 채점이나 해석 등을 하기도 한다.

검사자는 심리검사를 실시할 때 표준방식에 따라 올바르게 시행해야 하며, 수검자와의 협력적인 관계에서 실시해야 한다. 집단 심리검사와 달리 개인 심리검사는 검사자와 수검자의 일대일 대면 관계에서 진행하는데, 상호작용도 중요한 영향을 미친다. 검사의 실시와 과정은 많은 요인들이 복합적으로 작용하는 역동적 과정이고 검사문항이나 검사지를 매개로 검사자와 수검자 간에 이루어지는 특수한 사회적 관계이다(김영환 외, 2008;

Cronbach, 1970). 검사과정에서 검사자와 수검자 간의 대인관계도 중요한 정보가 된다.

검사자 개인이 수검자와 어떤 관계를 어떻게 맺는가에 따라 수검자에 대한 관찰 정보나 해석이 달라질 수 있다. 검사자와 수검자가 신뢰하고 우호적인 관계를 맺는 것이 중요하다. 검사자가 점수나 객관적인 내용 정보를 간과하고 개인적이거나 편견에 따른 추론이나 해석은 평가에 부정적인 영향을 미칠 것이다. 특히 투사적인 검사를 할 때는 객관적인 검사에 비해 검사자의 태도나 반응과 수검자의 태도나 검사자와의 관계에 따라 검사 반응과 결과에 많은 영향을 미칠 수 있다.

수검자가 검사를 대하는 태도도 심리검사에 영향을 미칠 수 있다. 각 검사의 점수나 내용만이 아니라 수검자가 보이는 태도나 감정도 중요한 정보가 될 수 있다. 검사 진행과정에서 수검자가 보이는 행동이나 자세, 말하는 방식이나 태도, 비언어적인 것까지 포함해서 평가의 자료로 보아야 한다. 수검자가 감정적인 것을 어떻게 드러내는지 등 반응도 고려해서 검사 자료를 가지고 평가할 때 수검자에 대한 풍부한 정보가 될 것이다.

심리상담자/ 임상가는 심리검사를 실시하고, 행동관찰면담이나 비구조화된 면담, 심리검사 반응 채점을 통해 얻은 심리검사 결과를 해석하고 종합적으로 평가를 한다. 종합심리검사는 정신건강 상태를 평가하는 도구지만 최종적인 진단은 정신과 의사와의 상담을 통해서 정신과적 질환을 진단받을 수 있다. 심리검사 결과는 진단의 참고 자료로 사용된다.

1) 심리검사는 언제 실시하는가?

심리검사는 상담심리자/ 임상가가 일반적으로 상담 초기에 진행하게 된다. 상담심리자/ 임상가는 상담에 온 내담자/ 환자에 대해서 전반적인 이해를 해야 하지만 상담 초기에는 정보가 부족해서 상담이 어느 정도 진행된 후에 탐색을 통해서 파악할 수 있다. 심리검사를 실시하면 상담 초기나 면접상담에서 파악하기 어려운 내담자/ 환자의 인지적·정서적 대인관계의 방식이나 내적 역동 등을 파악할 수 있다. 또한 내담자/ 환자의 현실검증력의 적절성, 충동 통제의 정도, 주된 방어기제와 그 방어기제의 경직성, 두드러진 갈등영역 등을 통해 내담자/ 환자를 심층적으로 탐색할 수 있게 된다. 심리검사에서 얻은 정보는 상담목표를 세우거나 심리치료 방식을 정할 때 등 상담이나 치료에 도움을 준다.

심리검사는 내담자가 자신의 심리 및 인지적 상태에 대해서 조금 더 자세하게 체계적으로 이해하기 위해서 진행되기도 하고, 내담자의 증상이 모호하여 진단이 까다롭고 명확하지 않을 때 실시하게 된다. 심리검사가 가장 유용한 상황은 여러 출처에서 얻은 자료들이 불일치할 때, 임상적 관찰만으로는 적절한 판단이 어려울 때, 증상이 매우 복잡하여 내담자/ 환자에 대해서 전체적 통찰이 되지 않을 때이다(최정윤, 2002).

심리검사는 주로 상담 초기에 실시하기도 하지만, 상담 중기나 말기에 진행하기도 한다. 상담/ 치료 과정에서 예상하지 못한 문제가 발생하거나 발견이 되어서 좀 더 정밀한 탐색이 필요한 경우에 진행할 수 있다. 새로 얻게 된 심리검사 결과는 지금까지 상담을 평가하고 내담자/ 환자의 현재 상태와 이후 상담/ 치료의 방향을 재정립하고 통합을 하는 데 도움을 준다. 심리검사를 다시 할 때, 재검사는 지능검사는 1년, MMPI는 3~6개월 정도의 기간을 두고 검사한다. 짧은 기간에 재검사를 진행할 경우 수검자는 심리검사에 대한 학습효과가 있어서 평가 자료가 정확하다고 보기 어려울 수 있다.

2) 심리검사는 누가 받을 수 있는가?

아동부터 성인까지 누구나 받을 수 있다. 특히 심리적 어려움이 있는 사람이 주로 검사를 받는다.

내담자/ 환자 스스로 자신의 심리적 증상이나 성격적 특성에 대해서 심층적으로 탐색하고 자신에 대해서 알고 싶을 때 진행할 수 있다. 심리상담자/ 치료자가 상담을 시작하거나 진행할 때 내담자/ 환자에 대해서 심층적으로 탐색하고 이후 상담을 해나갈 때 필요할 경우 진행한다. 특히 내담자/ 환자에게 정신병리적 문제가 있어서 약물치료 등 의학적 치료가 필요한 경우는 종합심리검사를 진행할 수 있다.

그 외에도 수검자가 병무청 제출용이나 법적인 절차상 공식적인 진단 및 객관적 자료가 필요할 때도 심리검사를 진행한다.

3) 심리검사는 누가 어디에서 실시하는가?

심리검사는 정신건강의학과 병원, 심리상담센터, 임상심리전문가가 있는 기관 등에서 실시한다.

심리검사는 검사 종류에 따라 전문적인 훈련을 받은 사람이 실시할 수 있다. 심리검사를 구입하여 사용할 수 있는 자격도 명시해 두었다. 자격기준에 미달되는 경우에는 보수교육을 통해서 자격과정을 인정해 주기도 한다.

검사자는 일정 기준 이상의 전문성을 가지고 있어야 한다. 검사의 제작, 타당도, 신뢰도, 그 검사에 대한 연구 등에 관한 충분한 지식을 갖추고 심리검사에 대한 교육훈련과 실시 경험도 가지고 있어야 한다. 검사 실시나 해석에 대한 전문적인 자격과 경험을 통해서 심리검사 과정을 책임질 수 있어야 한다.

한국임상심리학회는 회칙에 "임상심리전문가라 함은 한국심리학회가 인정하는 대학 및 기타 교육기관에서 임상심리학을 전공(3조 5항 참조)하여 석사 및 그 이상의 학위를 받은 자로서, 한국임상심리학회에서 정한 소정의 수련과정을 이수한 후 임상심리전문가 자격시험에 합격하고 자격심사위원회에서 그 자격을 인정받아 한국심리학회가 발급하는 자격증을 부여받은 자"로 규정하고 있다.

4) 심리검사 과정은 어떤 검사를 선택하는가?

검사자가 심리검사를 실시하기 전에 준비해야 할 것들이 있다. 심리검사 전에 검사장소를 정리정돈하고 실시할 심리검사 도구를 점검하고 준비하는 과정이 필요하다. 내담자/ 환자의 상황과 상태에 따라 어떤 심리검사를 선택하는지가 중요한 과정이다.

심리검사를 선택할 때는 심리검사의 목적을 분명히 하여 그러한 목적 달성에 적절한 검사를 선정해야 한다. 표준화된 검사를 사용하는 경우 검사의 신뢰도와 타당도를 검토해야 한다. 검사 실시와 채점의 간편성, 시행시간, 검사의 경제성 등 심리검사의 유용성을 고려해서 심리검사를 선택해야 한다. 개인 심리검사인지, 집단 심리검사인지, 스트레스 상황에 대한 간단한 평가인지, 심각한 정신병리적 증상 등 심층적인 평가인지에 따라 심리검사의 내용과 종류 등이 달라질 수 있다.

심리검사는 다양한 검사가 있지만 한 검사만으로 내담자/ 환자를 다양한 영역에서 측정하고 진단할 수는 없다. 예를 들어, 객관적 검사인 MMPI-2 검사의 내용과 내담자/ 환자는 자기 보고한 내용이 일치하는 경우가 대부분이지만, 내용이 잘 맞지 않는 경우가 있을 수 있다. 객관적 검사에서 드러나지 않았던 증상이나 내용이 투사적 검사에서 드러나는 경우(최정윤, 2002)도 있다. 한 가지 검사만으로 내담자/ 환자를 파악하기 어렵다면 여러 검사를 실시하면 내담자/ 환자를 보다 포괄적으로 이해할 수 있을 것이다. 그래서 심리검사는 개별적인 검사를 모아서 구성하는 배터리(battery)로 진행한다. 2개 이상의 개별검사로 이루어진 종합검사를 의미할 때 배터리라는 용어를 사용한다. 배터리는 원래 여러 부분으로 구성된 한 벌의 기구 또는 장치라는 뜻이다. 즉, 비교적 비슷한 영역의 내용을 종합적으로 측정하기 위해 2개 이상의 검사(test)가 모여 하나의 배터리를 이루게 된다.

종합심리검사(full battery)에는 지능검사(K-WAIS, K-WISC, K-WPPSI), 다면적 인성검사(MMPI-2, MMPI-A), 주제통각검사(TAT), 로샤검사(Rorschach), 그림검사(HTP), 벤더-게슈탈트검사(BGT), 문장완성검사(SCT) 등이 포함된다.

웩슬러 지능검사는 지능 수준을, 다면적 인성검사는 정신병리적 증상이나 성격적 경향성을, 로샤검사는 원초적 욕구나 환상을, 문장완성검사는 내면적인 감정, 태도, 생각을 알려주는 검사로써 배터리를 구성하게 된다. 각 검사는 주로 측정하는 영역 외에도 다른 심리적 영역을 측정하거나 탐색할 수 있다. 지능검사가 지능적 능력뿐만 아니라 여러 가지 기능들과 적응적 노력이 어떤 상황에서 효율적이고 어떤 특정 영역에서 실패할 것인지에 대한 정보도 얻을 수 있다(최정윤, 2002).

각 검사에서 얻은 자료들은 다른 검사에서 나온 결과를 보다 풍부하게 해줄 뿐만 아니라 각 검사별로 세워진 가설들에 대한 타당성을 교차 검증할 수 있는 수단으로 사용될 수 있다(최정윤, 2002). 무조건 종합심리검사를 진행하기보다는 심리검사의 목적을 분명히 하여 그러한 목적 달성에 적절한 검사를 선정해야 한다. 경제적 · 시간적 · 효율적 영역을 고려하여 선택해야 하는데, 심리검사에 숙련된 전문가라야 가능할 것이다.

5) 심리검사는 어떻게 실시하고 채점하는가?

종합심리검사는 2~4시간이 소요되는데, 심층적 평가 면접이 추가될 수 있다. 심리검사를 진행하고 해석하는 것만이 아니라 구조화된 면담, 비구조화된 면담, 행동관찰, 대인관계에서 상호작용, 생리・심리적 평가, 행동평가와 같은 다양한 영역을 포함해서 평가를 진행한다.

초기상담에서 내담자/ 환자가 어떤 목적을 가지고 검사를 진행하는지 목적을 분명히 한다. 목적에 맞는 어떤 심리검사를 진행할지 선택하여 검사 결과를 분석, 해석한다. 검사 결과에 대해서 내담자/ 환자에게 상세하게 전달하는 상담을 진행하면서 상담/ 치료 계획을 세워나간다.

심리검사를 실시할 때는 각 검사마다 검사 매뉴얼에서 제시된 검사 시간, 진행 방법, 지시사항 등을 철저히 지켜서 검사를 진행해야 검사 결과의 정확도를 높일 수 있다.

각 심리검사마다 점수 및 의미 해석은 다를 수 있다. 주로 양적 측정을 일차적인 목표로 하는 객관적 검사에서 각 검사 점수는 수치로 나타내는 경우가 많다. 각 검사가 측정하고자 하는 영역에서 수검자가 어떤 위치를 차지하고 있는지 구체적이고 상대적인 정보를 제공한다. 객관적인 정보 이외 검사 진행 과정에서 수검자가 어떤 상황에서 나타내는 행동이나 말하는 태도, 정서적 변화를 관찰도 해야 중요한 정보를 얻을 수 있다. 심리검사 결과인 점수는 내담자/ 환자에 대한 어떤 결론이 아니라 평가를 위한 자료일 뿐이다.

심리검사 결과, 점수 해석방법은 검사 유형에 따라 다를 수 있다.

대부분의 객관적 심리검사는 정규분포기준인 정규분포곡선(벨 곡선)에 맞춰 해석한다. 전체 집단에서 평균적인 위치를 기준으로 개인의 점수를 비교한다. 일부 검사에서는 개인의 점수를 전체 집단과 비교하여 백분위(%) 해석으로 나타내기도 한다.

특정 정신질환을 위한 검사에서는 진단 기준과 비교해서 해석하기도 한다. MMPI-2의 경우에는 점수가 특정 기준을 초과하면 진단적 의미가 있다. 예를 들어, 우울증 척도에서 특정 점수 이상일 경우 임상적 의미가 있을 가능성이 높다고 평가한다.

대표적인 객관적 검사인 MMPI-2 검사의 점수 해석의 기준이 있다. MMPI-2 검사에서 T점수가 50~60점이면 정상범위, 점수가 약간 높은 60~70점은 성격적 경향이 반영될 수 있다고 본다. T점수가 70점 이상으로 높은 경우 임상적으로 의미 있는 수준의 정신병리적 문제로 인해서 심층분석 및 상담이 필요하다고 해석한다.

객관적인 검사와 달리 투사적 검사에서는 반응 내용이나 주제와 같은 정보를 얻을 수 있다. 투사적 검사는 양적인 측면이 아니라 질적인 측면에 초점을 둔다. 수검자가 실제로 나타낸 반응이 무엇인가가 중요한 정보의 출처가 된다. 이 과정에서는 양적 접근에서 간과될 수 있는 개인 고유의 특성에 대한 해석적 정보를 얻을 수 있다. 내용 분석은 주요한 집착이나 갈등영역에 대한 정보를 제공한다. 내용 분석과 각각의 내용들이 어떤 구조적 역동을 보이는지 전체적인 성격 구조 안에서 통합적으로 탐색할 때 유용한 평가 자료가 될 것이다.

그 외 자기 보고식 질문지 검사들도 객관적인 검사와 투사적 검사에 기초한 해석에서 부족한 검사자의 가족관계, 대인관계, 스트레스 정도, 그 외 다양한 심리적 상황을 탐색하고 해석하는 데 유용한 정보가 될 수 있다.

6) 심리검사 결과를 어떻게 해석하고 통합적 평가를 하는가?

심리검사를 실시하고 해석과 통합적 평가는 행동관찰면담이나 비구조화된 면담, 심리검사 반응 채점, 심리검사 결과 등의 정보에 기초해서 진행한다. 심리상담자/ 임상가는 각 심리검사에서 토대가 되는 가설을 잘 파악하고 그중 어떤 가설이 가장 적합한지를 판단하고 가려낼 수 있어야 한다. 즉, 심리상담자/ 임상가는 자신이 무엇을 알아보기 위해 검사를 하는지를 개념적으로 이해하고 있어야 한다(박순경·최순영, 2010).

심리검사 결과를 토대로 심리상담자/ 임상가는 내담자/ 환자에게 심리평가 내용을 상세하게 나누는 상담을 하면서 필요한 심리상담, 심리치료, 약물치료 등을 고려할 수 있다. 무엇보다 내담자/ 환자의 상태에 맞는 치료계획을 세우는 게 중요하다.

심리검사 이후 평가가 끝나면 심리상담자/ 임상가는 심리검사 자료, 언어적이거나 비언어적인 행동관찰 등을 포함해서 임상적 판단을 하여 내담자/ 환자에 대해서 상세하게 기술해야 한다. 임상적 판단을 할 때 검사에서 발견한 것과 면접상담 및 개인 이력에서 추론된 인상이 불일치할 때가 있다. "이런 불일치는 면접관찰과 검사 자료가 성격 구조 및 기능의 각기 다른 측면을 반영함으로써 생긴 현상"(최정윤, 2002)으로 본다.

심리검사의 결과를 해석, 평가할 때 다양한 영역에서 진행한다.

첫째, 성격 및 정서적 특성을 해석한다. 심리검사는 개인의 성격유형과 감정 상태 평가를 하는 데 유용하다. 성격유형 해석에는 MMPI, MBTI, TCI 등의 검사 결과를 기초로 개인의 성격유형을 파악한다. 예를 들어, 개인의 성격유형에서 외향적인 사람과 내향적인 사람은 대인관계 방식이나 문제해결 양식에서 차이가 있는데, 이런 차이를 이해하는 것이 중요하다.

둘째, 정서적·심리적 안정성을 평가한다. 우울, 불안, 분노 조절능력 등을 평가하여 정서적 건강상태를 해석한다. 분노폭발이나 우울감이 높아 감정 조절이 어려운 내담자/ 환자는 먼저 심리상담이나 심리치료가 필요할 수 있다. 분노조절이 어려운 경우 어떤 스트레스에 반응하고, 반응 패턴은 어떻게 나타나는지 등을 해석한다. 스트레스 등 문제 상황에서 내담자/ 환자가 어떻게 문제를 해결하는지, 예를 들어 문제나 대인관계를 회피하거나 높은 우울감으로 인해 삶에 대한 부정적인 태도가 있는지 등을 분석하고 평가한다. 또한 어떤 핵심 감정이 주요하게 작용하는지, 긍정적인 자원은 무엇인지 등 이러한 패턴을 분석하여 적절한 대처 전략을 찾는 것이 중요하다.

셋째, 사고 패턴 및 인지기능 검사는 개인의 기억력, 집중력, 논리적 사고능력 등을 평가한다. 기억력 및 주의력 검사는 알츠하이머나 ADHD 진단에 활용될 수 있는 검사로, 단기 기억력, 작업기억, 집중력 등을 평가한다. 논리적 사고 및 문제해결 능력, 비판적 사고능력 등을 평가하여 개인의 인지적 강점과 약점을 파악한다. 사고 패턴의 탐색을 통해서 부정적 사고 패턴이 있는지 평가하고, 사고의 유연성 여부를 분석할 수 있다. 예를 들어, 우울증이 있는 사람은 비관적인 사고 패턴이 강할 수 있으며 이러한 패턴을 교정하는 것이 치료의 중요한 요소가 될 수 있다.

넷째, 상담에서 긍정적 자원 등을 탐색한다. 내담자/ 환자의 강점과 자원, 내담자/ 환자의 가족관계나 대인관계에서 지지와 지원도 무엇인지 탐색해서 이후 상담에서 긍적인 영향을 미칠 수 있도록 한다. 예를 들어, 심리적으로 취약한 청소년 내담자일 경우는 부모나 주변 친구 관계가 어떻게 지지하고 배려하는가가 심리상담/ 치료에 많은 영향을 미칠 수 있다. 내담자/ 환자 자신의 상담에 대한 태도, 상담에 대한 동기 수준이나 의지가 어떤지를 이해하고 분석하는 것도 중요한 과정이다.

다섯째, 앞의 네 가지 영역에서 해석과 평가를 통해서 상담목표를 정하고 이후 상담 전략과 구체적인 계획을 세워나가야 한다. 상담목표를 이루어 나가는 데 걸림돌이 될 수 있는 부정적 요소가 무엇이고 어떻게 대처할지도 평가해야 한다.

심리검사 결과를 어떻게 해석하고 통합적 평가를 하느냐에 따라 상담 방향과 목표, 구체적인 계획을 분명히 할 수 있다. 심리검사 결과와 내담자/ 환자가 진술한 내용에서 반복적으로 나타나거나 공통되는 주제나 패턴이 있는지 해석하고 평가를 통해서 심리상담자/ 치료자는 다음과 같은 문제를 분명히 정리해 나갈 수 있다.

① 상담자가 파악한 내담자 문제의 성격은 무엇인가?
② 문제가 생기게 된 경로나 문제의 기원은 무엇인가?
③ 내담자의 문제를 지속시키는 내적 역동은 무엇인가? 내담자의 문제 행동이나 증상의 역기능적 측면뿐 아니라 기능적 측면은 무엇인가?
④ 내담자의 문제를 지속시키는 외적 역동은 무엇인가? 내담자/ 환자의 가족관계 역동, 주변 사람들과의 관계 특성, 환경적 특성에 이르기까지 어떤 역동이 일어났고 현재도 어떻게 진행되고 있는가?
⑤ 문제의 해결이나 극복을 위해 내담자가 필요로 하는 것은 무엇인가?

생각나눔

Q1. 여러분이 생각하는 심리검사(Psychological Test)와 심리평가(Psychological Assessment)란 무엇입니까?

Q2. 검사(test), 측정(measurement), 진단(diagnosis), 검진(examination), 평가(evaluation), 평가 또는 사정(査定; assessment) 등의 용어는 엄격하게 본다면 구별해서 사용해야 합니다. 그 내용을 정리해 봅시다.

조별나눔

Q1. 개인 심리검사에서 객관적 심리검사와 투사적 검사를 내담자의 상황에 따라 어떻게 선택할 수 있을까요?

Q2. MMPI 결과 정신과 약물이 필요하다고 권유했음에도 불구하고 내담자가 약에 관해 편견이 강해 거부할 경우 심리상담자/ 치료자는 어떻게 해야 할까요?

참·고·문·헌

권대훈(2017). 심리학의 이해. 서울 : 신정.

김영환 · 문수백 · 홍상황(2008). 심리검사의 이론과 실제. 서울 : 학지사.

김재환 외(2006). 임상심리의 이해. 서울 : 학지사.

박 경 · 최순영(2010). 심리검사의 이론과 활용. 서울 : 학지사.

박영숙 · 박기환 · 오현숙 · 하은혜 · 최윤경 · 이순묵 · 김은주(2019). 현대 심리평가의 이해와 활용. 서울 : 학지사.

성태훈(2014). 임상심리 수련생을 위한 종합심리평가 보고서 작성법. 서울 : 학지사.

최정윤(2009). 심리검사의 이해. 서울 : (주)시그마프레스.

Clara E. Hill & Karen M. O' Brien(2001). 상담의 기술. 서울 : 학지사.

CHAPTER

03

정신병리적 문제 판별을 위한 검사 : MMPI-2

CHAPTER 03

정신병리적 문제 판별을 위한 검사 : MMPI-2

(전지은)

1. MMPI 개요

미네소타 다면적 인성검사(MMPI : Minnesota Multi phasic Personality Inventory)는 1943년 개발된 이후 임상장면에서 가장 많이 사용되는 자기 보고형 성격검사이다. 미네소타 대학의 심리학자인 Starke Hathaway와 Jovian Mckinley에 의해 1930년 후반부터 제작되었다. 이전의 성격검사들은 수검자의 독해 및 이해 능력과 검사에 대한 의지를 가졌다고 전제하였는데, 이는 수검자의 독해 및 이해 능력과 의지가 검사 결과에 미치는 영향을 놓치게 되는 결과를 초래하였다. 이렇기에 당시의 여러 임상가는 이러한 성격검사의 타당도를 향상시켜야 한다는 것에 의견을 모아 기존 성격검사의 한계점을 해소할 수 있는 MMPI가 개발되었다.

따라서 MMPI는 임상장면에서 내담자들의 정신병리를 보다 신뢰성 있고 효율적으로 진단 및 평가하기 위해 개발된 것이다. MMPI는 정상적이지 않은 행동과 증상에 대한 종합검사로서 경험적 문항 선정 방식으로 제작된 최초의 검사로서 큰 의의가 있다.

MMPI-2는 시대의 변화를 반영하여 원판 MMPI의 단점을 보완하고 신뢰성과 타당성을 보다 더 향상시킨 것으로, 중복이 없는 567문항을 구성으로 1989년 개정되었다. 원판의 문항 내용의 문제점, 즉 부적절한 문항(성적,

특정 종교 편향, 성격 측정에 관련 없는 문항), 성차별적 문항, 더 이상 사용하지 않는 표현 문항, 문법이나 어법이 올바르지 않은 문항, 너무 길고 이해하기 어려운 문항들이 보완되었다. 또한 시대의 변화에 맞춰 자살, 중독, 부부 문제, 치료 관련 행동에 대한 문항이 추가되었다. 마지막으로 원판 MMPI가 가졌던 제한점(척도 구성과 규준 제작에 동일 집단 사용, 무응답의 허용 문제, 대표성 있는 표집이 아닌 점, 문항에 대한 반응이 달라지는 점)들을 해소하여 신뢰성과 타당도를 높였다. 표준 타당도나 임상 척도는 변경되지 않았으나 타당도 척도를 보강하는 VRIN, TRIN, Fb, FP, S 등의 타당도 척도들과 재구성 임상 척도(Reconstructed Clinical Scale), 새로운 내용 척도(내용 소척도), 새로운 보충 척도, 그리고 기존 MMPI를 바탕으로 한 여러 가지 유용한 척도가 추가되었다.

MMPI-2는 앞서 말한 바와 같이 임상장면에서 가장 널리 사용되는 검사로서 단순한 진단 평가뿐만 아니라 법적 자문, 인사 채용, 심리상담, 정신병리와 관련된 선별검사, 연구 등에서 다양하게 사용되고 있다. 따라서 MMPI-2는 현존하는 검사 중 가장 완성도가 높은 검사라고 생각된다.

MMPI-2가 물론 모든 것을 다 알려주는 만능 검사는 아니다. 하지만 다른 검사들에 비해 실시와 평가가 간단하고 명확한데 단순히 매뉴얼대로만 실시하고 해석한다면 이 검사가 가지고 있는 강점을 제대로 이해하지 못하게 된다((주)마음사랑 홈페이지 https://maumsarang.kr/maum). 그렇기 때문에 MMPI-2의 적절한 해석을 위해서는 검사자의 전문적 기술이 필요함과 동시에 내담자의 여러 가지 측면을 종합하여 해석할 수 있어야 한다.

2. 한국판 MMPI의 개발

한국판 MMPI는 1960년대 원판 MMPI를 표준화하여 1963년에 출시되었으며 1980년대 후반, 한국임상심리학회에서 인구학적 조사를 통해 사회·문화적 변화를 반영하여 한국판 다면적 인성검사를 출시하였다(김영환 외, 1989).

2001년에 한국판 MMPI-2 표준화위원회(김중술·한경희·임지영·이정흠·민병배)가 발족되어 MMPI-2의 표준화 작업이 본격적으로 시작되었다. 한국판 MMPI-2는 2000년 인구주택 총조사에 기초하여 만 19세 이상 성인을 대상으로 성별, 연령, 교육 수준, 지역, 거주지 단위로 다단 유층 방식을 사용하여 총 1,352명의 집단(남자 651명, 여자 701명)을 표출하였다.

한국판 MMPI-2의 문항은 국내의 다양한 전문가들과 미네소타 대학 소속 출판사의 평가를 포함하여 엄격한 번역과 재수정 작업을 통해 2004년에 최종적으로 승인을 받아 출판되었다.

2011년에는 MMPI-2의 임상 척도 한계를 보완한 재구성 임상 척도를 중심으로 재구성된 MMPI-2-RF가 개발(한경희·문경주·이주영·김지혜)되었다.

MMPI-A는 만 13~18세 청소년을 위한 검사로 MMPI-2의 문항 및 척도를 청소년들에게 적절한 내용으로 재구성하고 청소년에 맞는 규준을 적용하여 1992년(한국판 2005년)에 개발(한경희·임지영·김중술·민병배·이정흠·문경주)되었다. MMPI-A는 청소년들에게 나타나는 가족 또는 학교에서의 문제와 더불어 또래 집단과의 문제 및 여러 가지 특유의 어려움들을 포괄적으로 평가할 수 있는 검사 도구이다.

3. MMPI의 실시

1) 검사 실시

(1) 검사자의 자격 조건

MMPI-2의 실시와 채점은 비교적 쉽고 간단하지만, 내담자에게 맞는 적절한 해석을 위해서는 높은 수준의 심리적, 임상적, 성격적, 그리고 전문가적인 지식은 물론 윤리적으로도 강한 신념이 요구된다. MMPI-2의 적절한 사용을 위해서는 검사 이론에 대한 배경지식, 즉 검사 규준의 역할과 그에 대한 평가 및 각 점수가 나타내는 정확성과 그 한계까지도 이해하는 지식이 요구된다. 수검자에 대한 정확하고 균형 잡힌 해석을 하기 위해서 검사자는 진단적 개념과 진단 체계에 대해서 빠짐없이 알고 있어야 한다. 그리고 인간 발달 및 성격 발달에 대한 복합성에 대해 폭넓은 이해 역시 정확한 해석을 위해 반드시 갖추어야 할 부분들이다. 마지막으로 요구되는 사항은 필수사항이기보다는 MMPI-2를 사용하는 검사자가 유념해야 하는 것으로, 타 분야의 전문가들과 효과적인 의사소통을 할 수 있어야 한다. 보통 MMPI-2는 관련 분야의 전문가들의 의뢰를 받아 실시되는데, 검사의 해석은 의뢰자의 의도를 고려하여야 한다. 즉, 의뢰자가 이해하기 쉬운 방식으로 기술되고 요약되어야 한다.

(2) 수검자의 조건

MMPI-2는 만 18세 이상의 성인들을 위해 개발된 검사이다. MMPI-2가 자기 보고형 검사임을 고려할 때, 모든 문항을 정확히 읽고 이해할 수 있어야 하며 그에 맞게 답할 수 있는 사람에게 실시되어야 한다. 따라서 수검자는 최소한 초등학교 6학년 수준 이상의 읽기 능력, 즉 독해력을 가지고 있어야 한다. 또한 적절한 검사 수행을 방해하는 신체적·정신적 문제가 있는지를 확인해야 한다. 예를 들면, 시력저하, 중독 및 금단 상태, 실어증, 주요우울장애, 조증삽화 등은 검사를 읽고 답하는 단순한 과제 수행도 어렵게 만든다.

물론 MMPI-2에는 수검자의 검사 자료가 해석 가능한 것인지 확인하는 장치인 타당도 척도들이 있기는 하다. 하지만 검사를 실시하기 전에 문제가 될 수 있는 요인들을 미리 확인하여 필요한 조치를 취하거나 검사 실시 여부를 결정하는 것이 더 바람직하다고 볼 수 있다.

(3) 검사 환경 및 주의 사항

앞서 말한 바와 같이 MMPI-2는 만 18세 이상의 성인에게 실시하며 만 13~18세 사이의 청소년에게는 MMPI-A를 실시하여야 한다.

검사 시에는 가급적 조용하고 밝고 쾌적한 환경에서 검사자의 관장 아래 지정된 곳에서 실시하도록 한다.

만약 수검자의 독해력이 낮은 경우 필요하면 문항을 불러주거나 설명해 주면서 반응을 기록하며 실시할 수 있다. 환자의 임상적 상태에 따라 몇 회로 나누어서 실시가 가능하다.

검사에 대해 수검자에게 설명할 때 서두르지 않고 안정된 상황에서 차분히 설명하여야 하며 검사의 목적, 결과의 용도 및 결과의 비밀보장 등에 대해 충분히 설명하고 최대한 수검자의 협조를 얻어내야 한다. 또한 검사자는 적절한 수행을 방해할 것 같은 요인들을 미리 파악하고 이를 교정하여 수검자를 도와야 한다.

생각나눔

Q. 어떤 내담자를 대상으로 MMPI를 실시해야 할까요? 그 판단기준은 어떻게 확신할 수 있을까요?

2) 채 점

한국판 MMPI-2는 컴퓨터를 이용한 채점 프로그램을 사용해야 하고, 수동 채점을 위한 채점판은 제공되지 않는다. MMPI-2는 채점되어야 하는 척도의 수가 너무 많을 뿐 아니라 VRIN 척도나 TRIN 척도 같은 경우에는 채점방법이 무척 복잡하여 수동 채점을 할 경우 실수의 가능성이 매우 높다. 채점 프로그램은 검사자의 시간과 노력을 절약해 줄 뿐만 아니라 정확성을 보장하며 다양하고 풍부한 검사 결과 및 자료를 제공하기도 한다.

검사자는 채점을 하기 전 수검자의 답안을 전체적으로 검토하여 적절하게 응답하지 않은 문항이나 무응답한 문항에서는 재응답을 권유하여 채점의 정확도를 높여야 한다.

4. MMPI-2의 타당도 척도

MMPI-2 검사 결과가 최대한 정확하고 유용한 정보를 나타내게 하기 위해서는 수검자가 주의 깊게 문항을 파악하고 솔직히 답해야만 한다. 그렇게 해야만 검사의 결과가 신뢰성 있고 타당한 해석이 가능하다. 만약 그렇지 못하다면 검사 결과는 무효로 처리되어 해석이 불가능하게 된다.

검사자는 타당도 척도를 통해 ① 문항지를 채점해도 되는지, ② 수검자가 문항을 제대로 이해하고 답했는지, ③ 수검 태도의 패턴과 그런 태도를 보이게 된 원인, 동기, 그리고 그로 인한 검사 결과의 잠재적 문제점들은 무엇인지 살펴보아야 한다(홍창희 외, 2012; Nichols, 2011).

(1) 무응답 척도(?)

무응답 척도는 사실 척도라기보다는 수검자가 응답하지 않은 문항의 개수를 나타낸다. 또한 "그렇다"와 "아니다" 모두에 응답한 경우도 무응답 척도에 해당된다.

이러한 무응답의 원인은 다음과 같다. 첫째, 수검자가 문항을 읽고 이해하는 능력이 부족한 경우이다. 둘째, 수검자가 부주의하거나 혼란스러워 반응을 누락하는 경우이다. 셋째, 수검자가 검사 또는 검사자에 대한 비협조적인 태도를 보일 때이다. 넷째, 수검자가 바람직하지 않은 사실을 인정하기도, 거짓 답을 하기도 싫어 회피하는 경우이다. 다섯째, 수검자가 "그렇다"와 "아니다" 중 어느 쪽을 선택하지 못할 때 검사지에 빈칸(무응답)으로 남겨 놓는 경우이다. 여섯째, 수검자가 문항에서 묻는 질문에 대한 답을 할만한 경험이나 정보가 부족한 때 일부 문항에 대해 무응답으로 답하는 경우도 있다.

어떤 이유에서든 무응답 문항이 많으면 다른 척도의 점수가 낮아질 가능성이 높아지기 때문에 결과의 타당성을 의심해야 한다. 모든 문항에 응답하라는 검사자의 지시에도 불구하고 어떤 수검자들은 일부 문항에 응답하지 않는다. 이러한 상황을 줄이기 위해 검사자는 수검자를 격려하며 모든 문항에 답하도록 요구하여야 한다. 그럼에도 불구하고 무응답 문항이 발견된다면 그 원인이 무엇인지 파악하여 이의 의미를 이해할 줄 알아야 한다.

무응답 문항이 0~10개인 경우 타당성은 유효하나 검사자는 무응답의 문항 내용을 꼭 검토하여야 한다. 만약 무응답 문항이 11~29개일 경우 일부 척도들이 무효일 수 있으며 검사자는 무응답 문항들의 내용과 특정 척도 포함 여부를 검토하고 무응답 문항이 전체의 10% 이상인 척도는 해석하지 말아야 한다. 무응답 문항이 30개 이상인 경우 검사의 전체 결과가 무효할 수 있는데, 검사자는 반드시 무응답 문항의 위치를 검토해야 한다(특정 주제, 예를 들어 종교적 내용, 성적인 내용 등에 대해 일관되게 답하지 않았다면 이는 수검자의 심리적 문제에 대한 단서를 제공할 수 있다). 만약 무응답이 대게 370번 이후라면 L, K, F 척도와 임상 척도는 해석이 가능하며 각 척도별로 응답 문항의 퍼센트 비율을 살펴볼 필요가 있다.

(2) 무선반응 비일관성 척도(VRIN : Variable Response Inconsistency)

VRIN 척도는 MMPI-2의 문항을 제대로 읽어보지 않고 아무렇게나 반응하는 경향을 탐지한다. VRIN 척도는 서로 내용이 유사하거나 또는 상반되는 문항이 쌍으로 구성되어 있으며 이들 각 문항쌍에서 내용에 비추어 서로 불일치하는 비일관적인 반응이 나타날 경우 척도의 원점수가 1점씩 채점된다.

VRIN 척도는 모두 67개의 문항쌍으로 구성되어 있는데 VRIN의 T점수가 80점 이상일 경우 수검자가 문항 내용과 상관없이 무선적인 방식으로 문항에 응답했다고 받아들일 수 있다. 이렇게 점수가 상승한 이유는, 첫째, 수검자의 독해능력 부족, 둘째, 수검자의 혼란, 셋째, 의도적인 무선 반응,

셋째, 반응 표기상의 실수인데, 이는 검사 전체의 해석을 불가능하게 만들 수 있다. VRIN 척도의 T점수가 65~79점이면 그 타당성은 유효하나 일부 비일관적 반응이 개입되어 있다고 여겨지며 이런 점수 상승의 요인으로는 수검자의 부주의가 대표적이다. 이 점수는 해석이 가능하지만 일부 비일관적 반응의 경향성을 주의해야 하며, VRIN 점수가 79점에 가깝다면 해석에 있어서 검사자의 강한 주의가 필요하다. VRIN 척도의 T점수가 64점 이하이면 수검자는 검사 문항을 주의 깊고 신중하며 일관성 있게 반응하였다고 여겨 그 타당성이 유효하다고 간주할 수 있다.

(3) 고정반응 비일관성 척도(TRIN : True Response Inconsistency)

TRIN 척도는 수검자가 문항의 내용에 응답하며 모든 문항에 "그렇다" 또는 "아니다"로 반응하는 경향을 탐지한다. TRIN 척도는 VRIN 척도와는 다르게 서로 내용이 상반되는 문항쌍만으로 구성되어 있다. 따라서 수검자가 특정 문항쌍에 모두 "그렇다" 또는 "아니다"라고 응답한다면, 이는 문항의 내용에 비추어 불일치하는 비일관적 반응을 한 것이 된다. TRIN 척도는 모두 20개의 문항쌍으로 구성되어 있으나, 특정 문항쌍의 경우 두 가지 반응 패턴(예를 들어, 그렇다–그렇다, 아니다–아니다) 모두 비일관적인 반응으로 채점될 수 있기 때문에 비일관적인 반응쌍은 23개이다. TRIN 척도는 수검자의 응답 방향(그렇다-T와 아니다–F)은 VRIN 척도와 유사하지만 TRIN 척도는 반응의 경향성을 나타내므로 수검자가 무분별하게 "그렇다"와 "아니다" 중 어느 방향으로 응답했는지에 대한 정보를 나타낸다. MMPI-2에서 TRIN 척도의 T점수는 "그렇다"(True)와 "아니다"(False)의 응답 경향을 나타내는 T 또는 F라고 알파벳이 표기된다. 예를 들어, TRIN 척도의 T점수가 80T라고 표기되어 있다면 수검자가 무분별하게 "그렇다"라고 답한 것이 되고 80F라고 표기되어 있으면 수검자가 무분별하게 "아니다"라고 반응한 경향성이 높음을 시사한다.

VRIN 척도와 마찬가지로 TRIN 척도도 T점수가 80점 이상이면 검사 자료의 타당성이 의심되므로 해석하지 않도록 권고한다. T점수가 65~79점이면 타당성은 유효하나 일부 반응들이 "그렇다"라고 답한 반응 경향에 영향을 많이 받았다면 검사 해석 시 L, K, S 척도의 점수가 낮아질 수 있으므로 해석에 주의가 필요하다. 반면 T점수가 65~79점 사이일 때 "아니다"라고 답한 반응 경향에 영향을 많이 받았다면 L, K, S 척도의 점수가 높아질 수 있으므로 이 또한 해석에 각별한 주의가 필요하다.

(4) 비전형 척도(F, F_B, F_P)

비전형 척도(F)는 정상 성인 집단 중 10% 이내에서만 동일하게 응답한 문항으로만 구성되어 있다. 이는 통계적으로 봤을 때 정상 범주에서 이탈된 이상 반응 또는 관습적 태도에서 벗어난 비전형적인 반응 경향을 탐지한다. 비전형 척도 문항들은 무선적으로 반응하거나 모두 "그렇다" 또는 모두 "아니다"에 반응하는 일반적이지 않은 반응을 가려내는 데 도움이 된다.

따라서 MMPI-2에서 F 척도의 상승은 몇 가지 가능성을 시사한다(F 척도의 T점수가 100점 이상일 때). 첫째, 문항 내용을 고려하지 않은 무작위적 반응 또는 고정 반응의 가능성, 둘째, 심각한 심리적 또는 정신병적 문제를 가지고 있을 가능성, 셋째, 심각한 문제를 겪고 있지는 않지만 의도적으로 자신을 부정적으로 나타내기 위한 고의적인 시도(Faking bad)의 가능성 등이 해당한다.

F 척도의 점수가 높다는 것은 수검자가 MMPI-2 검사의 문항들에 대해 보편적으로 그렇게 응답하지 않는 방향으로 반응하는 경향이 높다는 것을 알려준다. F 척도의 점수가 상승한 경우 먼저 무선반응의 가능성을 평가하는 VRIN 척도와 무분별하게 어느 한 반응으로 응답했는지를 평가하는 TRIN 척도를 살펴보아야 한다. 만약 이때 VRIN 척도와 TRIN 척도의 T점

수가 80점 이상 상승한 경우 검사의 해석은 불가능하다. 하지만 VRIN 척도의 점수가 평균 범위 안에 있다면 무작위 응답에 의한 F 척도의 상승 가능성을 배제할 수 없고, VRIN 척도와 TRIN 척도의 점수 모두 평균 범위 안에 속한다면 F 척도 점수의 상승이 심각한 정신병적 문제인지 아니면 자신을 일부러 나쁘게 보이려는 의도에 의한 것인지 살펴보아야 한다.

F 척도의 T점수가 80~99점일 때 수검자의 반응이 과장된 것일 수는 있겠으나 검사의 타당도는 유효한 것으로 수검자가 검사를 통해 "도움을 청하는" 의도로서 증상을 과장하여 나타낸 것이라고 해석이 가능하다. T점수가 55~79점일 때, 그 검사의 타당도는 유효하며 수검자가 자신의 심리적인 문제들을 정확하게 보고 있다고 할 수 있다. 하지만 F 척도의 T점수가 54점 이하일 경우에는 수검자가 방어적인 태도를 보여 심리적인 문제들을 부인하거나 축소하고 있는지 판단하기 위해 L 척도를 면밀히 검토해 보아야 한다.

F 척도는 심각한 정신병리의 유무에 따라 크게 영향을 받는 척도이기 때문에 검사 장면과 결과에 따라 해석 지침이 달라질 수 있다.

F_B 척도는 MMPI-2 검사 후반부에서의 비전형 반응을 탐지하는 것으로 검사 과정에서 발생하는 수검자의 수검 태도 변화를 탐색하는 데 도움이 된다. F_B 척도는 검사 후반부에 위치한 40개의 문항으로 구성되어 있다. 이 문항들은 MMPI-2 규준집단의 응답을 분석하여 비전형 반응을 나타내는 문항들로 선별한 것이다. 그 개념과 구성이 F 척도와 비슷하여 F_B 척도도 무선반응, 고정반응, 심각한 정신병리 또는 부정 왜곡에 민감하다. 하지만 검사에서 F 척도의 점수가 정상 범위에 있고 F_B 척도의 점수가 크게 상승한 경우에는 수검자의 태도가 달라졌음을 나타낸다.

F_B 척도의 T점수는 검사 과정에서 수검자의 태도가 변화되었는지를 파악하는 목적으로만 사용된다. F_B 척도의 T점수가 110점 이상이면서 F 척도의 T점수보다 최소 30점 이상 상승하였을 경우 검사 태도 변화가 발생

했다고 판단하여 후반부에 위치한 척도들(내용 척도)은 해석하지 말아야 한다.

F_P 척도 역시 비전형 반응을 측정하는데 F 척도에 비해 심각한 정신병리에는 덜 민감하다. F_P 척도 점수는 F 척도의 상승이 실제 정신병적 문제인지 아니면 의도적으로 자신을 부정적으로 보이려는 태도로 인한 것인지 판별하는 데 도움이 된다. 즉, F 척도의 상승 의미를 명확하게 해준다고 할 수 있다. F_P 척도의 점수가 100점 이상이고 VRIN 척도나 TRIN 척도의 T점수가 80점 이상이라면 결과의 해석은 불가능하지만 VRIN 척도와 TRIN 척도의 T점수가 정상 범위에 있다면 수검자는 실제보다 정신병리는 의도적으로 나타낸 것으로 해석 가능하다. F_P 척도의 T점수가 70~99점이라면 과장된 것으로 보이지만 타당성은 유효하며 "도움을 청하는" 의도로서 증상을 과장된 것으로 볼 수 있다. F_P 척도의 T점수가 69점 이하일 경우 수검자의 현재 정신건강 상태를 정확하게 보고한 것이라 해석할 수 있다.

(5) 증상 타당도 척도(Symptom Validity, FBS)

증상 타당도 척도(FBS)는 개인 상해 소송에서 자신의 증상을 꾀병으로 과장하는 사람들을 가려내기 위해 개발되었다. Lees-Haley, English와 Glenn (1991)은 기존의 F 척도가 심각한 정신과적 증상에 대한 과대 보고를 탐지하는 데는 효과적이지만 개인 상해 소송이나 신체적 장애 신청 장면에서는 부족한 점이 있다고 판단하고 이를 보완하기 위해 증상 타당도 척도를 개발하였다.

개발 당시에는 부정 가장 척도(FBS : Fake Bad Scale)라고 불렸으나, 2006년 MMPI-2에 포함되면서 FBS의 약자는 유지하며 척도 명만 증상 타당도 (Symptom Validity)로 변경되었다.

FBS 척도는 내용적·경험적 방법으로 선정된 43문항으로 구성되어 있다. FBS의 해석은 T점수가 100점 이상일 경우 타당성은 무효이며 객관적으로 의학적 문제가 있는 경우라도 과대 보고가 시사된다고 본다. T점수가 80~

99점일 때 과대 보고의 가능성이 있다고 보며, 이는 비일관적 반응, 심각한 의학적 문제 또는 신체적·인지적 증상에 대한 과대 보고가 나타났다고 해석할 수 있다. T점수가 69점 이하일 때는 과대 보고의 증거가 없으므로 검사의 해석이 가능하다.

(6) 부인 척도(Lie, L)

부인 척도는 수검자가 방어적인 태도를 가지고 자신을 과하게 긍정적으로 표현하려는 세련되지 못한 태도를 탐지하는 목적에서 개발된 척도이다. 이 척도는 대부분의 사람들이 인정하는 사소한 결점이나 약점에 관해 묻는 것들로, 대부분의 사람들은 별 망설임 없이 인정할 수 있는 문항 내용들이다. 부인 척도는 사회적으로 바람직하다고 여겨지는 덕목이나 태도를 중시하는 수검자들, 또는 인사 채용, 이혼 과정에서 자녀에 대한 양육권 평가 등 긍정적 평가를 받아야 할 동기가 높아지는 상황에서 점수가 높아질 가능성이 있다. 이는 흔히 나타나는 장면으로 검사 전체의 타당도를 의심하지 않아야 하며 수검자가 거짓말을 많이 하거나 남을 속이는 기만적인 태도를 가졌다고 해석하지 않아야 한다. 보편적으로 지적 능력이나 교육 수준이 높은 사람들의 경우 L 척도의 점수가 낮다고 보고된다(Graham, 2006). 문항 내용과 상관없이 모든 L 척도의 응답을 "아니다"라고 한 경우 점수가 상승하게 되므로 TRIN 척도에 나타난 반응 경향을 살펴서 해석하여야 한다.

L 척도는 해석에 있어서 임상장면과 비임상장면으로 나눠 해석할 수 있다. 임상장면과 비임상장면에 상관없이 L 척도의 T점수가 80점 이상이면 해석이 무효하다. TRIN 척도의 T점수가 80F 이상이라면 "아니다"라고 응답하는 경향이 강하고 만약 TRIN 척도의 점수가 정상 범위라면 높은 L점수는 자신의 과히 좋게 보이려는 긍정 왜곡을 반영하여 해석이 불가하다. 임상장면에서 L 척도의 점수가 65~79점, 비임상장면에서 L 척도의 점수

가 70~79점이면서 TRIN 척도의 점수가 "아니다"라는 무선반응으로 인한 것이라면 검사는 무효할 수 있다. 만약 TRIN 척도의 점수가 정상 범위라면 상승된 L 척도의 점수는 세련되지 못한 방식으로 단순하게 긍정적으로 보이고자 노력한 태도가 반영된 것이다. L 척도의 점수가 높을수록 MMPI-2 검사의 척도들이 실제 정신병리를 정확하게 나타내지 못하기 때문에 매우 신중하게 해석해야 한다. 비임상장면에서 L 척도의 T점수가 65~69점일 경우 타당도가 의심스러우며, 이는 수검자가 심리적 또는 행동적 문제를 최소화했을 가능성을 시사한다. 해석을 무효화할 수준은 아니지만 수검자가 나타내는 방어적 태도를 고려해 해석에 반영하여야 한다. 비임상장면에서 60~64점 사이의 점수는 유효한 해석을 할 수 있지만, 서투른 방어기제가 나타난 것으로 대부분의 사람들이 쉽게 인정하는 사소한 약점과 결점을 부인하는 응답으로 전통적 성장 배경을 가진 수검자들에게서 많이 나타나기도 한다. 임상장면에서 L 척도의 T점수가 65점 이하일 때, 비임상장면에서 L 척도의 T점수가 59점 이하일 때는 그 검사의 해석이 매우 유효하다고 본다.

(7) 교정 척도(Correction, K)

K 척도는 L 척도를 보완하여 검사 문항에서 방어적으로 반응하는 정도를 측정하고, 그러한 태도가 임상 척도 점수에 미치는 영향을 교정하기 위해 개발되었다. L 척도와 유사하나 질문이 의도하는 바가 정확히 나타나는 L 척도와 달리 K 척도의 문항들은 조금 더 미묘한 내용들로 구성되어 있다. K 척도의 내용은 적대감이나 의심, 부족한 자신감, 가족 내 문제, 사소한 걱정 등 다양한 영역에 걸쳐있어 L 척도에 비해 자신의 정신병리나 심리적 문제에 대해 방어적인 환자들을 보다 민감하게 판별해 낼 수 있다. K 척도는 또한 수검자의 방어적 태도가 임상 척도에 미치는 영향을 교정하기 위해 개발되었는데, 총 5개의 척도로 척도 1, 척도 4, 척도 7, 척

도 8, 척도 9가 K 교정 척도의 점수에 적용된다.

높은 K 척도의 T점수(임상장면에서 65점 이상, 비임상장면에서 75점 이상)를 가진 수검자들은 자신의 정신병리적 문제를 인정하기를 거부하는데, 이런 환자들은 극단적으로 억제적이고 방어적이기도 하다. 검사 결과의 해석이 무효해지며 만약 TRIN 척도의 점수가 80F 이상이라면 전반적으로 "아니다"라는 패턴의 응답을 보이는 것으로 역시 해석이 불가능하다. 만약 TRIN 척도의 점수가 정상 범위라면 높은 K 척도의 점수는 수검자의 방어적 태도를 반영하는 것으로 해석이 무효하다. 또한 비임상장면에서 K 척도의 T점수가 65~74점에 속하는 경우 상황적 요인에 인해 미세한 방어적 태도를 보인 것으로 해석할 수 있다. 이때 만약 TRIN 척도의 점수가 65F~79F 범위라면 K 척도의 상승은 좋게 보이려는 것보다 "아니다" 반응 패턴을 한 것을 반영한다. 하지만 TRIN 척도의 점수가 정상 범위라면 상승된 K 척도의 점수는 중간 수준의 방어적 태도를 반영하는 것이다.

중간 수준의 K 척도의 T점수(임상장면에서 40~65점, 비임상장면에서 40~64점)일 경우 수검자는 자신의 긍정적인 면뿐만 아니라 단점이나 약점 등 부정적 측면도 인정하고 있음을 시사한다. 이러한 수검자들은 자아 기능이 원활하게 이루어지고 있음을 나타낸다.

임상장면과 비임상장면에서 40점 미만의 K 척도 점수는 주로 "그렇다"라고 응답하는 경향의 부정 왜곡을 의미한다. 만약 TRIN 척도의 점수가 80T 이상이면 전반적으로 "그렇다"라고 응답한 것으로 해석할 수 없다. 만약 TRIN 척도의 점수가 정상 범위라면, 낮은 K 척도의 점수는 수검자가 나쁘게 보이려고 왜곡한 결과일 수 있다. 이는 비전형 척도가 상승하였을 때만 가능한 해석이다.

(8) 과장된 자기 제시 척도(Superlative Self-Presentation, S)

S 척도는 수정된 형태의 경험적 방식을 사용하여 Butcher와 Han(1995)이 개발하였다. L 척도와 K 척도가 임상 집단을 대상으로 긍정 왜곡의 가능성을 탐지할 목적으로 개발되었다면, S 척도는 비임상 집단을 대상으로 자신에게 결함이 전혀 없음을 나타내고자 하는 방어적 수검 태도를 탐색할 목적으로 개발되었다. 이러한 수검 태도는 인사 채용, 보호 감찰 평가, 자녀 양육권 평가와 같은 비임상적인 장면에서 흔히 관찰된다.

S 척도에는 5개의 소척도가 포함된다. 이는 인간의 선함에 대한 믿음(15문항), 걱정, 두려움, 근심과 내적 갈등을 부인하며, 편안하고 이완된 정신 상태에 있음을 나타내는 평온함(13문항), 자신의 기본 생활환경에 대한 불만족을 부인하는 삶에 대한 만족도(8문항), 화가 나는 상황에서도 화를 내지 않고 과민하게 반응하거나 다른 사람들에게 짜증 내지 않는 참을성/ 성마름 부인(8문항), 독특한 성적 행위나 부도덕해질 수 있는 상황과 유혹, 알코올과 약물의 사용, 또 비밀스러운 죄책감의 부인을 포함하는 도덕적 결함의 부인(5문항) 등이다(홍창희 외, 2012; Nicols, 2011).

S 척도의 점수가 60~70점일 경우 수검자는 고지식하거나, 제한된 자기 인식 또는 검사 결과에 너무 염려한 나머지 지나치게 호의적으로 자신을 나타냈다고 해석할 수 있다. 이는 특히 L 척도의 점수가 높고 사회경제적 지위가 낮을 때 나타나는 결과이다. 반대의 경우라면, 실제로 건강하고 만족스럽게 삶을 살아가는 수검자일 가능성이 있다.

S 척도의 점수가 70점 이상일 경우, 더불어 TRIN 척도의 점수가 주로 "아니다"라고 반응하며 응답한 경우, 그 검사의 타당도는 무효할 수 있다. 만약 TRIN 척도의 점수가 정상 범위라면 높은 S 척도의 점수는 수검자의 방어적 태도를 반영하는 것이고 그 타당도가 무효할 수 있으므로 방어성의 구체적인 영역을 확인하기 위해 하위 척도들을 검토하여야 한다.

Q : VRIN, TRIN 점수가 높을 때 어떻게 해석하지요?

A : VRIN은 비슷한 문항쌍에 모순되게 답했을 때 높아지고, TRIN은 반대 의미 문항쌍에 일관되지 않게 답했을 때 높아진다. 둘 다 T점수가 80 이상이면 응답이 무작위적이거나 일관성이 없어 검사 전체 신뢰도가 낮다고 본다. VRIN만 높으면 주의산만이나 피로, TRIN만 높으면 무조건 True/False 경향을 의심할 수 있다.

Q : F, F_B, F_P, FBS 같은 F계열 척도의 차이는?

A : F는 검사 초반부에서 일반인에게 잘 나오지 않는 증상 보고를, F_B는 검사 후반부에서의 드문 반응을 살핀다. F_P는 실제 정신질환자에게도 거의 안 나타나는 극단적 증상을 보고했을 때 올라가서 과장을 가장 민감하게 잡아내고, FBS는 신체화나 보상 목적의 증상 과장을 탐지할 때 유용하다.

Q : 비일관 응답(무작위 반응) 의심 기준은?

A : VRIN이나 TRIN이 T점수 80 이상이면 무작위 응답 가능성이 높고 프로파일 신뢰도가 떨어진다. 또 'Cannot Say(무응답 문항)'이 30개 이상이면 답변이 불충분하다고 보고 해석을 유보하거나 재검을 권고하는 게 안전하다.

Q : 과장(허위 긍정)과 은폐(허위 부정) 구분 기준은?

A : 과장은 문제를 실제보다 심각하게 보이려는 태도로 F, F_P, FBS가 높고 L/K는 낮게 나온다. 반대로 은폐는 문제가 없다고 보이려는 태도로 L과 K가 높고 F는 낮게 나타난다. 그래서 F계열과 L/K의 상대적 높낮이를 같이 보고 허위 긍정인지 허위 부정인지 판단하면 된다.

5. MMPI-2의 임상 척도

MMPI-2에는 총 10개의 표준 임상 척도가 있다. 각 척도를 평가할 때는 여러 가지 요인을 고려해야 한다. 또한 검사자는 10개의 개별 임상 척도에 대한 분명한 이해가 필요하다. 이는 검사 해석 과정에서 더 많은 융통성을 부여해 주고 수검자에 대한 새로운 가설을 생각해 볼 수 있게 해주며, 결과적으로 수검자 한 개인에게 가장 잘 맞는 해석을 할 수 있는 기반을 제공할 것이다. 따라서 검사자는 이를 위해 척도 문항에 대해 충분히 익숙해져야 하고 수검자의 모습을 그려가며 척도의 의미를 정리해야 한다.

MMPI-2에서 개별 척도들은 기준에 따라 높은 점수와 낮은 점수를 가질 수 있는데, 보통 높은 점수는 70점 또는 65점 이상, 즉 상위 25% 이상을 의미하고 낮은 점수는 40점 이하, 하위 25%를 의미한다. 점수의 높낮이에 따라 어떤 해석이든지 모든 정보를 통합하여 편파적 해석이 아닌 전체 맥락에서 검토되어야 한다.

1) 개별 임상 척도의 이해

(1) 척도 1 : 건강염려(Hypochondriasis, Hs)

이 척도는 신체 건강에 대해 비정상적인 걱정을 드러내는 건강염려증 환자 50명을 기준 집단으로 한 반응을 근거로 만들어졌다. 32문항으로 구성된 이 척도는 모호하고 신체 전반에 걸친 기능 이상과 이에 대한 집착을 포함한다. 척도 1은 MMPI의 전체 임상 척도 중 가장 분명하게 단일차원적 성질을 나타낸다.

척도 1은 건강염려증을 진단하고자 하는 목적 외에도 이와 유사하지만 정신장애로 진단할 수 없는 여러 가지 성격 특성을 파악하는 데도 유용하다(이우경 · 이원혜, 2012).

척도 1에서 높은 점수는

- 신체적 증상 및 기능 이상에 대한 과도한 관심과 집착을 나타낸다.
- 만성통증, 두통, 소화기 계통의 증상에 대해 보고한다.
- 허약감, 무기력감, 피로감, 불면증 등 스트레스에 대한 반응으로 신체 증상을 나타낸다.
- 의학적 문제가 실제로 있는 경우도 있으나 그 상태에 비해 호소하는 정도가 크다.
- 신체형 장애, 신체형 동통장애, 불안장애, 우울장애 등의 진단이 많다.
- 다양한 경로로 의학적 치료를 찾아보고 약물이나 서비스의 오남용이 많다.
- 신체적 불편감을 이유로 책임을 회피하거나 지나친 관심과 도움을 바란다.
- 삶에 대한 비관적, 냉소적, 자기 패배적인 모습을 보인다.
- 이기적이고 자기중심적이며 때로는 자기도취적인 모습이 나타난다.
- 불평과 요구가 많고 적개심을 간접적으로 표현하는 수동-공격적 태도가 지배적이다.
- 신체적 질병이 있다고 믿으며 통찰력이 부족하여 전통적인 심리치료에 잘 반응하지 않는다.

반면 척도 1에서 낮은 점수는 높은 점수를 얻는 사람과 아주 반대적인 경향이 있다. 낮은 점수는 건강에 대한 걱정이 없는 낙천적인 성향을 나타내기도 하나 점수가 30점 이하일 경우 신체적 결함에 대한 강한 부인을 시사할 수 있다.

(2) 척도 2 : 우울증(Depression, D)

척도 2는 다양한 우울 징후를 보이는 50명의 환자 집단의 반응을 근거로 만들어졌다. 환자들 대부분은 양극성 장애와 반응성 우울증의 우울삽화 중인 환자들이었다. 이 척도는 검사 당시 수검자가 느끼는 비관 및 슬픔의 정도를 나타내는 기분 상태를 반영하는 60문항으로 이루어져 있다. 슬프고 우울한 기분, 불행감, 사기 저하, 의기소침, 흥미 범위의 축도, 불면, 심리적 기능에 대한 불신, 주의집중 곤란, 소화기 이상 등의 신체적 기능 이상, 사회적 관계의 회피, 분노나 격한 감정반응의 부인 등 광범위한 우울 증상을 포함하고 있다.

척도 2에서 높은 점수는

- 불안하고 위축되며, 자신의 미래에 대해 비관적이다.
- 어려운 문제를 해결해 나갈 자신감이 부족하고 자기패배적이다.
- 말하기를 거북해하고 잘 울며 기운이 없다.
- 슬픈 기분, 불행감, 불쾌감이 계속된다.
- 사기가 저하되어 있어 자기비하적인 사고를 나타낸다.
- 흥미와 관심의 범위가 축소되어 동기 유발이 안 되고 의욕이 낮다.
- 주의집중이 어려워 의사결정의 곤란으로 업무 처리에 효율이 낮다.
- 자신을 억제하고 양보하는 모습을 보인다.
- 과민하고 초조하며 긴장감을 보인다.
- 사소한 일에도 걱정과 근심이 많고 안절부절못한다.
- 내향적이고 소극적이며 수동적이라 쉽게 상처받는다.
- 대인관계에서도 소극적이고 회피적이며 사람들과 심리적 거리를 두려 한다.
- 죽음 혹은 자살에 관한 관심이 높다. 특히 척도 4, 7, 8, 9가 매우 높은 수준으로 함께 상승했을 경우 자살 시도의 가능성이 있으므로 주의가 필요하다.

반면 척도 2에서 낮은 점수는 보통 우울함이나 걱정, 비관적인 면이 없고 자기 삶에서 만족감을 느낀다. 하지만 지나치게 낮은 점수를 보고할 때 주의력이나 자제력이 부족하고, 자기 과시적인 경향을 나타내기도 한다.

(3) 척도 3 : 히스테리(Hysteria, Hy)

이 척도는 대부분 히스테리 또는 심인성 감각장애나 운동장애를 보이는 50명의 환자들의 반응을 근거로 만들어졌다. 척도 3의 문항들은 크게 2개의 구성개념을 측정하는데, 신체적 증상이나 사회적 상황에서 불편감을 부인하는 개념이다. 즉, 이 척도는 사회적 불안의 부인, 외향적 성향과 타인에 대한 신임이나 낙천성 강조, 또는 다른 사람에 대해 비관적이지 않고 공격성을 부인하는 태도들을 반영한다.

척도 3 문항의 1/3 정도는 척도 1과 중복되어 두 척도는 동반 상승하는 경향이 있다. 하지만 이때 척도 1이 더 높으면 수검자는 잡다하고 모호한 신체적 증상을 보이고 그 증상에서 심리적 요인의 역할을 쉽게 확인할 수 있다. 하지만 척도 3이 더 높은 경우에는 신경증적 면이 잘 드러나지 않을 수 있고 실제로 수검자가 스트레스에 당면한 때 외에는 정상적 반응을 나타내기도 한다.

척도 3에서 높은 점수는

- 신체 증상으로 두통, 흉통, 무기력감, 심박 항진, 급성 불안, 발작 등이 많고 스트레스의 시간적 관계가 비교적 분명하다.
- 강한 압박감을 자주 경험한다.
- 활력 저하, 피곤함, 불면, 식욕 저하 등을 호소한다.
- 미성숙하고 감정 변화가 많으며 자기중심적이다.
- 스트레스가 증가하면 신체적 문제가 악화되기도 한다.
- 책임 회피를 하면서도 낙천적이고 무관심한 태도를 보이며 이를 부인한다.
- 불안, 우울, 긴장감을 경미한 수준에서 보고하기는 하지만 정신병리적 문제는 나타나지 않는다.
- 적대감, 분노 같은 부정적 감정을 잘 표현하지 못하고 부인한다.
- 타인의 주의와 애정에 민감하지만 이를 직접적으로 표현하지 못한다.

- 대인관계에 있어서 피상적이다.
- 연극적인 성격 특성이 있다.
- 성적인 행동화의 가능성이 있고, 종종 이성에서 유혹적인 행동을 하지만 매우 미숙하다.
- 통찰력이 부족하다.

척도 3의 점수가 높을수록 부인, 과장, 신체화, 미성숙 등의 방어기제를 많이 사용한다.

(4) 척도 4 : 반사회성(Psychopathic Deviate, Pd)

척도 4는 정신병질적 성격을 진단받은 비사회적이고 비도덕적인 17~22세 성인 집단의 반응을 근거로 만들어졌다. 이 척도는 정상 범위의 지능을 가지고 있음에도 불구하고 거짓말, 절도, 성 관련 문제, 음주 등 반사회적인 행동을 하는 사람들을 변별하기 위한 목적으로 개발되었다. Harris와 Lingeos(1995)에 따르면 척도 4는 사회적 적응 곤란을 인정하면서 동시에 사회적 침착성과 자신감을 함께 주장할 경우 점수가 상승하게 된다.

척도 4에서 높은 점수는

- 충동성과 참을성이 부족하고 욕구 좌절에 대한 인내심이 부족하여 경험으로부터 배우지 못한다.
- 권위나 사회적 규범에 대해 거부감, 분노감, 저항을 나타낸다.
- 정서적으로 피상적이고 미성숙하면서 자기중심적이다.
- 첫인상에서 과시적 또는 허세적이고 외향적이라 좋을 수 있으나 오랜 시간이 지나면 무책임성, 신뢰성 결여 등을 알게 된다.
- 지루하거나 흥미가 없는 상황을 견디지 못한다.
- 다른 사람들의 욕구와 감정에 둔감하여 공감적이지 못하다.
- 결과를 생각하지 않고 충동적으로 행동하고 즉각적인 욕구 충족에 초점이 맞춰져 있다.

- 문제가 나타나면 일시적으로는 후회하거나 반성하는 태도를 보인다.
- 가족구성원과도 갈등이 흔하게 나타난다.
- 남 탓을 잘한다.
- 반복적으로 대인관계나 직업 등 사회적 부적응이 관찰된다.

척도 4의 점수가 높고 척도 2의 점수가 낮으면 심리치료에 대한 예후는 좋지 않다. 나이가 들어감에 따라 점수가 다소 낮아진다. 65세 이상의 경우 반사회적 행동이기보다는 사회적 소외, 무감동, 쾌락의 상실, 깊은 관계 형성의 어려움을 나타낸다.

척도 4와 척도 8, 척도 9가 같이 상승하면 비행률이 높고, 척도 1, 척도 2, 척도 7이 함께 상승하면 비행률은 저하된다.

(5) 척도 5 : 남성성 – 여성성(Masculinity–Femininity, Mf)

척도 5는 처음에는 남, 녀 동성연애자들을 대상으로 척도를 만들려 했으나 너무 이질적인 집단의 성격으로 인해 남자 동성연애자를 기준 집단으로 선정하여 구성되었다. 그러나 척도 5의 높은 점수가 수검자들의 성적 선호도와 명백한 상관을 보이지 않아 최초에 이 척도가 동성연애자를 구별해 줄 것으로 생각했던 기대와 달리 그렇지 못함이 밝혀졌다. 대신 이 척도의 문항들은 직업 및 취미에 대한 관심, 취향, 대인 감수성, 가족관계 등과 관련된 내용을 포함하고 있으며 전통적인 남성적 혹은 여성적 성 역할에 대한 관심도를 포함한다. 하지만 남자의 높은 점수가 여자의 낮은 점수와 같은 해석이 되는 것은 아니다.

남성 수검자의 척도 5에서 높은 점수는

- 전통적인 남성의 역할이나 관심사에 흥미가 낮다.
- 광범위한 취미를 가지고 점수가 60점 이상일 경우 미술, 음악 등 예술에도 흥미가 많으며 이는 수검자의 교육 수준과 비례한다.
- 섬세하고 민감하여 감수성이 높다.

- 창조적이다.
- 70점 이상이면 성정체성에 갈등을 겪고, 자신의 남성적인 역할에 대해 불안정하게 느끼며 여성적인 행동을 보이기도 한다.

남성 수검자의 척도 5에서 낮은 점수는

- 강박적으로 전통적 남성성을 과시하려 한다.
- 공격적이고 모험적이며 거칠고 부주의하다.
- 생각하기보다는 행동하기를 좋아한다.

반대로 여성 수검자의 척도 5에서 높은 점수는

- 여성으로서 높은 상승은 드문 편이다.
- 여성적 흥미에 관심이 없고 전통적인 여성적 성역할에 거부적일 수 있다.
- 공격적이고 불친절하며 경쟁적이고 지배적인 모습을 나타낸다.
- 자유분방하고 자신만만하다.
- 진취적이고 성취 지향적이다.

여성 수검자의 척도 5에서 낮은 점수는

- 전통적인 여성적 역할에 만족감을 보인다.
- 수동적이고 복종적이며 유순한 모습을 나타낸다.
- 극단적으로 이 척도의 점수가 낮은 경우 위축되고 자기연민에 빠져 있으며 의존적이다.

척도 5는 수검자의 성별뿐 아니라 교육 수준, 사회경제적 지위 등을 고려하여 해석하여야 한다.

(6) 척도 6 : 편집증(Paranoia, Pa)

척도 6은 편집증 상태, 편집증 경향, 편집증적 조현병을 보이는 환자들을 탐지할 목적으로 개발되었다. 이 척도의 문항들은 대인관계 사고, 경직된 사고, 과민성, 피해망상, 의심 등과 같은 정신병리적 내용의 총 40문항으로 구성되어 있다. 척도 6의 경미한 상승은 수검자가 도덕적이고 감수성이 높으며 섬세하고 민감하며 걱정이 많은 특성이 있으나 정신병리적 수준은 아니라고 여겨진다. 그러나 척도 6의 점수가 높을수록 타인을 믿지 못하고 분노, 예민함 등 부적응적 특성과 더불어 정신병리적 상태가 반영되기도 한다.

척도 6에서 높은 점수는

- 명백한 정신병적 증상, 피해망상, 분노, 적개심, 원한 등을 보인다.
- 의심과 경계심이 많고 지나치게 민감하다.
- 논쟁을 많이 하고 남 탓을 잘한다.
- 세상은 불공평하고 자신에게 특히 불리하게 돌아간다고 생각한다.
- 사소한 거부도 꼭 기억한다.
- 의심과 경계성 때문에 대인관계가 어렵다.
- 융통성이 부족하고 완고한 편이다.

척도 6에서 매우 높은 점수는

- 망상적 사고 및 기타 사고장애 등 명백한 정신병리적 증상과 그에 따른 행동 특성이 관찰된다.
- 주위 사람들에게 원한을 품는다거나 화를 잘 낸다.
- 주변의 떠도는 말이나 일어나는 일들이 자신을 모함하거나 괴롭힌다고 생각한다.
- 조현병이나 망상장애를 진단받은 수검자들에게 많이 나타난다.

(7) 척도 7 : 강박증(Psychasthenia, Pt)

척도 7은 강박증 또는 신경쇠약을 진단받은 환자들의 반응을 근거로 만들어졌다. 이 척도는 과도한 예민성, 주의집중의 어려움, 우유부단함, 낮은 자신감, 불안 및 초조함, 강박적 행동의 증상을 나타내는 문항으로 구성되어 있다.

척도 7에서의 높은 점수는

- 불안하고 긴장되며 매우 사소한 일에도 걱정이 많고 겁을 많이 낸다.
- 안 좋은 일이 벌어질 것이라고 미리 걱정하고 두려워한다.
- 정서적으로 혼란 또는 불편감을 느낀다.
- 대인관계에서 서투르고 타인의 반응에 민감하게 반응한다.
- 주의집중의 어려움이 나타난다.
- 많은 에너지 소진을 비롯해 피로감과 불면을 호소한다.
- 체계적이고 분석적이며 완벽주의적이다.
- 창의성이 부족하고 지나치게 도덕적이다.
- 우유부단하여 결정을 잘 내리지 못한다.
- 실수나 실패 등 부정적 경험에서 자신을 비하하고 비판한다.
- 열등감이 높다.
- 자신의 목표가 성취되지 못했을 때 우울감이나 죄책감의 정도가 높다.

(8) 척도 8 : 조현병(Schizophrenia, Sc)

척도 8은 원래 조현병 또는 유사한 증상을 가진 환자들을 탐지하기 위한 목적으로 개발되었다. 이 척도의 문항들은 공감 능력의 부족, 대인관계 기피, 무감동, 냉담, 의욕 상실, 무력감, 과도한 억제, 비논리적이고 비현실적인 생각, 억제가 불가능한 충동성, 사고, 지각 및 운동영역의 통제 기능 상실, 괴이한 사고 과정과 기이한 지각 등으로 구성되어 있다.

척도 8에서의 높은 점수는 위축되고 고립되어 있는 조현성 성격의 반영일 수도 있고, 간질, 뇌졸중 등 기타 두뇌 손상과 같은 의학적 원인으로 인해 기이한 행동의 증상이 발현되기도 한다.

척도 8에서의 높은 점수는

- 조현병을 포함한 다양한 정신병리적 장애를 갖고 있을 수 있다.
- 소외감을 많이 느낀다.

- 실제적인 대인관계보다는 백일몽, 환상, 공상에 집착한다.
- 열등감을 비롯해 자기 불만족감이 높다.
- 사고의 혼란, 와해된 행동, 지남력 상실이 나타난다.
- 자아정체성의 혼란을 겪는다.
- 현실적이지 않고 기괴한 생각을 한다.
- 충동, 공격성, 분노, 적대감, 경계심 등을 통제하지 못하고 행동으로 나타날 수 있다.
- 정신병리적으로 병원을 내원하였던 기록이나 비슷한 가족력이 있을 가능성이 높다.
- 주의집중이 어렵고 목표지향적인 사고의 어려움이 나타난다.
- 자살 사고를 보고할 수 있다.

척도 8에서의 낮은 점수는

- 실제적인 문제들에 흥미를 보인다.
- 지나치게 순종적이고 권위에 수용적이다.

(9) 척도 9 : 경조증(Hypomania, Ma)

척도 9는 경조증 문제를 가진 환자들을 감별하기 위해 개발되었다. 이 척도의 문항은 과잉 활동적인 정서적 흥분성, 과민하고 짜증스러운 기분, 예민성의 부인, 자신에 대한 과대 평가 등 경조증에 대한 구체적인 증상을 포함하고 있다. 경조증을 가진 수검자들은 주기성을 나타내기 때문에 해석 시 주의하여야 한다.

척도 9에서의 높은 점수는

- 과잉 활동, 정서적 흥분성, 사고의 비약이 나타난다.
- 생산적이지 못한 목표지향적 행동, 말의 속도 증가 또는 말의 양 증가가 나타난다.
- 경쟁적이고 화를 잘 내며 불안정한 기분이 관찰된다.

- 매사에 불만족감이 높고 신경질적이다.
- 주기적으로 경조증과 우울 기간이 있다.
- 충동과 감정을 억제하지 못하고 분노, 공격성 등을 격하게 표현할 때가 있다.
- 자기중심적이고 지나치게 낙천적이다.
- 감정의 기복이 많이 나타난다.

척도 9에서 낮은 점수는

- 만성피로와 무력감, 무감동을 보인다.
- 매사에 조심스럽고 소극적이다.
- 과도하게 통제되어 있는 행동 양상을 보인다.
- 정서적 표현을 회피한다.

(10) 척도 0 : 내향성(Social Introversion, Si)

척도 0은 미네소타 T-S-E 검사의 내향성-외향성 척도에서 상위 35%와 하위 35%의 대학생 집단을 구별해 주는 70문항을 선정하여 개발되었다. 이 척도를 통해 수검자가 느끼는 사회적 불편감, 대인관계에서의 흥미, 예민하고 수줍어하는 당황감, 정직성이나 성실성에 대한 불신, 그리고 자기비하의 정도를 파악할 수 있다.

척도 0에서의 높은 점수는

- 사회적 상황에서 불안하고 불편해한다.
- 사회적으로 내향적이고 소극적이며 수줍음이 많다.
- 자기 억제가 심하고 감정 표현에 서툴다.
- 자신에 대한 주위 평판에 예민한 반응을 나타낸다.
- 관계 형성에 냉담하고 자기비하적이다.
- 권위적인 상황에서 거절하지 못하고 쉽게 받아들인다.
- 회피가 많이 나타나고 눈에 띄지 않으려 애쓴다.

- 자신감이 부족하고 우유부단하다.
- 걱정이 많다.

척도 0에서의 낮은 점수는

- 사교적이고 활달하며 다양한 사람들과 잘 어울린다.
- 언변이 좋고 자기표현을 잘한다.
- 나서기 좋아하고 과시적이며 적극적이다.
- 충동 억제가 어렵고 미성숙한 모습을 보인다.
- 피상적인 대인관계를 가질 가능성이 높다.
- 극단적으로 낮은 점수는 피상적이고 진실한 친밀감을 맺을 수 없으며 변덕스럽고 기회주의적인 성향을 나타낸다. 또한 다른 사람들에게 매력적이고 보이기 위해 과도하게 신경을 쓰기도 한다.

2) 코드 유형별 해석

코드 유형이란 척도 5와 척도 0을 제외한 8개의 임상 척도 중 가장 높은 점수의 척도들의 조합을 뜻한다. MMPI-2 검사에서는 척도 간의 관계가 아주 중요한 진단적·해석적 정보를 제공하는 것으로 알려져 있다. 하지만 코드 유형을 보이는 수검자들 모두에게 다 같은 해석을 적용하는 것은 매우 유의하여야 한다.

(1) 1-2 / 2-1

이 코드 유형의 수검자들이 보이는 특징은 우울, 근심, 불편감을 경험하고, 신체 징후에 대해 과도한 몰입으로 고통을 호소한다. 실질적인 신체적 질병에서부터 다양한 신체 징후에 대한 불평과 걱정이 많으며 만성 피로감, 신체적 쇠약함, 불면 등 막연한 스트레스 징후에 대해서 증상을 나타낸다. 감정 표현이 서툴러 분노, 우울감, 불행감, 불쾌함, 의욕 저하, 무기력, 긴장, 초조 등 과민하고 예민한 감정반응이 흔하게 나타난다.

이 코드 유형의 수검자들은 내향적이고 수줍음이 많으며 위축되어 있는 경우가 많다. 또한 심리적으로도 미성숙하고 자신감과 자존감이 부족하면서도 타인에 대한 자신의 평가에는 예민하다 보니 대인관계에서 수동－의존적 태도가 나타나고 우유부단하다. 억압과 신체화의 방어기제를 사용하여 자신의 부정적 감정의 인식이 어렵다. 자신의 부정적인 감정들을 신체 증상으로 전환하여 나타내고 대인관계에서 이를 통하여 관심을 받거나 책임을 회피하는 수단으로 사용하기도 한다.

따라서 치료적 관계에서도 자신에 대한 통찰이나 이해가 부족하여 장기적인 효과를 기대하기 어렵다. 치료 초기 수동-의존적 태도로 인해 단기적으로 증상의 완화가 관찰되겠지만 이 코드 유형의 수검자들은 전통적 심리치료는 적합하지 않다.

(2) 1–3 / 3–1

앞선 1－2 / 2－1 코드와는 달리 1－3/3－1 코드 유형은 남성보다는 여성에게서 더 많이 나타나며 두 유형 모두 젊은 층보다는 노인층에서 많이 보고된다. 신체 증상 장애 외에 통증장애, 전환장애, 그리고 섭식 문제가 나타나고 수동-공격적 성격이 관찰된다. 또한 이 코드 유형의 수검자들은 일반적으로 미성숙하고 자기중심적이며 억압의 방어기제를 사용하여 자신의 증상을 호소한다. 이 유형의 수검자들은 또한 스트레스의 정도에 따라 증상과 호소 정도가 달라진다. 따라서 수검자들은 지나치게 낙천적인 관점을 나타내고 대인관계에서 관심과 애정, 동정을 받으려는 강한 욕구를 나타내 충족이 되지 않을 시 불안함을 나타내기도 한다. 또한 이들은 사회적으로 합리적이고 논리적이며 책임감이 강한 사람으로 보이고자 사회적 가치와 도덕에 매우 순응하는 태도를 보인다.

이 코드 유형 역시 통찰력이 부족하고 자신의 상태를 살피는 데 회피적이기 때문에 심리치료에 대한 예후는 좋지 않은 편이다.

(3) 1-4 / 4-1

이 코드 유형은 여성보다는 남성에게 흔한 유형으로 심한 신체 증상을 호소하거나 건강에 대한 심한 걱정을 나타내는 건강염려증 환자들에게서 많이 나타난다.

이들은 겉으로 보면 외향적이지만 대인관계 기술이 미숙하고 자기중심적이며 요구와 불평, 불만이 많다. 이 유형의 수검자들 일부는 자기 통제력이나 판단력이 약하고 간혹 성격장애로까지 진행되는 경우가 있다. 또 이들 중 일부는 알코올이나 물질의 오남용의 문제를 보이기도 하고 가정이나 대인관계, 직장에서 어려움을 나타내기도 한다. 또한 이 코드 유형의 수검자들은 자신의 심리적 문제를 부인하고 심리치료에 격렬히 저항하기 때문에 치료의 유지가 어려울 수 있다.

(4) 1-8 / 8-1

이 코드 유형의 수검자들은 심리적 압력을 다루기가 어렵고, 자신의 증상에 관련해 망상적 사고를 갖고 있을 가능성이 높다. 이들은 또한 적대감, 불신, 공격적 감정 혹은 감정적 불편함을 계속 호소하지만 철저하게 감정을 억제하거나 지나치게 표출하는 모습을 보인다.

이 유형은 임상적으로 조현병 또는 조현형 성격장애 환자들에게서 많이 나타난다. 이들은 심리적으로 매우 혼란스럽고 신체 망상을 호소하며 때로는 편집증적 사고로 이어지기도 한다. 또한 이들은 성격적 문제로 오랜 기간 동안 어려움을 겪고 있을 가능성이 높다. 자기중심적인 태도가 만연해 대인관계가 원활하지 못하고 피상적이다. 한곳에 적응하지 못해 직업적·가정적으로도 많은 부적응을 나타낸다. 이들은 스스로 사회적 환경의 일부가 아니라고 느끼기도 한다. 따라서 이 코드 유형의 수검자들을 대할 때는 정신병 전 단계의 가능성이 고려되어야 한다.

이 유형의 수검자들은 통찰력이 부족하고 혼란스러워 심리치료에서도 어려움을 겪는다. 대인관계가 어렵기 때문에 치료사와의 관계에서도 불신과 적대감이 가득하여 치료적 관계를 저해하기도 한다.

(5) 1–9 / 9–1

1－9/9－1 유형의 수검자들은 일상생활에서 긴장과 불안을 자주 경험한다. 이들은 정서적으로도 극심한 고통 정도를 호소하며 자신에 대한 기대가 높아 그 기대치에 못 미칠 경우 큰 좌절감을 느낀다. 또한 이들은 자신의 불편감이나 어려움을 회피하기 위해 지나치게 활달한 모습을 보이는 방어적 태도를 보인다.

임상장면에서 건강염려증과 조증삽화가 함께 나타나는 뇌손상 환자들 일부에게서 이 유형이 나타난다. 그러나 이 코드 유형이 나타났다고 해서 수검자들을 뇌손상 환자라고 진단하는 근거로 사용해서는 안 된다(Graham, 2006).

(6) 2–3 / 3–2

이 코드 유형은 1－2/2－1 유형과 유사한데, 이 코드 유형의 수검자들은 전형적으로 미성숙하고 활력이 부족하며 우울감과 불행감을 많이 호소한다. 매사에 흥미를 잘 느끼지 못하고 과민하고 걱정스러우며 긴장하거나 짜증스러운 기분, 불면, 무기력감 등을 호소한다. 그렇기에 이들은 사회적 관계를 최소화하려 노력하며 경쟁적 상황을 회피하는 모습이 관찰된다. 타인에게 의존하려 하면서도 자신의 약점을 들키는 것을 꺼리기 때문에 피상적인 대인관계를 맺게 되고 남성보다는 여성에게서 빈번하게 나타난다.

이 유형의 사람들은 자신에 대한 통찰력이 부족하고 무기력하여 심리치료에서도 자발적 동기가 낮아 증상의 호전이 어려운 편이다.

(7) 2-4 / 4-2

2-4/4-2 코드 유형의 수검자들은 충동을 통제하지 못하고 반사회적 행동을 보인 후 그 행동으로부터 초래된 결과를 경험하며 초조함, 죄책감, 불안을 경험하게 된다. 장기적으로 자기 행동에 관한 결과를 예측하거나 계획적으로 행동하기 어렵고 그 결과에서 겪는 정서적 고통은 일시적인 반응일 뿐 도덕적이나 양심적 가책을 경험하지 못하는 미성숙함을 보인다. 따라서 이들은 부정적 상황에서 초래한 일시적인 죄책감이나 걱정이 줄어들면 다시 행동화된 모습이 증가하게 된다.

이 코드 유형은 반사회성 성격장애, 반응성 성격장애, 알코올이나 물질의 오남용, 우울과 불안을 진단받은 환자들에게서 많이 나타난다. 이들은 사회적 관계가 서툴고 미성숙하며 가정이나 직업적 장면에서도 어려움을 나타낸다.

어려움을 겪는 상황이 아니라면 이들은 사교적이고 활력이 넘치는 사람으로 비치기도 한다. 하지만 자신에 대한 불만족감과 미성숙한 대인관계 때문에 사회적으로 불편감을 경험한다.

이 코드 유형의 수검자들에게는 다양한 성격장애가 공존하므로 심리치료적 개입이 무척 어렵다.

(8) 2-6 / 6-2

이 코드 유형은 검사에서 일반적으로 나타내는 것 이상으로 더 심한 정서적 어려움을 겪고 있는 초기 정신병의 가능성을 시사하기도 한다. 우울감과 적개심, 공격성이 함께 공존하여 일반적 상황에 대한 왜곡된 사고, 거절하거나 비난하는 모습이 나타난다. 이 때문에 사회적 관계에서도 어려움을 경험하고 타인들로부터 거리둠을 경험한다.

하지만 이들은 자신에 대한 통찰력이 부족하여 피해망상적 사고를 보인다. 이에 이들은 수동-공격적 특성을 나타내고 가정이나 직업적 장면에서도 어려움을 나타낸다.

심리치료 장면에서 이들을 대할 때 끊임없는 신뢰와 라포를 형성하여 치료 중 나타나는 타인에 대한 적개심, 분노, 의심을 완화하여야 한다.

(9) 2-7 / 7-2

이 코드 유형은 정신과 환자들에게서 가장 흔하게 나타나는 유형이다. 이들은 우울감, 초조함, 불안과 신경과민을 경험한다. 또한 두려움이 많고 자신의 개인적인 결함들에 강박적으로 집착하는 모습이 나타난다. 이들은 주요우울장애, 우울감을 동반한 불안장애와 수동-공격적 성격장애를 보고 한다.

이 유형의 수검자들은 인정과 성취 욕구가 강하지만 그 욕구에 대한 자신의 기대 수준이 매우 높아 달성하기 어렵다. 이런 상황에서 이들은 자기처벌적 태도를 보이고 죄책감, 수치심, 열등감, 불안정감을 경험한다. 하지만 이들은 보통 사회적으로 유순하고 수동-의존적인 모습을 보이며 완벽주의적, 양심적이고 도덕적인 모습으로 주변 사람들에게서 많은 신뢰감을 얻는다.

이들은 자신의 문제에 대해 도움받으려는 동기 또한 높으므로 치료사의 세심한 배려와 정서적 지지가 있다면 호전을 기대할 수 있다. 하지만 이 두 척도의 점수가 지나치게 높을 때 정서적 혼란이 무척 심한 상태이므로 심리치료보다 약물치료가 우선으로 필요할 수 있다.

(10) 2-8 / 8-2

이 코드 유형은 전형적으로 우울감과 함께 불안, 초조 및 정서적 혼란을 나타낸다. 이들은 긴장되어 있고 과민하며 불안과 초조함이 심할 경우 적대적이고 공격적인 충동을 나타내거나 충동성으로 인해 통제력을 잃을까 봐 두려움을 나타내기도 한다. 주의집중이 어렵고 무기력하여 기억력의 감퇴를 보여 맡은 역할과 과제의 완수가 어렵다. 또한 대인관계에서의 평가에 민감하여 의심이 많아 위축된 모습을 보인다. 이들 중 일부는 자신들의 욕구와 충동을 부인하려 시도하는데, 충동성을 억제하지 못하고 부정적 감정을 표현하고 행동화한 후의 시기를 기억하지 못하는 해리 증상을 보이기도 한다. 해리 증상 후에 죄책감과 우울감을 호소하는데, 척도 8의 점수가 월등히 높다면 망상이나 환각 등 정신병리적 증후가 나타난다.

이 코드 유형의 수검자들은 복잡한 심리 문제를 갖고 심리치료에 의뢰되는데, 이들이 보이는 다양한 심리적 어려움으로 인해 치료의 진전이 오래 걸린다. 이들은 예측하기 어렵고 혼란스러우므로 치료사는 안정감을 제공해 주면서 전 과정에 걸쳐 자살 가능성을 항상 고려해야 한다. 필요하다면 통제하기 어려운 시기에 약물치료의 필요성에 대해서도 주의 깊게 살펴야 한다.

(11) 2-9 / 9-2

이 코드 유형의 수검자들은 자기애적이고 높은 성취 욕구를 과시하며 과한 정신적 에너지가 관찰된다. 하지만 동시에 우울감과 불안감을 보이고 자신의 높은 기대에 비해 성취하는 결과가 실패로 끝나는 경우가 많다. 이들은 자신의 부적절감과 무가치감, 우울감, 초조함, 두려움 등을 부인하는 방어기제를 사용한다. 이런 자기 모습을 감추기 위해 외적으로 과한 에너지를 사용하는 경조증적 모습이 나타난다.

이 유형에서는 양극성 장애 및 기분장애 등의 진단이 흔한데, 뇌손상 환자들 일부에서도 이러한 코드 유형이 나타나기도 한다. 하지만 이 코드 유형이 나타났다고 해서 수검자가 뇌손상이 있을 것이라고 해석해서는 안 된다.

이 코드 유형의 수검자들을 치료할 때 정서와 행동을 안정시켜야 한다. 2−9/9−2 코드 유형도 2−8/8−2 코드 유형과 마찬가지로 수검자들의 자살 시도 가능성에 대해 늘 염두에 두어야 한다.

(12) 3–4 / 4–3

3−4/4−3 코드 유형의 수검자들은 만성적이고 비난, 투사, 적대적이고 공격적인 충동성을 보이지만 이를 해소하지 못하는 모습이 공존한다. 그렇기에 자신의 적대적이고 충동적인 욕구를 부인하며 과도하게 통제하지만 주기적으로 폭력성이나 분노가 폭발한다.

이들은 수동-공격적 성격, 연극성 성격 또는 경계선적 성격 등 성격장애 진단을 흔하게 받게 된다. 이 코드 유형의 수검자들은 빈약한 대인관계의 특성을 보여 결혼생활과 같은 친밀한 관계를 맺는 데 어려움이 있고, 분노와 공격성을 표출하는 행동화로 인해 결혼생활에서의 불화, 부적응, 알코올 중독과 같은 문제를 가지고 있다.

이 유형의 수검자들은 자신의 행동에 대한 통찰이 부족하고 미성숙하며 자기중심적이다. 그렇기에 치료 장면에서도 자신의 문제를 인정하지 않고 자신의 주변에 대한 불평, 불만을 늘어놓는 데 치료 시간 대부분을 사용한다. 이들은 대체로 도움을 구하려는 동기가 부족하고 치료사에게 저항적인 모습을 보일 가능성이 높다.

(13) 3–6 / 6–3

이 코드 유형의 수검자들은 보통 화가 많고 적대적이며 민감하고 공격적인 감정을 보고한다. 다른 사람의 비판에 상당히 민감하고 불안과 긴장을 겪으며 신체적 증상의 호소가 많다. 자신이 가지고 있는 의심적 태도를 부인하고 자신의 관계가 원만하다 느끼기 때문에 남들이 자신에게 보이는 태도를 이해하지 못한다. 그렇기에 이런 관계에서 느끼는 불만족감을 대게 가족구성원에게 표출하는 경우가 많다. 피상적인 대인관계에서는 큰 어려움이 나타나지 않지만 관계가 깊어지거나 친밀감이 높아질수록 불안, 적대감, 자기중심적인 모습이 나타나게 된다.

척도 6이 척도 3보다 점수가 높으면 명성과 권력을 얻으려 부단히 노력하는데, 드물기는 하지만 편집증이나 정신병리적 특징이 있는지 검토해야 한다. 반대로 척도 3의 점수가 척도 6보다 높으면 자신으로부터 나타나는 갈등이나 문제를 부인하고 자신의 세상이 굉장히 이상적이라고 생각하는 경우가 많다.

심리치료에서 이들은 자신의 문제에 대한 책임을 남에게 전가하거나 받아들이지 못해 저항하는 모습을 흔히 보인다.

(14) 3-8 / 8-3

이 코드 유형은 흔히 발견되지는 않는다. 이 유형의 수검자들은 전형적으로 불안정하고 긴장감, 불안, 근심, 초조함, 걱정, 주의집중의 곤란, 때로는 드물게 기억 상실 및 지남력 상실을 나타내는 사고장애를 보이기도 한다. 이들의 사고는 비현실적이고 망상적일 수 있고, 정서적 부적절감을 많이 경험한다. 따라서 정서적 고통의 호소가 상당하고 피로감, 불면, 두통 같은 신체적 증상의 호소가 분명하다.

애정과 관심에 대한 욕구가 강하고 타인에게 의존적이지만 친밀하고 깊은 관계에서는 불편감을 호소한다. 대인관계가 매우 미숙한 모습을 보이고, 의사결정에서도 우유부단하고 의미를 파악하기 어려운 경우가 많다. 문제해결 능력 또한 미숙하고 상투적인 방식으로 대처하며 자신에 대한 통찰력이 부족해 부인 방어기제를 많이 사용한다.

(15) 4-5 / 5-4

이 코드 유형은 만성적인 성격장애를 나타내는데 여성보다는 남성에게서 빈번히 발견되는 코드 유형이다. 이 코드 유형의 수검자들은 대체로 반사회적이고 공격적이며 반항적인 태도의 경향이 높다. 또한 남성성에 대한 지나친 강조로 인해 다양한 분야에서 품행 문제를 발생시킬 수 있다. 이 코드 유형의 여성 수검자들은 여성적인 역할에 저항하고 권위적이거나 지배적인 관계를 거부한다.

(16) 4-6 / 6-4

이 코드 유형의 수검자들은 미성숙하고 자기애적이다. 적대적이고 화를 잘 내며 의심이 많은 편이다. 대인관계에서 상대방의 의도를 왜곡하여 받아들이는 경우가 많고 이에 분노한다. 다른 사람들의 관심과 애정을 바라면서 자신은 상대방에 대해 공감적이지 못하는 태도를 나타낸다. 자신에 대한 통찰력이 부족해 자기 잘못을 인정하지 않으면서 상대방의 탓만 하며 자기 행동을 정당화한다.

4-6/6-4 유형의 수검자들은 임상장면에서 성격장애, 편집형 조현병을 흔히 진단받는다. 이들은 의존 욕구가 매우 강하면서도 이를 거부하고 심한 심리적 갈등을 겪는다. 또한 알코올과 약물의 오남용이 관찰되기도 한다. 대인관계에서도 부적응이 나타나 가정이나 직장 생활에서도 심한 부적응을 나타낸다.

이들은 부정의 방어기제와 자신에 대한 통찰력 부족으로 자발적인 치료 참여가 어렵다. 또한 치료사에 대한 의심과 적개심이 많고 분노의 행동화로 인해 건설적인 치료 관계 형성이 어려운 편이다.

(17) 4-7 / 7-4

4-7/7-4 유형의 수검자들은 다양한 성격적인 어려움을 호소하며 이를 행동화하다가 분노하거나 죄책감을 느끼는 주기적 패턴을 보인다. 이들은 자신의 심리적 상태에는 관심이 많고 골똘히 생각하지만 다른 사람들의 감정에는 크게 관심을 보이지 않는다. 따라서 대인관계에서도 양가감정이 자주 나타나고 행동화의 재발이 주기적으로 관찰된다. 자신의 행동화로 인해 죄책감을 느끼는 시기에는 위축되고 후회하는 모습을 보이다가도 자신의 부정적 감정을 해소하기 위해 알코올의 남용, 난잡한 성생활, 충동과 공격성 억제의 어려움을 나타내는 변화에 대한 저항이 나타난다.

이 유형의 수검자들은 임상장면에서 반사회적 성격장애, 불안장애, 알코올 또는 약물의 오남용이 진단되고 충동성과 강박성을 동반하기도 한다. 수검자들은 처음 심리치료를 접할 때 죄책감과 후회를 호소하며 도움을 구해 치료에 호전을 보이다가도 장기적으로는 저항이 심하다. 따라서 치료 관계에서 지지적이고 안정된 환경 조성이 중요하다.

(18) 4-8 / 8-4

4-8/8-4 코드 유형의 수검자들은 특이하고 기괴하며 예측 불가능하고 상식을 벗어난 행동을 보여 환경에 부적응적인 모습이 관찰된다. 이들은 자신이 속한 사회에서 소외감, 적대감, 낮은 학업 성취도, 피상적인 대인관계 등을 경험하며 자신이 사회로부터 거부당했다고 사고하게 된다. 그러므로 자신을 보호하고자 위축되거나 반대로 적대감이나 공격성, 또는 분노를 표출하여 사회에 부적응적인 모습이 나타난다.

이 유형의 수검자들은 반사회적이고 충동적인 모습이 자주 관찰되어 남성의 경우 난폭하고 잔인한 범죄를 일으키거나 계획되지 않은 무분별한 범죄를 일으키기도 한다. 그리고 매춘, 성적 문란함, 성폭력 등의 문제도 나타난다. 여성의 경우 행동화의 문제보다는 관계적 문제가 많이 나타나는데, 난잡한 성생활을 하거나 사이비 집단에 소속되는 경우가 많다. 이들은 변덕스럽고 예측 불가능하며 관습적이지도 않다. 또한 판단력이 부족하고 통찰력 또한 제한되어 있다.

임상장면에서 이들은 경계선 장애, 분열성/ 분열형 성격장애, 편집성 성격장애, 또는 조현병으로 진단받는 경우가 많다. 이들은 치료 장면에서도 냉담하고 관습적이지 않아서 관계를 맺기가 쉽지 않다. 치료사에 대한 불신이 많아 치료의 유지가 어려운 편이다.

(19) 4-9 / 9-4

이 코드 유형의 가장 큰 특징은 상당한 성격적 어려움이다. 이들은 충동적이고 자기애적이며 반사회적 모습을 보이고 대인관계가 피상적이다. 이들은 욕구의 지연이나 좌절에 대해 참을성이 없고 신체적·정서적인 쾌락을 추구한다. 이들은 자신의 욕구에만 맞춰 행동하기 때문에 자기 행동이 가져올 결과에는 신경 쓰지 않는다. 따라서 이 코드 유형의 수검자들은 도덕성이나 윤리적인 모습이 부족하고 자신에 대한 책임 역시 부족하다.

이 유형의 수검자들은 처음에는 외향적이고 자신감 있고 적극적인 사람처럼 보일 수 있으나 대인관계가 깊어질수록 상대방에 대한 신뢰감 부족, 자기중심적 태도, 무책임함과 이기심이 만연해 친밀한 관계가 어렵다.

임상장면에서 이들은 반사회적 성격장애 또는 양극성 성격장애의 진단이 흔하다. 이들은 때로는 수동-공격적인 방식으로 자신의 분노를 터트리거나 판단력과 충동성 억제의 부족으로 인해 기괴한 행동 또는 폭력적 모습을 보이기도 한다.

이 코드 유형의 수검자들은 다양하고 상당한 성격적 어려움을 나타내기 때문에 심리치료에서의 호전을 기대하기가 어렵다.

(20) 6-8 / 8-6

6-8/8-6 코드 유형을 가진 수검자들은 상대방에 대한 의심이 많고 불신하는 편집증적 증상을 보인다. 상대방의 의도를 왜곡하여 주변 사람들과 가깝게 지내지 못해 친밀감이 떨어진다. 이들은 감정 조절 역시 어려워서 잘 있다가도 갑자기 초조, 불안, 긴장하거나 망상적인 태도를 보이기도 한다. 이 유형의 수검자들은 공상에도 쉽게 빠져서 주변 상황에 대한 인지가 부족해 환경에 무관심하고 비협조적인 모습이 나타난다. 그래서 이들은 자신감이 부족하고 열등감을 자주 느끼며 무감동, 비관적 태도, 자살 사고 등을 보고한다. 정서적으로 둔감하고 현실 인지능력을 상실하여 자폐적 환상에 빠져들거나 기괴한 사고를 하기도 한다. 또한 이 코드 유형의 수검자들은 주의집중이 어렵고 현실감과 판단력이 부족하여 변덕스럽고 예민하고 거부적인 모습을 흔히 보인다.

임상장면에서 이들은 편집증적 망상이나 환각 같은 명백한 정신병리적 증상과 손상된 현실 검증력과 낮은 기억력을 나타낸다. 이들은 편집성 성격장애나 조현형 성격장애와 조현병 진단을 흔히 받게 된다.

심리치료 장면에서 이들의 치료는 증상의 수준 및 심각한 정도에 따라서 접근에 달라진다. 또한 다양한 영역에서의 평가가 아주 중요하다. 때로는 입원이나 약물치료도 적절히 이루어져야 할 것이다. 치료 장면에서 신뢰로운 관계를 맺기 어렵기 때문에 심리치료의 진행이 어려울 가능성이 높다.

(21) 6-9 / 9-6

이 코드 유형의 수검자들은 불안하고 긴장하고 쉽게 흥분하며 사소한 좌절이나 걱정에도 쉽게 예민해지는 감정적 과민을 보고한다. 이들 중 대게는 공상에 몰두하고 사고와 주의집중이 어렵고 지남력에도 혼란이 나타나고 강박적 사고를 보일 가능성이 높다. 예상치 못한 상황에서 이들은 지나치게 냉소적이거나 철수적인 태도를 보이기도 하고, 때로는 긴장하고 초조해하다가 격렬한 감정 표현이나 폭발적인 표출 행동으로 문제가 나타나기도 한다.

임상장면에서 이 코드 유형의 수검자들은 편집형 조현병과 양극성 장애의 진단을 흔히 받게 된다. 이들은 판단력이 부족하고 사고장애를 보이기도 하며 망상, 환각과 같은 증상이 나타난다.

이 유형의 수검자들은 입원 치료를 받는 환자들에게서 많이 나타나 이들의 와해된 사고나 증상 완화를 위해 약물치료적 접근이 효과적일 수 있다. 통찰력이 부족하여 심리치료적 접근이 어려울 수 있어 치료사는 수검자와 신뢰할 수 있는 관계 형성에 초점을 맞춰야 한다.

(22) 7–8 / 8–7

7–8/8–7 코드 유형의 수검자들은 지나친 걱정과 정서적 동요가 심하고 혼란스러워 일상생활이 어려울 가능성이 있다. 이 유형은 의사결정이 우유부단하고 부족한 판단력, 열등감, 죄책감과 불안감이 만성적으로 나타난다. 그래서 자살 사고를 경험하는 경우가 빈번하다. 대인관계에서도 자신감이 부족하여 자신의 주장을 펼치지 못하고 수동-의존적이다. 특히 이들은 이성과의 관계에서 정서적 불편감을 자주 보고하는데, 성기능장애나 비정상적인 성적 환상을 가지고 있기도 하다.

임상장면에서 이들은 정신증 진단이 흔한데 불안장애, 강박장애, 기분부전장애 또는 조현병일 가능성이 높다. 강박장애나 기분부전장애를 진단받은 수검자들은 이 코드 유형의 다른 수검자들보다 능동적이기 때문에 심리치료에서 호전 가능성이 높은 편이다. 하지만 그 외 다른 정신증적 증상을 가지고 있는 수검자들은 심리치료의 접근이 매우 어렵다.

(23) 8-9 / 9-8

이 코드 유형을 보이는 수검자들은 과잉 활동적이고 쉽게 흥분하며 주의가 산만하다. 이들의 행동은 예측하기가 어렵고 과장되어 있지만, 내재된 정서적 불안과 열등감으로 인한 반응이 흔하다. 회피된 대인관계를 보이고 초조해하며 자신의 요구가 받아들여지지 않을 때 갑작스러운 행동화가 나타나거나 와해된 정서 표현도 나타나 주의가 필요하다. 이 코드 유형의 수검자들은 자신에 대한 통찰력 또한 부족하여 자신의 능력이나 환경은 고려하지 않고 높은 수준의 성취 욕구를 보이지만 실제의 수행 정도는 매우 평범한 수준에 그친다.

임상장면에서 8-9/9-8 코드 유형의 수검자들은 대표적으로 조현병과 같은 심한 정도의 정신병리를 보일 가능성이 높다. 이들은 기태적인 정신상태를 보이거나 주의가 매우 산만한 모습을 보인다. 그래서 심리치료가 시작되더라도 유지해 나가기가 어렵다. 망상과 환각 등의 증상이 나타날 수 있어 약물치료의 도움을 함께 받는 것이 도움이 된다.

6. MMPI-2 재구성 임상 척도

MMPI-2 검사에서 재구성 임상 척도(RC : Restructured Clinical Scale)는 Tellgen 등(2003)에 의해 개발되었다. 재구성 임상 척도 개발의 이유는 다음과 같다. 첫째, 동일한 임상 척도에 포함되어 있는 문항들이 상당히 이질적인 면이 있어 타당성이 의심스러운 문항들로 인해 해당 척도의 점수 상승의 의미를 명확히 설명하기 어렵다는 문제점을 극복하기 위해 개발되었다. 둘째, MMPI-2 검사에서 임상 척도 간의 상관이 높아서 각 척도의 차별적인 해석이 어렵다는 문제점을 극복하기 위해 개발되었다.

재구성 임상 척도는 총 10개로 구성되어 있는데, 우선 각 임상 척도에서 동일하게 반영되어 있는 요인을 추출해 의기소침(Demoralization : RCd) 척도를 만들었다. RCd 척도는 전반적인 정서적 불편감, 정서적 동요의 정도, 대처 능력의 취약성, 무기력감, 열등감, 낮은 자존감, 비관적 태도와 신체 증상의 호소 빈도가 높다. RCd 척도는 RC 척도 해석의 출발점으로 RCd 척도의 점수가 상승했다면 임상 척도와 내용 척도 및 다른 RC 척도가 상승했을 가능성이 크다.

다른 임상 척도에서 RCd 척도를 제거하여 8개의 씨앗 척도(Seed Scale)가 총 9개로 개발되었다. RCd 요인 외에 척도 5와 척도 0을 제외하고 나머지 임상 척도에 상응하는 RC 척도들로 구성되어 있다.

RC1(som) 척도는 신체 증상 호소(Somatic Complaints)로 신체 건강에 대한 염려와 집착, 만성통증 및 다양한 신체 증상을 호소한다. 피로감과 허약함 같은 애매하고 모호한 불편감을 호소하고 척도 1과 유사하다.

RC2(lpe) 척도는 낮은 긍정 정서(Low Positive Emotions)로 긍정적인 정서 경험의 부족, 불행감, 사기 저하, 에너지의 부족, 무기력함, 절망감, 소극성, 위축감, 그리고 부족한 결단력과 추진력이 나타난다. 이 척도 점수의 상승은 우울증 발병의 위험도를 높인다.

RC3(cyn) 척도는 냉소적 태도(Cynicism)를 의미한다. 수검자는 상대방에 대한 과도한 믿음이나 순진함을 주로 평가하는데, 단 임상 척도 3과는 반대 방향으로 채점된다. RC3 척도의 점수가 높으면 다른 사람들에게 불친절하고 남을 배려하지 않으며 착취적인 사람이라고 여겨진다.

RC4(asb) 척도는 반사회적 태도(Antisocial Behavior)로 분노, 공격성, 잦은 논쟁과 거짓말, 물질 남용, 성적 문제 또는 법적 문제까지 연루되는 행동 양상을 보인다. 타인을 이용하고 착취하여 대인관계에서 많은 갈등을 야기한다.

RC6(per) 척도는 피해의식(Idea of Persecution)을 말한다. 외부 압력이나 힘의 통제로 희생당하거나 부당한 대우를 받는다는 사고를 하거나 불신 또는 의심을 보인다.

RC7(dne) 척도는 역기능적 부정적 정서(Dysfunctional Negative Emotions)로 불안감, 과민함, 짜증, 부정적 사고에의 몰두, 거부나 비판에 민감함, 실수와 좌절에 대한 집착과 더불어 높은 부정적 정서 반응을 나타낸다.

RC8(abx) 척도는 기태적 경험(Aberrant Experience)을 뜻한다. 자아 기능의 혼란, 감각적 · 지각적 · 인지적 · 행동적 장애, 명백한 환각 및 기태적인 감각적 · 지각적 경험의 높은 가능성, 손상된 현실 검증력과 망상을 보인다. 이 척도의 점수가 높을수록 정신병리적 가능성이 커진다.

RC9(PHM) 척도는 경조증적 상태(Hypomanic Activation)로서 과한 심신 에너지, 과도한 자신감과 과대 사고, 자극 추구 행동, 성욕의 증가, 수면 욕구 감소, 공격성, 충동성, 그리고 경조증적 상태에서 보이는 고양된 기분과 인지적 · 정서적 · 행동적 징후들이 나타난다.

재구성 임상 척도들은 임상 척도의 해석을 조금 더 세련되고 명료하게 해석할 수 있다는 것이 장점이다. 재구성 임상 척도 역시 다른 척도들과 동일하게 T점수가 사용되고, T점수가 65점 이상일 경우 유의미한 상승이라고 해석한다.

7. MMPI-2의 내용 척도

원판 MMPI에 있던 Wiggins(1996)가 개발한 13개의 내용 척도가 MMPI-2에서는 15개의 내용 척도로 바뀌었다(Bucher, et al., 1990). MMPI-2의 내용 척도에는 소척도와 모척도가 있으며, 척도의 내용들은 의미 있고 구별되는 하위 주제들을 명확히 하기 위해 경험적이고 이성적인 분석 방법을 통해 구성되었다.

내용 척도에는 주로 부정적 정서(불안, 공포, 우울, 분노)와 이와 관련된 강박, 건강염려, 낮은 자존감, 갈등이나 스트레스의 원인으로 가정과 직장, 그리고 정신병적 증상과 치료에 대한 예후를 측정하는 척도들이 있다. 따라서 내용 척도를 살펴보면 수검자의 가정이나 직장 생활은 어떤지, 대인관계나 직장에서의 특징은 무엇인지, 현재의 심리적 문제나 신경증의 유무, 그리고 치료에 대한 예후까지 짐작할 수 있다. 내용 척도의 T점수가 65점 이상일 경우 높은 점수로 해석한다.

MMPI-2의 내용 척도 및 내용 소척도

- 불안(ANX) : 총 23문항
  과한 걱정, 긴장, 주의집중 곤란, 불안
- 공포(FRS) : 총 23문항
  1) FRS1(일반적 공포)
  2) FRS2(특정 공포)
- 강박성(OBS) : 총 16문항
  강박 사고 또는 강박 행동, 우유부단, 침습적 사고, 변화에 대한 저항
- 우울(DEP) : 총 33문항
  1) DEP1 : 동기 결여, 절망, 무감동, 자포자기
  2) DEP2 : 기분부전, 불쾌감, 우울감, 불행감
  3) DEP3 : 자기비하, 자기 불만족, 죄책감, 부정적 자기감정
- 건강염려(HEA) : 총 36문항
  1) HEA1 : 소화기 증상, 메스꺼움, 구토, 위통, 변비

2) HEA2 : 신경학적 증상, 감각과 운동 문제, 의식 상실
3) HEA3 : 일반적인 건강염려, 좋지 못한 건강 상태와 걱정

- 기태적 정신 상태(BIZ) : 총 23문항

1) BIZ1 : 정신증적 증상(환청, 환시, 피해망상 등)
2) BIZ2 : 분열형 성격 특성, BIZ1에 비해 정신증적 특징은 덜하지만 기이하고 특이하며 부적절성을 보임

- 분노(ANG) : 총 16문항

1) ANG1 : 폭발적 행동, 사람이나 기물에 해를 입히는 행동, 분노 통제의 어려움
2) ANG2 : 성마름, 논쟁적, 불평, 불만, 수동-공격적

- 냉소적 태도(CYN) : 총 23문항

1) CYN1 : 염세적 신념, 자신을 제외하고 사람들은 이기적이고 믿을 수 없다는 생각, 위선적
2) CYN2 : 대인적 의심, 냉소적, 적대적, 의심, 경계적

- 반사회적 특정(ASP) : 총 22문항

1) ASP1 : 반사회적 태도, 비도덕성, 거짓말, 사기
2) ASP2 : 반사회적 행동, 절도, 무단결석, 비행, 위법

- A 유형행동(TPA) : 총 19문항

1) TPA1 : 조급함, 기다리는 것을 참지 못함, 시간에 촉박하게 행동, 기다리거나 방해받을 때 짜증
2) TPA2 : 경쟁 욕구, 분노, 복수심

- 낮은 자존감(LSE) : 총 24문항

1) LSE1 : 자기회의, 열등감, 부적절감, 자신에 대한 과소평가, 부정적 자기 태도
2) LSE2 : 순종성, 수동성, 타인에 대한 복족, 책임감 회피

- 사회적 불편감(SOD) : 총 24문항

1) SOD1 : 내향성, 무쾌감증, 사회적 상황의 회피
2) SOD2 : 수줍음, 쉽게 당황함

- 가정 문제(FAM) : 총 25문항

1) FAM1 : 가정 불화, 가정 내 갈등 강조
2) FAM2 : 가족 내 소외, 정서적 이탈, 상실, 분노, 체념, 무관심

- 직업적 곤란(WRK) : 총 33문항

직업생활에서 느끼는 고통, 무능력
직업 수행 능력과 관련된 긴장, 걱정, 피로, 낮은 자신감, 주의산만, 우유부단함

- 부정적 치료 지표(TRT) : 총 26문항

1) TRT1 : 낮은 동기, 무감동, 쉽게 포기하는 경향
2) TRT2 : 낮은 자기 개방

8. MMPI-2의 보충 척도

원판 MMPI 출간 후에 많은 연구자들은 검사의 문항들을 군집하여 다양한 심리학적 개념을 평가하는 보충 척도를 개발하였다. 보충 척도는 문자 그대로 타당도 척도와 임상 척도의 해석을 보충하여 MMPI 검사를 통해 평가할 수 있는 임상적 문제와 장애의 범위를 넓혀준다. MMPI-2에서 567 문항에 모두 답했을 때 보충 척도의 채점이 가능하다. 다른 척도들과 마찬가지로 보충 척도의 T점수가 65점 이상일 때 높고 40점 이하일 때는 낮은 것으로 간주한다.

9. 성격 병리 5요인 척도

성격 병리 5요인 척도(PSY-5 : Personality Psychopathology Five Scale)는 개인의 성격 특성에서 정상적 기능과 임상적 어려움을 모두 평가하기 위해 제작되었다(Harkness, McNulty, & Ben-Prath, 1995).

일반적으로 성격 병리 5요인 척도에 포함되는 각 척도는 T점수가 65점 이상일 때 해석하지만 통제 결여 척도(DISC)와 내향성/ 낮은 긍정적 정서적 척도(INTR)에서는 T점수가 40점 이하일 경우에 해석할 것을 권장한다.

10. 결정적 문항

결정적 문항은 심각한 정신병리를 나타낼 수 있는 내용의 문항들로 각각 문항의 신뢰도나 타당도는 높지 않다. 하지만 검사자가 지나쳤을 수 있는 중요한 문제에 대해 주의를 환기시키는 역할을 한다.

다양한 연구자들이 MMPI에 대한 결정적 문항 세트를 개발하였는데(Caldwell, 1969; Grayson, 1951; Hoffnam, Loper, & Kammeier, 1974), 한국에서는 Koss-Butcher의 결정적 문항과 Lacher-Wrobel의 결정적 문항이 많이 사용된다.

결정적 문항은 검사자와 내담자의 면담 과정에서 어떤 정보를 수집해야 하는지 결정하는 데 도움을 준다. 그러나 결정적 문항을 MMPI-2에서의 척도로 생각하여 해석해서는 안 된다.

11. MMPI-2 재구성판(MMPI-2-RF)

MMPI-2-RF(Ben-Porath & Tellegen, 2008 : 232)는 가장 최근에 개발된 MMPI-2의 대안적 도구일 뿐 아니라 독립적 검사 도구이다. MMPI-2-RF는 50개의 척도를 구성하는 338문항으로 이루어져 있다. 임상 척도는 RC 척도로 대체되었고, 성격 병리 5요인 척도(PSY-5)는 기존 버전으로 유지되었다. 또한 MMPI-2-RF는 연구자들이 수검자에 관련된 정보를 수집하는 데 도움이 될 만한 추가적인 척도를 개발하였다.

MMPI-2-RF에서 RC 척도는 내용에 바탕을 둔 척도로 볼 수 있어서 수검자의 반응 태도를 반영하는 데는 취약성이 나타난다. 그렇기에 신뢰도가 낮고 불규칙한 상태이므로 MMPI-2-RF 점수를 해석할 때는 세심한 주의가 필요하다(한경희 · 문경주 · 이주영 · 김지혜, 2011).

12. MMPI-A

MMPI-2는 성인을 기준으로 문항이 제작되어서 청소년을 대상으로 적용하기에는 어려움이 많다. 예를 들어, 청소년들에게 성장기와 사춘기의 경험이나 아직 경험이 없는 결혼생활이나 직장생활에 대한 질문은 알맞지 않다. 또한 청소년들에게 큰 비중을 차지하는 학교생활이나 또래 관계에 관련된 척도는 마련되어 있지 않다. 이들의 반응을 비교할 수 있는 규준 자체도 없고 고려해야 할 상황 자체가 없기 때문에 MMPI-A(Butcher, 1992)가 개발되었다.

MMPI-A는 총 487문항으로 앞서 언급한 청소년에게 부적절한 문항이 삭제되고, 청소년에게 필요한 영역의 문항이 추가되었다. MMPI-A는 14~18세 청소년을 대상으로 성인과 같이 안정된 검사 환경과 적절한 라포 형성이 중요하다. 검사를 시행할 때, 청소년의 읽기 수준을 파악하고 혼자 검사를 수행하기보다는 검사자의 시야 안에서 검사를 마칠 수 있도록 독려해야 한다. MMPI-A의 해석은 성인의 경우와 마찬가지로 임상 척도, 소척도, 성격 병리 5요인 등 MMPI-2의 해석 전략을 잘 적용하여 다방면으로 세심하게 해석 및 평가하여야 한다.

조별나눔

Q1. MMPI 검사를 통해 '발견하기 어려운 점'이 있다고 생각하십니까? 그렇다면 무엇입니까?

Q2. MMPI 검사가 어떠한 부분에서 상담사와 내담자에게 도움이 될지 사례를 들어 논의해 봅시다.

참·고·문·헌

김영환 · 김재환 · 김중술 · 노명래 · 신동균 · 염채호 · 오상우(1989). 다면적 인성검사 실시요강(개정판). 서울 : 한국가디언스.

김재환 · 오상우 · 홍창희 · 김지혜 · 황순택 · 문혜신 · 정승아 · 이장한 · 정은경(2006). 임상심리검사의 이해(제2판). 서울 : 학지사.

김중술 · 임지영 · 이정흠 · 민병배 · 문경주(2005). 다면적 인성검사 II. 매뉴얼. 서울 : 마음사랑.

이우경 · 이원혜(2011). 심리평가의 최신 흐름(제2판). 서울 : 학지사.

이훈진 · 문혜신 · 박현진 · 유성진 · 김지영(2007). MMPI-2 : 성격 및 정신병리평가. 서울 : 시그마프레스.

한경희 · 김중술 · 임지영 · 이정흠 · 민병배 · 문경주(2011). 다면적 인성검사 II. 매뉴얼(개정판). 서울 : 마음사랑.

한경희 · 문경주 · 이주영 · 김지혜(2011). 다면적 인성검사 II 재구성판 매뉴얼. 서울 : 마음사랑.

홍창희 · 주영희 · 민은정 · 최성진 · 김귀애 · 이영미(2012). MMPI-2 평가의 핵심. 서울 : 박학사.

Archer, R., & Krishnamurthy, R.(2001). *Essential of MMPI-A Assessment*. New York : John Wiley & Sons.

Ben-Porath. Y., Graham, J. R., & Tellegen, A.(2009). *The MMPI-2Symptom Validity(FBS) Scale Development, Research Findings, andInterpretive Recommendations*. Minneapolis : University of Minnesota Press.

Ben-Prath, Y. S., & Tellegen, A.(2008). *MMPI-2RF : Manual for administration, scoring, and interpretation*. Minneapolis : University of Minnesota Press.

Butcher, J, N., & Han, K.(1995). Deveopment of an MMPI-2 scale to assess the presentation of self in a superlative manner: The S scale. In J. N. Butcher & C. D. Spielberger(Eds.), *Advances in Persoanlit Assessment*(Vol. 10, pp. 25-50), Hillsdale, NJ : LEA Press.

Butcher, J. N., & Wiliams, C. L.(1992). *Essentials of MMPI-2 and MMPI-Ainterpetation*. Minneapolis : University of Minnesota Press.

Butcher, J. N., Williams, C. L., Graham. J. R,. Archer, R. P., Tellegen. A., Ben-Porath, Y. S., & Kaemmer, B.(1992). *Minnesota Multiphasic Personality Invernory-Adoliscent(MMPI-A) : Manual foradministration scoring. and interpretation*. Minneapolis : University of Minnesota Press.

Caldwell, A. B.(1969). MMPI critical items. Unpublished mimeograph. (Availabe from Caldwell Reports, 3122 Santa Monica Boulevard, SantaMonica, California, 90404)

Graham, J. R.(2006). *MMPI-2 : Assessing Personality and Psychopathology*. New York : Oxford University Press.

Grayson, H. M.(1951). *A Psychological Admissions Testing Program and Manual*. Los Angeles, CA : Veterans Administration Center, Neuropsychiatric Hospital.

Harkness, A. R., McNulty, J. L., & Ben-Porath, Y. S.(1995). Psychometric charateristics of the MMPI-2 Cook-Medley Hostility Scale. *Journal of Personality Assessment*, 7, 104-114.

Harris, R., & Lingoes, J.(1968). *Subscales for the Minnesota Multiphasic Personality Inventory*. Mimeographed materials, San Francisco : University of California, Porter Neuropsychiatric Institute.

Harris, R., & Lingoes, J.(1995). *Subscales for the Minnesota Multiphasic Personality Inventory*. Mimeographed materials, San Francisco : University of California, The langley Poter Neuropsychiatric Institute.

Hathaway, S. R., & Mckinley, J, C.(1942). A multiphasic personality schedul(Minnesota) : III. The measurement of symptomatic depression. *Journal of psychology*, *14*, 73-84.

Hathaway, S. R., & Mckinley, J. C.(1943). *Minnesota Multiphasic Personality Inventory manual*. New York : Psychologiacal Corp.

Hoffman, H., Loper, R, G., & Kammeier, M. L.(1974). Identifying future alcoholics with the MMPI alcoholism scales. *Quarterly Journal of Studies on Alcohol*, *35*, 490-498.

Koss. M. P. & Butcher, J. N.(1973). A comparison of psychiatric patients' self-report with other sources of clinical information. *Journal of Research in Personality*, 7, 225-236.

Lachar, D., & Wrobel, T. A.(1979). Validating clinicians' hunches : Construction of a new MMPI critical item set. *Journal of Counsulting and Clinical Psychology*, *46*, 1349-1356.

Lees-Haley, P. R., English. L. T., Clenn, W. J.(1991). A Fake Bad Scale on the MMPI-2 for personal injury claimants. *Psychological Reports*, *68*, 203-210.

Tellgen, A., Ben-Porath, Y. S., McNulty, J. L., Arbisi, P. A., Graham, J. R.,& Kaemmmer, B.(2003). *The MMPI-2 restructured clinical(RC) scales*. Minneapolis, MN : University of Minnesota Press.

Wiggins. J. S. (1966). Substantive dimensions of self-report in the MMPI item pool. *Psychological Monographs*, *80*(22, Whole No. 630), 1-42.

CHAPTER

04

초기면담에서 주로 활용되는 검사

1. SCT
2. HTP
3. KFD
4. 로샤검사

CHAPTER 04

초기면담에서 주로 활용되는 검사

(전주람)

SCT(Sentence Completion Test)와 HTP(House-Tree-Person)는 개인의 심리적 특성과 내면세계를 탐구하는 데 효과적인 도구이다. 그리고 동적가족화(KFD) 검사는 가족구성원 간의 관계와 상호작용을 평가하기 위한 심리적 도구이다. 이 장에서는 세 도구의 장점, 해석 방식 및 특징에 대해 간략히 다루고자 한다.

1. SCT(Sentence Completion Test)

Ebbinghaus(1896)는 처음으로 미완성 문장에 답하게 함으로써 피검자의 정신 능력을 측정하려고 시도하였다. Jung(1910)은 단어 연상 검사를 통해 피검자의 무의식적인 태도를 분석했다. 제2차 세계대전 동안, 병사들의 성격 평가와 배치를 위한 도구로 사용되었고, Rotter의 미완성문장검사 Rotter Incomplete Sentence Blank(RISB)가 본격적으로 사용되기 시작하였다.

SCT의 검사의 목적 및 특징

이 검사는 피검자가 미완성 문장을 완성함으로써 자신의 내면적인 감정, 태도, 생각을 드러내는 것을 목적으로 한다.

주된 특징

- **명확한 검사 자극** : SCT는 검사 자극이 분명하여 의식적 수준의 심리적 현상을 측정한다.
- **부가적 정보 제공** : 문장완성검사는 다른 검사 결과를 보충하며, 역동적 내용을 확인할 수 있는 간단하고 유용한 도구이다.

1) SCT 지시문

(1) 문장 예시

"나는 ________를 좋아한다."

"이 세상에서 가장 중요한 것은 ________이다."

"나는 사람들과 함께 있을 때 ________을 느낀다."

(2) SCT 문장 내용

자기(강점, 약점, 자기개념)

가족(부모, 형제자매, 가족 분위기, 자녀)

타인과 세상(친구, 여성과 남성, 타인, 세상, 권위상)

꿈, 욕구와 가치

시간 조망(과거, 현재와 미래)

부정적 감정, 스트레스 대처 방식(두려움, 불안, 화, 부러움, 스트레스 반응)

사랑, 성과 결혼

건강, 죽음과 영성

SCT SCT(문장완성검사) 구성

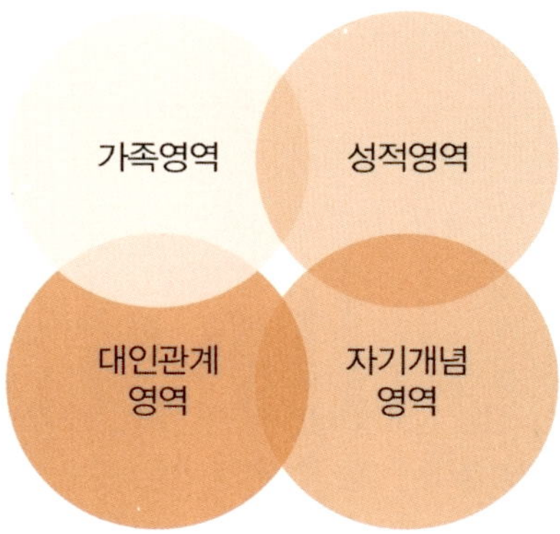

2) 검사 진행 방법

피검자에게 미완성 문장을 주고, 각 문장을 완성하도록 요청한다. 피검자는 너무 고민하지 않고 솔직하게 자신의 생각을 적는 것이 중요하다.

3) 응답 방식

문장을 작성할 때에는 즉흥적으로 답변하는 것이 좋으며, 미완성 문장은 여러 개 제공될 수 있다.

4) 주의사항

피검자는 자신의 생각이나 감정을 숨기지 말고 솔직하게 작성해야 한다. 말이나 글로써 자신이 느끼는 그대로 표현하는 것이 중요하다.

생각나눔

Q1. 아래 26세 여성에 관해 알 수 있는 것은 무엇일까요?

case 1. 내담자는 26세, 여성, 대학교 재학 중이다.

안녕하세요, xxx입니다.

저는 7살 때부터 부모님이 주말부부로 생활하셨고, 9살쯤부터 엄마의 알코올 중독이 시작되었습니다. 10살부터는 과외 선생님과 수업을 시작하게 되었습니다. 아빠는 육아나 집안일에 대해 방임하는 편이었고, 친오빠가 한 명 있었습니다. 어릴 적부터 오빠에게 놀림과 폭행을 당하기도 했습니다. 돌봐주는 어른이 없어서 의지할 수 있는 곳은 과외 선생님뿐이었고, 그 선생님과는 21살까지 삼수를 하며 폭언과 체벌, 감시를 받는 듯한 생활을 했습니다.

엄마는 제가 중학생 때 바람을 피우셨고, 그 사실을 5년 동안 숨기다가 19살 때 아빠에게 직접 말하여 이혼을 권유했습니다. 유치원부터 중학생 시절까지 놀림과 은근한 따돌림을 많이 받았고, 초등학교에 들어가고 나서부터 몸무게가 늘어나면서 외모로 놀림을 받았습니다. 그래서 외모에 대한 콤플렉스가 심했으며, 5년 전에는 현재보다 50kg 이상 더 나갔었습니다.

4년 전 처음 각성제 약물을 접하게 되면서, 처음으로 나 자신을 받아들이고 좋아지는 감정을 느꼈습니다. 이후로는 각성제 대체제를 끊으려고 여러 번 시도했지만 실패했습니다. 현재는 정신과 병원을 새로 옮겼고, 각성제 약물을 한 달 동안 복용하지 않았습니다. 병원에서 ADHD 진단과 조울증, 약물 중독, PTSD 등 여러 가지 진단을 받았습니다. 또한 약물 부작용으로 지난 몇 주 동안 우울한 상태에 있었는데, 오늘 갑자기 기분이 좋아지고 흥미진진한 기분이 듭니다. 제가 나아지고 싶은 점은 약물에 의존하지 않고도 잘 지낼 수 있는 상태가 되는 것입니다. 감사합니다.

※ 시간이 제한은 없으나 되도록 빨리 하십시오.

1. 나에게 이상한 일이 생겼을 때 그럴만한 이유와 기전이 있었을것이다.
2. 내 생각에 가끔 아버지는 문제를 직면하려하다가도 회피한다.
3. 우리 윗사람들은 개구리 올챙이적 시절 생각 못한다.
4. 나의 장래는 지금 나의 선택에 달려있을 수도 있다.
5. 어리석게도 내가 두려워하는 것은 예전에 겪었던 트라우마의 반복재생이다.
6. 내 생각에 참다운 친구는 항상 존재한다.
7. 내가 어렸을 때는 너무 외로워서 외로운지 몰랐다.
8. 남자에 대해서 무엇보다 좋지 않게 생각하는 것은 정서적으로 경직된 부분이 많다는것이다.
9. 내가 바라는 여인상(女人像)은 있지만, 내가 되기엔 너무 멀다.
10. 남녀가 같이 있는 것을 볼 때 서로 무엇이 결핍되어서 상대방을 만났는지 파악하려 한다.
11. 내가 늘 원하기는 내가 나를 진정으로 돕는 것이다.
12. 다른 가정과 비교해서 우리 집안은 개인적이다.
13. 나의 어머니는 내 미래의 모습같아서, 보기가 싫다.
14. 무슨 일을 해서라도 잊고 싶은 것은 극도의 쾌감과, 그것의 일상화 이다.
15. 내가 믿고 있는 내 능력은 발휘할 의지를 좀 잃었지만, 아예 없어지진 않았다.
16. 내가 정말 행복할 수 있으려면 직면하고 싶지 않은 이별을 해야한다.
17. 어렸을 때 잘못했다고 느끼는 것은 어쩌면 당연한 걸수도 있다.
18. 내가 보는 나의 앞날은 내가 선택할 수 있지만, 당장의 기로에서 무너진다.
19. 대개 아버지들이란 자신을 숨긴다.
20. 내 생각에 남자들이란 남자다워야한다.
21. 다른 친구들이 모르는 나만의 두려움은 더 본능적인것이라서 말하기 꺼려진다.

- 1 -

22. 내가 싫어하는 사람은 너무 얍지만, 무시하면 된다.
23. 결혼 생활에 대한 나의 생각은 노력이 필요하다고 하는데, 억지로 하는 노력보다 진심으로 행동이 일어나는 거였으면 좋겠다.
24. 우리 가족이 나에 대해서 잘 모르거나, 알려고 하지도 않는 게 느껴지면 정말 외롭다.
25. 내 생각에 여자들이란 자기 스스로 일어서는 법을 알아야 한다고 생각된다.
26. 어머니와 나는 점점 닮아가는 것 같다.
27. 내가 저지른 가장 큰 잘못은 아직 일어나지 않았다.
28. 언젠가 나는 죽을 것이다.
29. 내가 바라기에 아버지는 식구들에게 더 관심을 가지고, 애틋하셨으면 좋겠다.
30. 나의 야망은 그렇게 뚜렷하지 않다.
31. 윗사람이 오는 것을 보면 나는 긴장되고, 인정받고 싶어진다.
32. 내가 제일 좋아하는 사람은 완전히 나를 좋아하는 것 같진 않다.
33. 내가 다시 젊어진다면 똑같은 선택을 할 것 같다.
34. 나의 가장 큰 결점은 내가 가장 강한 악과 있다.
35. 내가 아는 대부분의 집안은 여전히 문제를 안고 있다.
36. 완전한 남성상(男性像)은 현실에 존재하기란 어렵다.
37. 내가 성교를 했다면 그 당시에 하고 싶어서 했을 것이다.
38. 행운이 나를 외면했을 때 그럴만한 이유가 있을 것이다.
39. 대개 어머니들이란 자식사랑이 제일 크다.
40. 내가 잊고 싶은 두려움은 매 순간 내가 생생하게 느끼고 있다.
41. 나의 평생 가장 하고 싶은 일은 이뤄지지 않을 것 같다.
42. 내가 늙으면 더 지혜로운 사람이 되거나, 그냥 고집불통이 될지, 모르겠다.
43. 때때로 두려운 생각이 나를 휩싸일 때 정답은 알면서도 회피하고, 똑같이 되풀이한다.
44. 내가 없을 때 친구들은 각자의 삶을 잘 살 것이다.
45. 생생한 어린시절의 기억은 별로 없지만, 후회되는 일이 있었다.
46. 무엇보다도 좋지 않게 여기는 것은 내가 변함이 없는 후회를 하고 있다는 것이다.
47. 나의 성생활은 내 마음대로이다.
48. 내가 어렸을 때 우리가족은 진작에 헤어졌어야 했다.
49. 나는 어머니를 좋아했지만 엄마로 보다 자라서 많이 외로웠다.
50. 아버지와 나는 완전히 친숙해질 순 없을 것 같다.

- 2 -

- 채워진 문장의 내용을 통해 우리는 무엇을 알 수 있는가?
- 특히 내담자에게 깊이 물어보고 싶은 점이 있는가?
- 상담사가 특별하게 주의를 기울여보고자 하는 부분이 있는가?
- 설명이 부족하여 보다 깊이 어떠한 의미인지 물어봐야 하는 항목이 있는가?
- 이 검사와 상담의 목표는 어떻게 연관될 수 있을까?
- 만약 이 검사를 내담자가 거부할 때는 어떻게 해야 할까?
- 시간 제한은 없으나 시간이 지속됨에도 내담자가 계속 끝내지 않는다면, 상담사는 어떠한 얘기를 어떠한 방식으로 하는 것이 적합할까?

Q2. 아래 사례는 이혼을 앞둔 30대 후반 남성의 SCT입니다. 그는 어떤 성격적 특성을 지니고 있는지 논의해 봅시다.

1. 나에게 이상한 일이 생겼을 때 왜 이런일이 생겼을까 전후과정을 생각해본다.
2. 내 생각에 가끔 아버지는 귀여우시면서 점점 아이가 되어가신다.
3. 우리 윗사람들은 젊은 세대에게 감사해야 한다.
4. 나의 장래는 항상 밝을 것이라고 생각했었지만, 지금은 때론 불투명해보인다.
5. 어리석게도 내가 두려워하는 것은 아들이 나를 미워할까 하는것이다.
6. 내 생각에 참다운 친구는 속마음을 모두 공유하지 않아도 이해할 수 있는 친구다.
7. 내가 어렸을 때는 사춘기를 안겪었는데, 지금 겪는것같다.
8. 남자에 대해서 무엇보다 좋지 않게 생각하는 것은 허세끼가 있는것이다.
9. 내가 바라는 여인상(女人像)은 현명하고 차분하며 남자와 함께 발전가능한 여자이다.
10. 남녀가 같이 있는 것을 볼 때 부럽기도, 행복해보이기도, 고난이 보이기도한다.
11. 내가 늘 원하기는 모자라지도 넘치지도 않는 삶이다.
12. 다른 가정과 비교해서 우리 집안은 근검절약했던 집안이다.
13. 나의 어머니는 가족애가 강하시며 엄청난 생활력의 소유자시다.
14. 무슨 일을 해서라도 잊고 싶은 것은 지금의 괴로움이다.
15. 내가 믿고 있는 내 능력은 비관적이지 않은 긍정적인 성격이다.
16. 내가 정말 행복할 수 있으려면 현명한 사람과 함께여야 한다.
17. 어렸을 때 잘못했다고 느끼는 것은 딱히 없다.
18. 내가 보는 나의 앞날은 분명 밝을 것이다.
19. 대개 아버지들이란 가족을 위해 고난의 길을 걸어갈 준비가됐다.
20. 내 생각에 남자들이란 단순하지만 큰 책임감을 가지고있다.
21. 다른 친구들이 모르는 나만의 두려움은 혼자 늙어죽을까 걱정이다.

22. 내가 싫어하는 사람은 본인이 갖지못한 능력을 가진 타인을 시기하는 사람이다.
23. 결혼 생활에 대한 나의 생각은 서로 비밀없이 사랑하면 된다.
24. 우리 가족이 나에 대해서 성실하고 듬직한 아들이라고 생각한다.
25. 내 생각에 여자들이란 남자가 갖지못한 장점이 많아, 상호보완으로 더 잘살수있다.
26. 어머니와 나는 가장 친한 친구이기도 하다.
27. 내가 저지른 가장 큰 잘못은 사람을 정확하게 파악하지 못하고 결혼을 서두른것이다.
28. 언젠가 나는 마음의 평온을 찾을것이다.
29. 내가 바라기에 아버지는 오래오래 건강하게 사시는것이다.
30. 나의 야망은 건강하고 행복한가정, 풍요로운 노후이다.
31. 윗사람이 오는 것을 보면 나는 어려운 업무진행건을 함께 논의하고싶다.
32. 내가 제일 좋아하는 사람은 마음이 투명한 사람이다.
33. 내가 다시 젊어진다면 전문직을 취득할 것이다.
34. 나의 가장 큰 결점은 때론 즉흥적이라는 것이다.
35. 내가 아는 대부분의 집안은 각자의 고충이있다.
36. 완전한 남성상(男性像)은 현명한 여자가 함께여야 이룰수있다.
37. 내가 성교를 했다면 상대방에게 더 잘하고싶은 마음이든다.
38. 행운이 나를 외면했을 때 다음에 찾아오겠지 생각한다.
39. 대개 어머니들이란 강한 모성애의 소유자이다.
40. 내가 잊고 싶은 두려움은 불확실한 나의 미래이다.
41. 나의 평생 가장 하고 싶은 일은 행복한 가정을꾸려 제주여행을 가는것이다.
42. 내가 늙으면 아프지 않고, 가족에게 도움이되는 사람이고싶다.
43. 때때로 두려운 생각이 나를 휩싸일 때 나는 목욕탕에가서 반신욕을한다.
44. 내가 없을 때 친구들은 내가 있을때만큼 못 뭉치는것같다.
45. 생생한 어린시절의 기억은 부모님의 사랑, 즐거운 학교생활이었다.
46. 무엇보다도 좋지 않게 여기는 것은 생각없이 말을 내뱉는 행동이다.
47. 나의 성생활은 늘 상대방을 더 만족시키고싶은 마음이컸다.
48. 내가 어렸을 때 우리가족은 아버지의 책임감과 어머니의 사랑으로 똘똘 뭉쳤다.
49. 나는 어머니를 좋아했지만 지금 너무 큰 아픔을 드리고있다.
50. 아버지와 나는 어린 시절에는 어려운 관계였지만, 성인이 되면서 매우 가까워졌다.

Q3. 아래 사례는 이혼을 앞둔 40대 중반 여성의 SCT입니다. 그녀는 어떤 성격적 특성을 지니고 있는지 논의해 봅시다.

1. 나에게 이상한 일이 생겼을 때 해결방법을 찾아야 한다.
2. 내 생각에 가끔 아버지는 이해하고 싶지 않다.
3. 우리 윗사람들은 나에게 도움을 많이 주었다.
4. 나의 장래는 힘든 일도, 걱정도 있지만, 잘 해결해나갈 것이다.
5. 어리석게도 내가 두려워하는 것은 내가 돈을 벌지 못하는 일이 생기는 것이다.
6. 내 생각에 참다운 친구는 자주 못 만나고, 연락하지 못해도 그냥 친구 단어만으로 위로가 되는 사이.
7. 내가 어렸을 때는 빨리 벗어나서 경제적, 생활적으로 독립하고 싶었다.
8. 남자에 대해서 무엇보다 좋지 않게 생각하는 것은 화내고 소리지르고 여자를 무시하고 때리는 것이다.
9. 내가 바라는 여인상(女人像)은 부당한 일이 생겼을 때, 자신의 생각을 당당하게 말하는 사람.
10. 남녀가 같이 있는 것을 볼 때 둘이 뭘 하면 행복하니? 뭘 하면 즐겁니? 궁금하다.
11. 내가 늘 원하기는 아이들과 내가 건강하고, 내가 돈을 열심히 벌어 아이들과 잘 사는 것이다.
12. 다른 가정과 비교해서 우리 집안은 불편했다.
13. 나의 어머니는 항상 가정을 위해 최선을 다하셨고, 참으셨다.
14. 무슨 일을 해서라도 잊고 싶은 것은 누군가를 실망시킨 일들이다.
15. 내가 믿고 있는 내 능력은 끈기와 성실함, 책임감, 배우며 해쳐나가려는 태도이다.
16. 내가 정말 행복할 수 있으려면 꾸준히 일하며 성장하며 인정받고 돈을 벌어 아이들을 돌보고 사는 것.
17. 어렸을 때 잘못했다고 느끼는 것은 부모님께 실망을 주었을 때
18. 내가 보는 나의 앞날은 더 자신감 있고, 밝고 힘차게 사는 삶이다.
19. 대개 아버지들이란 다정다감하며 책임감 있다.
20. 내 생각에 남자들이란 열심히 일을 하며 돈을 벌어 가정에 책임을 다한다.
21. 다른 친구들이 모르는 나만의 두려움은 돈 없다는 두려움.

22. 내가 싫어하는 사람은 날 비난하고 평가하고 떠들어대고 다니는 사람
23. 결혼 생활에 대한 나의 생각은 고통스러웠지만 아무도 알아주지 않았다. 빨리 끝내면 좋겠다.
24. 우리 가족이 나에 대해서 자기인생 자기가 꼬였다 생각할 것이다.
25. 내 생각에 여자들이란 사랑받고 보호받아야 한다 생각한다.
26. 어머니와 나는 서로 각자의 갈등을 가지고 살아가는 여자이다.
27. 내가 저지른 가장 큰 잘못은 모두가 반대하는 결혼을 하였다는 것이다.
28. 언젠가 나는 아이들과 함께 행복하고 여유롭게 살고 싶다. (소소한 행복, 작은 여유도 좋다.)
29. 내가 바라기에 아버지는 건강하게 옆에 계셔주셨으면 좋겠다.
30. 나의 야망은 지금 일하는 곳에서 인정받아 계속 일하며 꾸준한 소득을 벌고 싶다.
31. 윗사람이 오는 것을 보면 나는 좋은 평가, 좋은 인상을 주려 애쓴다.
32. 내가 제일 좋아하는 사람은 아이들과 친정 엄마 이다.
33. 내가 다시 젊어진다면 더 좋은 직업, 직장을 가지기 위해 노력할 것이다.
34. 나의 가장 큰 결점은 나의 감정을 자신있게 표현하지 못하고, 말 주변이 부족하다.
35. 내가 아는 대부분의 집안은 가족끼리 여행도 다니고, 함께 즐거운 시간을 보낸다.
36. 완전한 남성상(男性像)은 다정다감하고, 책임감있고, 능력이 있는 사람이다.
37. 내가 성교를 했다면 원하지 않았겠지만. 어쩔 수 없이 하고 고통스러운 시간이였을 것 같다.
38. 행운이 나를 외면했을 때 다른 행운이 또 있겠지, 그땐 내가 잡아야지.
39. 대개 어머니들이란 본인을 희생한다.
40. 내가 잊고 싶은 두려움은 비난 받으며 내 탓을 하는 모습이다.
41. 나의 평생 가장 하고 싶은 일은 계속 한 직업을 가지고 일하고 싶다.
42. 내가 늙으면 아이들과 행복하게 지내고 있을 것이다.
43. 때때로 두려운 생각이 나를 휩싸일 때 빨리 잊어버리고 싶다.
44. 내가 없을 때 친구들은 날 기억해 주었으면 좋겠다.
45. 생생한 어린시절의 기억은 아빠, 엄마와 동생과 여행을 갔던 기억들이다.
46. 무엇보다도 좋지 않게 여기는 것은 무능력하고, 책임감 없는 태도이다.
47. 나의 성생활은 몸을 파는 사람, 성욕구 해소용 인형 같았다. 내 기분이 전혀 존중받지 못하였다.
48. 내가 어렸을 때 우리가족은 차를 타고 여행을 많이 다녔다.
49. 나는 어머니를 좋아했지만 마음만큼 잘해드릴 방법을 모르겠다.
50. 아버지와 나는 서로 마음은 써주고 있으나, 표현하지 못한다.

2. HTP(House-Tree-Person)

1) HTP의 장점

- **실시 용이성** : HTP는 짧은 시간 안에 간편하게 실시할 수 있다.
- **문화적 제약 완화** : 언어 및 문화적 제약이 적어 다양한 집단에서 활용 가능하다.
- **내면세계 반영** : 개인의 의식적인 방어가 덜 작용하여, 수검자가 인식하지 못하는 내면세계까지 반영된다.
- **간단한 해석** : 복잡한 채점 절차 없이 그림으로 직접 해석할 수 있다.

2) HTP의 검사 지시문

준비물

16절지(A4) 여러 장, HB연필, 지우개, 초시계

실시과정

- 피험자에게 A4 종이를 한 장씩 주고 집, 나무, 사람을 차례로 마음대로 그리도록 한다.

> "이제 몇 가지 그림을 그려 볼까요? 잘 그리거나 못 그리는 것에 대한 부담은 가지지 마세요. 자유롭게 그려봅시다.
>
> 집 : (종이를 가로로 제시하며) 여기에 집을 그려보세요.
> 나무 : (종이를 세로로 제시하며) 이번에는 나무를 그려봅시다.
> 사람 1 : (종이를 세로로 제시하며) 여기에 사람을 그려봅시다.
> (그림을 다 그린 후) 이 사람의 성별은 무엇인가요?
> 사람 2 : (종이를 세로로 제시하며) 이제 반대 성별의 사람을 그려봅시다.

- 자신과 반대되는 성의 인물을 그린 경우에는 종이 한 장을 더 제시하여 동성의 인물을 그리도록 한다. (여자를 그린 경우 남자를, 남자를 그린 경우 여자를)
- 온전한 사람을 그릴 수 있도록 지도한다.
- 아동이 스스로 그림을 완성시켜야 한다.

- 검사 수행 시 피검자의 말과 행동을 관찰, 기록해 둔다.
- 모두 그린 다음 그림에 대한 질문을 한다.
- 그림과 질문의 대답을 통해 해석한다.

3) 사후질문

(1) 집에 대한 질문

- 이 집은 어떤 집인가요? (구조, 형태 등)
- 이 집은 어디에 위치하고 있나요? (도시, 시골 등)
- 이 집에는 누가, 즉 어떤 사람(들)이 살고 있나요?
- 이 집에 있는 사람들은 현재 무엇을 하고 있나요?
- 이 집의 분위기는 어떤가요? (아늑함, 차가움 등)
- 이 집의 상태는 어떤가요? (양호, 불안정 등)
- 이 집에 사는 사람들의 소원이 있다면 무엇일까요?
- 이 집은 앞으로 어떻게 될 것 같나요?

(2) 나무에 대한 질문

- 이 나무는 어떤 나무인가요? (종류, 형태 등)
- 이 나무는 몇 년 정도 되었나요? (나이)
- 이 나무는 어디에 위치하고 있나요? (장소와 환경)
- 이 나무 주변에는 무엇이 있나요? (주변 환경)
- 이 나무의 건강 상태는 어떤가요? (건강, 활력 여부)
- 이 나무에게 소원이 있다면 무엇일까요? (소망, 바람)
- 이 나무는 앞으로 어떻게 될 것 같나요? (미래에 대한 전망)

(3) 사람에 대한 질문

- 이 사람은 몇 살쯤 될까요? (나이)
- 이 사람은 누구인가요? (특정 인물인지 또는 일반적인 인물인지)
- 이 사람의 직업은 무엇일까요? (사회적 역할)
- 이 사람은 지금 무엇을 하고 있는 것 같나요? (행동 및 활동)
- 이 사람의 기분은 어떤 것 같나요? (감정 상태)
- 이 사람은 지금 무슨 생각을 하고 있을까요? (사고 과정)
- 이 사람의 성격은 어떤 것 같나요? (장점 및 단점)
- 이 사람에게 소원이 있다면 무엇일까요? (바람이나 목표)
- 이 사람은 앞으로 어떻게 될 것 같나요? (미래에 대한 기대)

4) 검사의 해석

HTP의 해석은 다양한 요소에 의해 결정된다.

검사 시의 태도와 소요시간

- 검사 시에 보인 피험자의 태도에 따라 같은 그림도 다르게 해석
- 피험자가 성실히 그렸을 때와 불성실하게 그렸을 경우 그 의미가 다름
- 소요되는 시간은 그림이 피검자에게 특별한 의미가 있으며 그 그림을 그리는 것에 대한 어떤 갈등이 있음을 보여줌
- 그림 속의 어떤 부분을 계속 지우고 고쳐 그리는 경우는 그 부분이나 그 부분이 상징하는 것에 대한 갈등을 나타냄

순서

- 욕구나 방어, 적응 등이 어떤 순서로 나타나는가를 볼 수 있음
- 남성상/ 여성상을 그린 순서와 그려진 모습을 비교
- 자기 성과 같은 성을 먼저 그리는 것이 일반적
- 다른 성을 먼저 그리는 경우, 성역할 동일시에 갈등이 있거나 또는 현재 생활에서 특정 이성에 대한 비중이(긍정적이든, 부정적이든) 큰 상태
- 그림을 그려나가는 일반적인 순서에서 이탈된 경우 중요한 반응이 됨

위치

- **용지의 중앙** : 정상/ 안정된 사람
- **정확히 중앙인 경우** : 불안정감/ 완고성-특히 대인관계의 융통성 결여(아동의 경우 : 자기중심성/ 정서적 행동 경향)
- **용지의 가장자리** : 의존적/ 자신감 결여
- **용지의 왼쪽** : 충동적인 행동화 경향/ 즉각적인 욕구 충족 추구, 외향성, 자기중심적
- **용지의 오른쪽** : 비교적 안정되고 통제된 행동, 욕구 충족의 지연/ 정서적 만족보다는 지적 만족을 선호, 내향성, 환경의 변화에 민감
- **용지의 아래쪽** : 불안정감/ 부적절감, 우울경향, 구체적이고 현실적 사고경향, 조용하고 나서지 않는 성격(아동의 경우 : 신경증 가능성)
- **용지 위쪽의 왼쪽 모퉁이** : 퇴행/ 미성숙/ 불안정감, 정신증(아동의 경우 : 초등학교 저학년 수준인 경우에는 정상)

선의 강도

- 피검자의 에너지 수준에 대한 지표
- 그림의 어떤 특정 영역을 진하게 그리는 경우는 그 부분에 대한 고착 또는 그 부분이 상징하는 것에 대한 억압이나 적대감을 나타냄
- **강한 선** : 자신감이 있는 피검자/ 주장적/ 독단적/ 공격성/ 분노 감정/ 기질적 뇌손상/ 극도로 긴장되어 있는 피검자
- **흐린 선** : 우유부단/ 겁많은/ 억제된 성격/ 낮은 에너지 수준/ 감정 표현에 있어서 억제와 억압, 위축/ 지능이 낮은 피검자(아동의 경우 : 에너지 수준이 낮음/ 억제적 성격/ 강한 억압/ 박탈이나 거부의 경험)

크기

- 그림의 크기를 통하여 피검자의 자존감, 자기상, 자기 확대의 욕구, 공상적 자아 등에 대한 단서를 제공
- **지나치게 큰 그림** : 공격적, 행동화 경향, 낙천적, 과장적 경향, 부적절감을 보상 또는 억압 방어함, 조증상태 등(아동일 경우 : 만약 25cm를 넘는다면 정서 문제가 있을 가능성)
- **지나치게 작은 그림** : 열등감, 부적절감, 자존감 낮음, 불안, 수줍음, 위축, 과도한 자기 억제, 스트레스 상황에서 위축된 행동, 자아 구조가 약하거나 자아 강도가 낮음, 강박적 성향(아동이나 노인일 경우 : 만약 5cm 미만일 경우 정서 문제가 있을 가능성)

그림의 선

- **수평선 강조** : 약함/ 두려움/ 자기 방어적 경향/ 여성성
- **수직선 강조** : 남성적 주장성/ 결단력/ 과잉활동성

- **곡선 강조** : 유연성/ 관습을 좋아하지 않음
- **끊긴 곡선** : 우유부단/ 의존적/ 감정적 경향/ 복종적

지우개의 사용

- **알맞은 지우개 사용과 그에 따른 그림의 질적 향상** : 유연성/ 만족스러운 적응
- **과도한 지우개 사용** : 불안정/ 초조, 자신에 대한 불만, 불안/ 조력에 대한 욕구, 신경증, 특히 강박장애에서 자주 보임

정신증적 지표

- 그림에서 통합이 안 되는 것은 정서적 혼란 상태를 나타내며, 정신증적 지표로 볼 수 있음
- 정신증 환자의 붕괴된 정신은 그림에서도 통합을 못하고 붕괴된 형태를 그리는 것으로 나타남
- 지저분한 음영을 그려 놓는 경우
- 환상적이고 기묘하고 괴이할 뿐만 아니라 때로는 무엇을 그렸는지 알 수 없음
- 간혹 그림과 글씨를 섞어 놓기도 하는데, 이는 기본적인 전달 능력이 붕괴되고 있다는 느낌 때문에 보상적 시도를 하고 있는 것
- 정신증의 또 하나의 특징은 같은 주제를 반복해서 그리는 것(perseveration)

(1) 집 그림

집 그림은 내담자가 성장하여 온 가정 상황을 나타내며, 자신의 가정생활과 가족관계를 어떻게 인식하며 그것에 대해 어떤 감정과 태도를 가지고 있는지를 나타낸다. 따라서 집 그림은 내담자가 현재의 가정을 어떻게 바라보고 있는가 하는 것 외에 이상적인 미래의 가정에 대한 소망을 나타내기도 한다.

집 그림의 해석은 전체적으로 평가하는 것뿐만 아니라 지붕, 벽, 문, 창문과 같은 필수 부분을 어떻게 표현했는지에 대해서도 서로 주의 깊게 관찰해야 한다.

- **지붕** : 정신생활, 특히 공상영역을 상징
- **문** : 환경과의 직접적인 상호작용을 하는 부분으로 대인관계에 대한 태도
- **창문** : 환경과의 수동적인 접촉
- **벽** : 벽의 선은 자아의 강함과 관련
- **굴뚝과 연기** : 인간관계에서의 따뜻함과 관련 해석, 남성 성기로도 해석
- **방** : 방과 연관되어 있는 긍정, 부정적인 경험을 나타냄

〈예시〉

- **지붕을 지나치게 그렸을 경우** : 공상에 몰두해 있으며 대인관계 문제로 인해 도피하고자 하는 경향을 나타낸다.
- **문을 그리지 않은 경우** : 심리적 접근이 불가능함을 나타낸다. 즉, 대인관계를 거부하거나 지나치게 냉정한 감정으로 자기만의 세계에 고립되고 위축되어 있을 가능성이 크다.
- **창문을 많이 그린 경우** : 개방성과 환경과의 접촉에 대한 욕구를 나타낸다. 창문에 커튼을 드리워서 그린 경우에는 가정을 아름답게 꾸미려고 하는 것에 대한 관심을 나타내거나 제한된 접근을 의미한다.
- **거실을 강조해서 그린 경우** : 사회화의 장소를 나타낸다.

(2) 나무 그림

나무 그림검사(Drawing a Tree)는 1928년 직업 상담가인 Jucker에 의해 처음으로 개발되었으며, Koch(1952)가 이를 보다 체계화시켜 나무 그림검사의 방법을 제시하였다. Buck(1948)은 나무의 기둥은 피검자의 내적 자아 강도에 대한 주관적인 느낌을 나타내고, 나무의 가지는 환경으로부터 만족을 추구하는 피검자의 능력을, 나무 전체적인 조직화는 피검자의 개인 내적인 균형감을 반영한다고 주장하였다. 자기상을 직접적으로 나타내는 것이므로 무의식적으로 느끼고 있는 자기 자신의 모습을 나타낸다.

- **나무껍질** : 자신이 외부 환경과 접촉하는 부분을 나타낸다(대개의 경우 선이나 음영 내지 공백으로 표현).
- **수관** : 나무기둥의 길이와 수관 크기의 비율을 검토할 필요가 있다.
- **나무의 종류 및 나무의 상태** : 개인이 경험하는 갈등과 정서적 어려움을 반영하는 것일 수도 있으므로 유의해야 한다.
- **나무 나이** : 심리적 · 정서적 · 성격적 성숙 정도의 좋은 지표가 될 수 있다.
- **뿌리** : 현실을 지배하려는 자신의 능력을 어떻게 인식하고 있는지를 나타낸다.
- **나무기둥** : 지탱해 주는 기능으로 기본적인 에너지와 생활환경에 대한 감정을 나타낸다.
- **나뭇가지** : 환경에서 만족을 구하고 타인과의 관계를 통해 무엇인가를 성취하고자 하는 힘을 나타낸다. 나뭇가지의 크기, 수, 유연한 정도, 균형의 정도는 잘 성장해 나가기 위한 환경과의 접촉을 의미한다.
- **열매, 꽃, 잎, 동물, 새를 그려 넣은 경우** : 세상과의 상호작용에 대한 불안을 보상하려는 욕구를 나타낸다.
- **나무 속에 동물을 그린 경우** : 따뜻한 곳에서 보호를 받고자 하는 욕구를 나타낸다.

(3) 사람 그림

초기 Goodenough(1929)는 아동화를 통해 그림을 그린 아이의 지능 발달 수준을 세부 묘사로 측정하여, 성격 및 언어적 결함이 있는 아동을 진단하기 위한 도구로 활용하도록 하였다. Machover(1949) 역시 아동의 지능 평가 수단으로 사용하다가, 이를 발전시켜 투사적 성격검사로서의 인물화 검사를 개발하였다. 인물화를 통해 내담자는 의식적이고 무의식적으로 자신의 정신적 가치 체계를 표현하게 되며, 자기 자신의 신체상(body image)을 투사할 뿐만 아니라 자신의 내면 욕구와 동기도 드러난다고 하였다. 인물화는 반드시 그린 사람의 나이, 성숙도, 전체적인 상황과 그리는 시점에서 겪는 여러 가지 상태와 연계해서 살펴봐야 하며, 다른 검사와 함께 통합적으로 이해되어야 한다.

- **팔의 크기와 모양** : 팔을 약하게 그린 경우, 이는 스스로의 대처 능력이나 상호작용 능력에 대한 부적절감과 행동 억제 및 수동성을 나타낸다. 팔을 흔들리는 모양으로 그리거나 일차원적인 선 하나로 표현한 경우는 이러한 부적절감과 수동성이 매우 심하다는 것을 의미할 수 있다(신체적으로나 심리적으로 연약함과 부적절감을 나타냄).
- **머리를 지나치게 크게 그린 경우** : 이는 과도한 지적 욕구에 대한 불안과 보상 심리를 나타낸다. 즉, 지능에 대한 과대평가나 강한 지적 욕구가 존재할 수 있다. 또한 자신의 신체에 대한 불만이 있거나, 질병 또는 두통이 있을 수도 있다.
- **팔의 자세** : 경직되게 팔을 그린 경우는 강박적인 사고, 엄격함, 억압된 성격을 나타내며, 축 늘어진 팔을 그린 경우는 대개 무능력한 성격을 나타낸다.
- **코를 그리지 않은 경우** : 사회적 관계에서의 위축이나 회피적인 성향을 나타낸다.

(4) 해석 시 주의사항

- 단순화된 해석 피하기
  - 그림을 단순히 외적인 요소만으로 판단하지 않아야 한다.
  - 내면의 복잡한 심리를 깊이 이해하는 노력이 필요하다.
- 개인사 고려
  - 동일한 그림이라도 각 개인의 경험과 배경이 다르기 때문에 전달하고자 하는 메시지도 다를 수 있다.
  - 피검자의 삶의 맥락을 고려해야 한다.
- 개인의 의도 확인
  - 그림 내용의 일반적인 해석보다 수검자가 무엇을 표현하려고 했는지에 주목해야 한다.
  - 의도와 감정을 정확히 이해하려는 노력이 필요하다.
- 다양한 자료 통합
  - HTP 결과를 다른 검사 결과, 행동관찰 등의 추가 자료와 결합하여 해석해야 한다.
  - 배경 정보와 관련 맥락이 해석에 큰 영향을 미칠 수 있다.

조별나눔

Q1. 다음 그림은 아동상담을 공부하는 한 학생이 학습 차원에서 친구를 대상으로 검사를 실시한 그림입니다. 다음 그림에 대한 느낀 점을 자유롭게 나누어 봅시다.

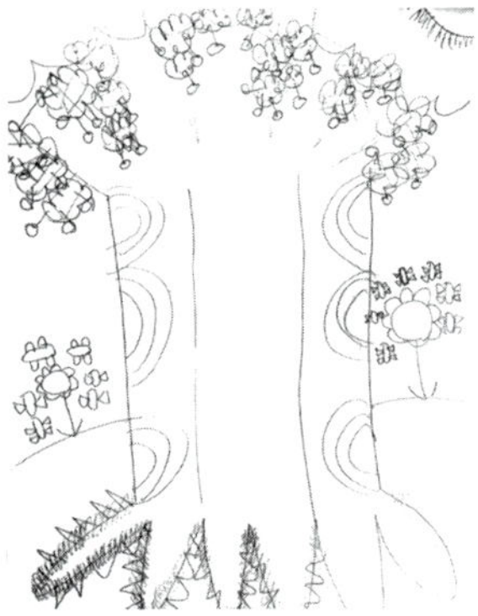

(상담 공부 중인 비전문가) 검사자의 해석 :

첫 번째로 집 그림검사를 실시하였다. 나는 전문가가 아니기 때문에 구조적인 해석방법만 사용하려고 했는데 한 가지만 인상주의적 해석방법을 사용한 것이 있는데, 피검사자가 그림을 그리면서 "이걸 그리면 어떨까?"라는 질문을 많이 했다. 이것에 대한 내 주관적인 해석은 동거인이 외부로 보여지는 것에 대해 많이 신경을 쓴다고 생각했다. 집 그림이지만 집에 대한 세부적인 표현은 없고 마당에 신경을 많이 쓴 것도 위 주관적 해석에 힘을 더해주는 것 같았다. 집 그림이 너무 평범해서 질문지로 인한 검사에 비중을 두었다. 집 주변에 다른 집이 없다는 답변과 입구가 없는 울타리가 쳐 있는 것을 보아 가족에 대한 외부의 간섭을 받기 싫어하는 것 같았다. 햇빛이 가장 잘 드는 방을 자기 방으로 하고 싶다는 답변에서는 스트레스를 많이 받아 휴식을 하고 싶다는 감정이 느껴졌다.

두 번째로는 나무 그림검사를 했다. 줄기를 넓고 크게 그린 것을 보아 자아를 과잉보호하고자 함을 알 수 있었고, 뿌리가 강조되고 종이 끝부분에 가까운 것은 자신감이 넘치지만 의존적이라는 것을 알 수 있었다. 하지만 뿌리에 뾰족한 잔뿌리들이 있는 걸 보아 외적으로는 자신감이 넘치지만 내적으로는 불안한 감정을 느끼고 있음을 예상할 수 있었다. 다섯 개의 가지가 대칭을 이루는 것은 권력적 관계에서 균형을 유지하고자 애쓰고 있음을 유추할 수 있는데, 동아리 회장인 동거인의 고충이 느껴졌다. 열매가 매우 많이 열려있는 것을 보면 세상과의 상호작용에 대한 불안을 보상받으려는 욕구가 크다는 것을 알 수 있었다. 문답에서는 바람에 긁힌 상처들이 많다고 답했는데, 피검사자가 과거에 안 좋은 추억들을 의미하는 것 같았다.

세 번째로는 사람 그림검사를 했다. 머리가 많이 크지는 않지만 비율적으로 크게 그린 것은 자신에게 신체적인 불만이 조금 있다고 생각해서 질문을 했는데 허리가 나쁘다 했고 실제 피검사자도 허리가 안 좋았다. 그래서 허리를 통허리로 그려 허리가 튼튼해지고 싶은 마음을 표현한 것 같다. 입 부분을 보면 날카로운 이빨을 강조했는데 공격적 성향이 강하다고 볼 수 있을 것 같다. 어깨도 매우 넓게 그린 것과 팔에 근육을 표현한 것은 사회적으로 강해지고 싶은 욕구가 크다는 것을 의미하는 것 같았다. 그리고 이 사람이 싫어하는 것과 두려워하는 것에 대한 답변에서 '언제 자신이 무너질지 모르는 것, 누군가를 잃는 것'이라고 한 것과 발을 작게 그린 것을 보아 여자친구에 대한 의존심이 높고 헤어짐에 대한 두려움이 크다는 것을 유추했다.

Q 2. 아래 사례는 상담을 전공하고 있는 20대 여대생의 HTP 그림입니다. 그녀가 어떤 성격적 · 관계적 특성을 지니고 있을지 자유롭게 논의해 봅시다.

집	나무	사람
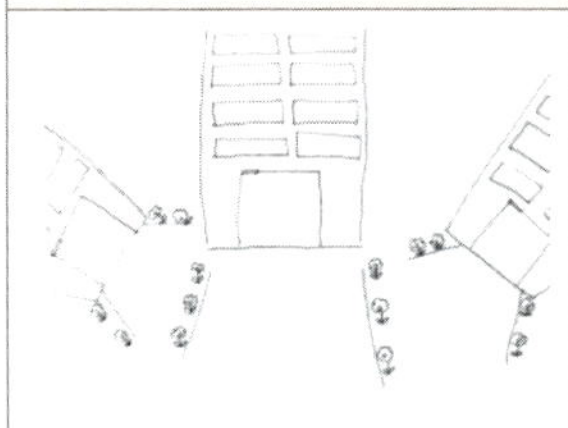		

참고자료 중년 여성 가정폭력 피해자 집단상담 프로그램에 참여한 참여자들의 사전 · 사후 검사

아래 사례는 가정폭력 피해로 쉼터에 입소한 여성들을 대상으로 실시한 집단상담 프로그램의 사전 · 사후 평가 일부입니다. 참고하시기 바랍니다.

K-HTP 그림 분석 : 별님

사 전	사 후

▸**그림 순서** : 나무 → 집 → 사람 ▸**그림에 대한 설명** : "집이라고 하면 이런 형식의 집이 생각나며, 나무의 가지는 풍성하고 막 뻗은 것을 나타내고 싶었어요. 그리고 사람은 이렇게 움직이고 있는 모습입니다." ▸**전체 분석** 머리 위로 양손을 뻗은 여자상은 현재의 연령보다 매우 어린 모습으로 그려졌으며, 신체상의 표현에서 목선과 팔부분의 선이 생략됨으로써 나체상처럼 보인다. 손이 생략되어 있으며, 눈이 많이 강조되어 있다. 세상에 대한 관심과 많은 호기심, 그리고 적극성을 보이고 있지만 제지당하고 있음을 알 수 있다. 긴장과 불안을 보인다. 전체적인 그리기에서 지우개 사용이 적었지만 사람 그리기에서 지우개를 많이 사용하였다. 나무는 풍성함을 나타내려고 하였으나 가지가 나무에 맞지 않게 표현되었으며, 사회 속의 상호작용이 활발하기 못함을 보여준다.	▸**그림 순서** : 집 → 나무 → 사람 ▸**그림에 대한 설명** : "그리라고 하면 이런 모습이 생각나요. 더 이상의 것은 생각나지 않아요..." ▸**전체 분석** 주제가 주어지자 지우개를 한 번도 사용하지 않고 그림을 완성하였다. 각각의 그림은 조금씩 붙어 있으며, 집으로 난 길은 경직되어 보인다. 화면 가득 그린 그림들은 충동적이거나 자기 확장적인 모습을 보여주며, 인물상은 초기의 그림보다 나이가 조금 들어 보인다. 여성스러움이 강조되어 있으며, 두상을 매우 크게 그렸다. 지적호기심에 대한 강한 욕망이 표현되고 있으며, 사전/후 인물상에서는 귀가 생략되어 주변의 간섭들을 거부하는 모습을 보이며, 상체는 나체상의 표현이 동일하다. 자신의 성적매력을 과시하고 있으며, 아울러 눈은 공허해 보인다.

자신의 연령대보다 어리게 표현되는 전체 그림은 그리기에 대한 자신감의 부족 혹은 충분한 경험의 부족에서 발생한 것으로 보여진다. 전체 그림은 크게 그려졌으며 각 그림은 밀착되지 않고 떨어져서 나타났다. 집은 안정적으로 보이지 않으며 사회와의 교섭통로인 창문과 대문의 손잡이가 생략되어 있다.	

과제가 주어지면 머뭇거림이나 망설임 없이 작업을 하였다. 단순하게 표현된 자신의 작품에 대하여 부연설명을 자주 하였다. 미술치료시간을 통해 자신에게 필요한 것이 지적탐구에 대한 갈망이라는 것을 알게 되어 매우 기뻐하였다. 그림에서의 팽창 혹은 공허함은 다른 작업과의 연계 속에서 발견된 것처럼 자신감의 부족과 경험의 부족에서 비롯된 것으로 보인다. 그리고 바쁜 생활이고 긍정적인 사고로 보여지는 외부의 모습과는 달리 불안함을 많이 보여주었다.

K-HTP 그림 분석 : 달님

사 전	사 후
	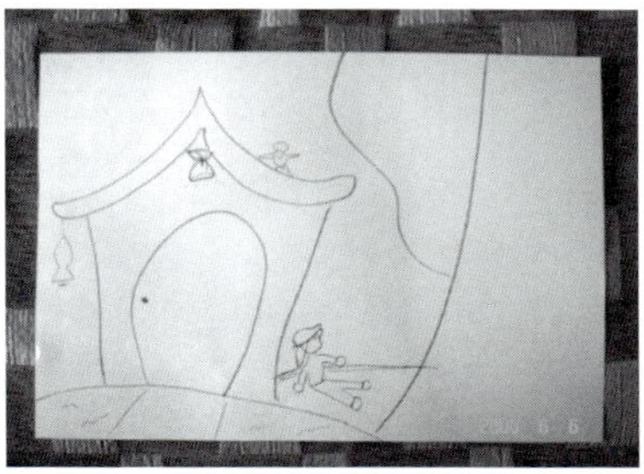
▸**그림 순서** : 집→나무→사람 ▸**그림에 대한 설명** : "서른 중반쯤이면 이렇게 전체적으로 통나무로 된 전원주택에서 아이들은 밖에서 놀고 자신은 트럼펫을 불고 있는 모습이에요."	▸**그림 순서** : 집→나무→사람 ▸**그림에 대한 설명** : "따뜻한 집이에요, 그리고 나무는 엄청나게 큰 나무이구요... 사람은 피곤해서 앉아서 쉬고 있어요...."

▶전체 분석	▶전체 분석
집에 대한 안정의 욕구가 강하게 나타나고 있다. 현실 속의 불안과 스트레스 또한 많이 나타난다. 아이들에 대한 생각과 염려들이 자신을 현실을 보지 않고 아이들을 향해 있는 모습으로 시선처리를 하였다. 스스로를 많이 통제하고 있지만 그 통제가 과도한 스트레스가 되어 자신에게로 향하고 있다. 업무나 현실로부터 벗어나 쉬고 싶은 욕망을 표현하고 있다.	집을 정면으로 그렸으며, 풍경과 전등, 그리고 지붕 위의 새를 한 마리 그렸다. 나무는 지면을 벗어나 매우 크게 그려졌으며, 사람은 쉬려고 앉아 있는 모습을 표현하였다. 여전히 인물상은 정면이 아닌 측면으로 그려졌다. 조금 더 구체적인 표현이 나타났다. 쉬고 싶어서 앉아 있다고 설명함으로써, 그리고 아이들을 그림에 표현하지 않음으로써 자신이 필요한 것이 혼자만의 시간이라는 것을 보여주고 있다. 하지만 처마 밑의 따뜻한 전등은 양육적인 환경에 대한 표현으로 보여지며 지붕 위의 새 또한 양육적인 환경에 대한 자신의 의무감을 표현하고 있다. 나무 그림에서는 충동을 억제하지 못하고 있음을 보여준다. 크고자 하는 욕망과 현실과의 괴리에서 벗어남을 원하고 표현하고 있다.

과제에 대한 생각이나 표현은 자신감 있었지만 전체적인 피드백 과정에서는 자신을 매우 낮게 평가하고 있음으로 보여주었다. 타인을 배려하는 삶보다 자신이 먼저이고, 소중하다는 것을 알아야 하며, 아주 사소하고 작은 것일지라도 자신이 좋아하는 것을 할 수 있도록 살아가기를 원한다. 아이들에 대한 양육의 책임으로부터 벗어나고 싶으면서도 무의식 속에서는 그렇게 할 수 없음을 보여준다. 가끔씩은 지면을 튀어나간 나무처럼 일탈을 경험하고 싶은 걸까? 진정한 사람과의 진한, 말 그대로의 진실하고 진한 사랑에 대한 갈망이 강하게 표현되었다. 지금도 잘하고 있다. 지나치게 자신을 통제하려고 하지 말고 자신도 사랑하고 아끼면서 살아보자. 내가 행복해야 나의 아이들도 행복할 테니까요.

K-HTP 그림 분석 : 사랑님

사 전	사 후

▸**그림 순서** : 집→나무→사람 ▸**그림에 대한 설명** : "꽃에 나무를 주고 있고 이 집엔 아무도 살 것 같지 않아요. 아니요 아무도 살지 않아요." ▸**전체 분석** 집의 외곽선을 연한 선으로 밑그림을 그린 후 진한 선으로 다시 그렸다. 안정적이지 못하고 붕괴 직전의 집에서 다소 형태를 갖춘 집으로 표현되었다. 하지만 저 집엔 아무도 살지 않는다고 말함으로써 자신이 빠져 나온 곳은 더 이상 집이 아니라는 것과 자신의 거처가 확실히 정해지지 않은 현실의 표현으로 보여진다. 꽃에 물을 주는 여자상은 날카로운 시선을 하고 있다. 공격적이며 강하게 보인다. 남성 성기 형상의 나무는 여러 차례 지우기를 반복하여 완성되었다. 집으로 갈 수 있는 길이 표현되지 않았다. 그리고 인물상은 우측 하단에 긴장되게 그림으로써 쇠퇴와 부정의 느낌을 준다.	▸**그림 순서** : 집→나무→사람 ▸**그림에 대한 설명** : "미술치료시간에 들어오기 전 다소 언짢고 편치 못해서 그림이 잘 그려지지 않아요. 여전히 이 집엔 아무도 살지 않아요. 그림이 잘 그려지지 않네...." ▸**전체 분석** 본 회기 참석 전에 조금은 불편한 시간을 가졌다고 말했다. 자신은 이젠 힘이 생겼으며 일이 해결이 잘되어 위자료도 적잖이 받게 되어 자신만이 살 수 있는 공간을 구할 수 있을 것이라고 말했다. 그림은 매우 소극적으로 불안하게 그렸다. 집은 전과는 다르게 한 번에 그렸지만 나무는 쓰러질 것처럼 비스듬하게 그려졌다. 법적 일이 마무리됨에 따라 겪게 되는 또 한 번의 시련(완전히 혼자됨을 받아들임)을 예상하고 있는 듯하다. 운동성을 상실한 인물상은 불안한 듯 두 손을 모으고 있다. 눈은 비어 있고, 집도 여전히 사람이 살지 않는다고 말했다. 공허하다. 내적 공허함이 공격성이 되어 나타나는 것이다. 자신을 방어하기 위해 선택한 것이 과잉 언어화와 타인의 비판과 타인을 통한 자신의 잘못을 찾아내는 것일까? 불안과 긴장과 공허함이 허허롭게 표현되어 있다.

상처받고 싶지 않다. 메마르고 허기지고 가난해도 난 여전히 꽃이기 때문이다. 자신을 보호하기 위해 선택한 방어기제가 타인에게로 향해 있는 것을 발견하게 된다. 자신의 의사는 거침없이 표현하면서도 타인의 이야기엔 집중하지 않고 태도 또한 불안정하다. 무언가를 알려고 하는 눈빛과는 달리 그림에 나타난 것은 공허... 그 자체이다. 무언가를 갈망하고 채워지기를 원하지만 그것의 출발점을 찾지 못하고 있다. 그동안 살아오면서 학습된 것이 무기력하게 만들었다. 외현화된 행동양상과는 달리 무의식이 말해 주는 그림은 비어 있고, 채워지고자 하고, 안정되고자 하는 욕구로 가득 차 있다.

K-HTP 그림 분석 : 하늘님

사 전	사 후

▸**그림 순서** : 집→나무→사람 ▸**그림에 대한 설명** : "제 또래의 여자이고 작은 허브 같은 묘목을 심고 있어요. 집 안에도 사람이 있고요." ▸**전체 분석** 따뜻하며 온정적인 집이 먼저 그려졌다. 집으로는 넓은 길이 연결되어 있다. 집과 밀착된 상단의 2그루 나무는 집과의 공생관계를 느낄 수 있다. 나무의 옹이는 문제의 재해결에 대한 혼란스러움이나 어린 시절의 외상과 관련된 것은 아닌지... 현재의 연령과는 다소 차이가 있는 그림의 표현 또한 방어로 느껴진다. 자신의 삶의 터전에 대한 강한 욕구(잘되었으면 하고 좋게 보였으면 하는 욕구)와 보전하고 보호하고(그와는 상반되게 알려지지 않았으면 하는 바람)이 느	▸**그림 순서** : 집→나무→사람 ▸**그림에 대한 설명** : "평상 같은 곳인데 누워 있는 사람을 그리려다가 앉아 있는 사람을 그렸어요." ▸**전체 분석** 초기의 그림보다 심플하게 표현되었다. 집은 텐트의 느낌이 든다. 자신의 삶의 터전인 집에 대한 안정적이고 양육적인 환경이 되지 못하고 있음을 보여주는 걸까? 누워있는 사람을 그리려다 앉아 있는 사람을 그린 것은 무기력에 가까운 힘의 소진을 보여준다. 그나마 앉아 있으니 다시 일어설 수 있을 것이다. 평상과 자리를 통해 여전히 보여지고 알려지는 것을 방어하고 있다. 자신을 포위함으로써 자신에 대한 개방을 보류하고 있다.

껴진다. 겹겹이 집을 두르고 있는 나무가 답답하지만 나무의 역할이 곧 바다의 역할이 아닐 런지... 현실을 바라보지 못하는 지금. 해결하지 못한 문제가 있다면 직면을 통한 문제해결방법을 찾아보는 것도 필요할 듯...	

자신을 개방하기엔 참석한 자리에 한계가 많았다. 생활지도와 집단원들을 관리해야 하는 자리에 있기 때문에 온전히 자신을 보이기엔 어려움이 많은 시간들이었을 것이다. 그래서 일까... 보여진 것은 방어와 쉼에 대한 갈구와 사랑받고자 하는 욕구가 표현되었다. 현실에서의 복잡하고 많은 문제들로부터 잠시만이라도 벗어나 쉴 수 있는 바람이 나타났으며 자신의 내적 문제가 집과 연결되어 있음을 관계 찾기에서 보여주었다. 문제를 찾아보는 시간을 가졌으니 앞으로의 시간을 통해 조금 더 깊이 탐색하고 바라보고 해결하는 방법을 스스로 찾아보길 권해본다.

3. KFD(Kinetic Family Drawing)

동적가족화(KFD) 검사는 가족구성원 간의 관계와 상호작용을 평가하기 위한 심리적 도구이다. 이 검사는 가족화에 움직이는 모습을 첨가한 일종의 의식·무의식적 투사기법으로, 자신을 포함한 가족구성원의 움직이는 모습으로 표현하도록 하는 것이다. 이를 통해 가족 내의 역동성과 개인의 행동, 반응으로서의 태도와 감정이 어떻게 투사되고 있는지를 알아낼 수 있다(Dileo, 1970). 또한 이 검사는 가족관계와 자기개념에 대한 유용한 정보를 제공하며, 가족 역동과 내담자의 적응 기능 및 방어적 기능 정도를 평가하는 데 도움을 준다.

질문지를 활용한 검사는 구조화되어 있어 응답자가 의도하는 방향으로 반응할 가능성이 높다는 한계점이 있다. 따라서 투사검사는 질문지 검사의 단점을 보완할 수 있는 효과적인 검사 방법이다. 특히 동적가족화, 임상에서는 주로 KFD(Kinetic Family Drawing)라고 불리는 이 검사는 가족 치료사들에게 유용한 도구 중 하나이며, 필자도 자주 활용하는 기법 중 하나이다. 1951년 Hulse가 개발한 가족화(The Family Drawing)는 마치 초상화처럼 일렬로 늘어서 있는 비교적 정지된 그림들로만 표현이 되어 심리 상태를 파악하기 어려웠다. 1970년 Burns와 Kaufman(1970)은 동적가족화 검사를 개발하여 가족의 역동성을 이해하는 데 도움을 주는 도구로 사용하였다. 이 검사는 주로 아동이나 청소년의 심리적 문제를 이해하고, 가족 내에서의 역할과 동태를 파악하는 데 사용된다.

이 검사는 청소년을 평가하는 심리학자의 약 41%가 가장 많이 사용하는 상위 10개 검사 중 하나(Archer, Maruish, Imhof, & Piotrowski, 1991)로 보고되기도 했고, 아동 임상심리학자의 81%가 성격 측정을 위해 사용(Tuma & Pratt, 1982)한다는 보고도 있다. 국내에서 동적가족화에 대한 연구는 양익홍이 1984년에 석사학위논문을 발표하면서부터 시작되었다.

조별나눔

Q. 본 개념을 학습하기에 앞서, 다음 쪽의 지시 내용에 따라 KFD 그림을 그려주시기 바랍니다.

1) KFD의 실시방법

(1) 장소와 분위기

검사실은 자유롭고 수용적인 분위기를 느낄 수 있는 곳이어야 하며, 응답자가 검사를 원하지 않는 상태라면 확인 후 검사 실시 여부를 결정해야 한다.

(2) 준비물

A4용지, 연필(HB, 4B), 지우개

(3) 시간

그리는 시간은 일반적으로 30~40분 소요되지만, 시간을 제한할 필요는 없다.

(4) 지시 내용

"자신을 포함하여 가족구성원 모두가 무엇인가를 하고 있는 그림을 그려 보세요. 만화나 막대기 같은 사람이 아닌 완전한 사람을 그려주세요. 무엇이든지, 어떠한 행동을 하고 있는 그림을 그리도록 하세요. 자신도 그리는 것을 잊지 마세요."

2) 동적가족화 그림 완성 후 질문

인물상을 그린 순서는 가족 내의 힘의 서열이나 정서적으로 중요한 대상을 반영한다. 또한 생략한 사람은 가족으로 인정하고 싶지 않거나 거부하고 싶은 강한 심리를 나타낸다. 제3자를 그린 경우는 가족 내의 누구에게도 마음을 터놓을 수 없는 상태를 시사한다. 마지막으로, 지우고 다시 그린 경우는 가족 내에서 갈등을 이해하는 데 중요한 임상적 의미가 있다.

- 인물상을 그린 순서는 어떻게 되는가?
- 생략한 사람이 있는가?
- 가족 외에 그린 사람이 있는가?
- 지우고 다시 그린 그림이 있는가?
- 인물상은 누구인가?
- 인물들의 나이는 어떻게 되는가?
- 가족 중 나와 가장 친한 사람은 누구인가?
- 무엇을 하고 있으며, 하고 있는 행위는 무엇인가?
- 그림 속 계절이나 시간대는 어떻게 되는가?

3) KFD의 진단 방법

진단 방법은 크게 활동내용, 양식, 인물의 특징, 역동성과 상징성의 다섯 가지로 나누어 살펴볼 수 있다.

(1) 활동내용(action)

내담자가 가족에 대해 받아들이고 있는 가족구성원의 모습으로, 가족 간의 상호작용이 어떻게 이루어지고 있는지 각 인물들의 활동내용을 중심으로 전체적인 가족의 역동성을 살펴볼 수 있으며, 가족 내의 역할 유형이 어떤지를 나타낸다.

① 행위의 상호작용 측면
가족 모두가 상호작용하고 있는지, 일부만 상호작용하고 있는지, 또는 상호작용이 없는지를 통해 가족의 전체적인 역동성을 파악할 수 있다.

② 인물의 행위를 중심으로 한 가족 내 역할 유형
아버지 : TV 및 신문 보기, 일하는 모습
어머니 : 부엌일, 청소
자기 모습 : 공부, TV 보기, 노는 모습

(2) 양식(style)

내담자가 가족에 대해 가지는 감정 상태가 어떠한지, 가족구성원 간의 분위기(안정/ 불안정, 신뢰/ 불신, 수용/ 비수용 등), 가족관계가 복잡하거나 서로 간의 갈등 및 장벽이 있는지를 파악할 수 있다.

① 일반적 양식

가족구성원들이 긍정적이고 온정적인 그림을 그린다. 가족구성원 간의 거리감을 느낄 수 있는 사물이나 벽이 존재하지 않는다. 가족 간의 친밀감이 있으며, 온정적인 상호작용을 경험하는 아동들에게서 나타난다.

② 구획화

가족구성원을 그릴 때 직선이나 곡선을 사용하여, 가족화에서 인물들을 의도적으로 분리하여 그리는 경우이다. 가정에서 상호 간의 애정표현이 적거나 가족 간의 응집력과 상호작용이 부족한 가정의 아동에 의해 자주 그려진다.

③ 포위

가족구성원 중 한 명 이상을 선으로 둘러싸이게 그리거나 또는 줄넘기나 책상과 같은 사물로 둘러싸이게 그리는 경우이다. 이때 포위시킨 가족구성원은 아동에게 위협적인 대상으로써 분리하거나 제외시키고 싶은 욕구가 표현되는 경우로 해석된다.

④ 인물 하선

특정 가족구성원을 그린 뒤, 특정 인물의 밑에 선을 긋는 경우이다. 보통 아래에 선이 그어진 대상에 대해 불안감이 있는 아동에게 나타난다.

⑤ 상부의 선

가족화에서의 용지 윗부분에 한 개 이상의 선을 그리는 경우이다. 가정 내에서 안정감이 부족하거나 불안, 걱정 또는 위기감을 느끼는 아동에게서 나타난다.

⑥ 하부의 선

기저선과 같이 한 개 이상의 선이 종이 하단을 따라서 그려진 경우이다. 가정이 아동에게 안정감을 제공하지 못하는 경우나 정서적으로 지지받지 못하거나 인정받지 못하는 아동에게서 나타난다.

(3) 인물의 특징(figure characteristics)

인물의 얼굴 표정, 특정 신체 부위의 강조 또는 생략, 선의 강약, 음영, 기울어진 인물, 의복의 장식 등을 통해 심리를 진단할 수 있다.

① 음영

어떤 인물의 신체 한 부분에 음영이 그려질 경우 그 신체 부분에 몰두하고 있거나 불안감을 느끼고 있음을 시사하기도 하며, 음영이 표시된 인물에 대한 분노감이나 적개심 등의 표현일 가능성도 있다.

② 얼굴 표정

얼굴 표정은 직접적인 정서적 반응을 나타낸다. 가족화에서 드러나는 인물의 표정은 실제 가족 활동 안에서 지각하는 정서 반응일 수도 있고, 반면 아동이 가족구성원에서 느끼는 정서 감정일 수도 있다.

③ 회전된 인물상

특정 가족구성원만 다른 구성원들과 다른 방향으로 그린 경우, 이는 그 가족구성원에 대한 거리감, 거부감 또는 갈등적인 감정을 나타낸다.

④ 정교한 묘사

환경 구성에 대한 그림을 그리는 사람의 관심이나 욕구를 반영하는 것이나 과도한 표현은 강박적 불안정한 심리 상태를 의미한다.

⑤ 필압

선이 굵고 강한 경우는 충동이 밖으로 향하고 공격적인 경우이고, 선이 약하고 가는 선은 우울하고 소극적인 상태를 나타낸다.

(4) 역동성(dynamics)

인물의 묘사 순서, 인물의 위치, 인물의 크기, 인물의 생략, 타인의 묘사, 인물의 얼굴 방향, 인물 간의 거리, 인물의 유사성 등을 통해 파악한다.

① 인물상의 위치

상단에 그려진 인물상은 가족 내에서 가족을 이끌어 가는 주도적인 인물일 가능성이 높다. 반면 용지 하단에 그려진 인물상은 우울하거나 활력이 부족한 인물일 수 있으며, 중앙에 그려진 인물은 실제로 가족의 중심 인물인 경우가 많다. 또한 우측에 그려진 인물상은 외향성 및 활동성, 좌측은 내향성 및 침체성을 지닌 것으로 해석된다. 일반적으로 남아의 경우는 자기상을 우측에, 여아의 경우는 자기상을 좌측에 그리는 경향을 보인다.

② 인물상의 크기

가족구성원 간의 실제 키를 반영할 수도 있고 아동이 각 구성원에 대해 지니고 있는 감정과 태도를 나타낼 수도 있다.

③ 인물상 간의 거리

아동이 지각하고 있는 구성원 간의 친밀성의 정도나 심리적 거리를 나타낸다.

④ 인물상의 방향

정면을 향하고 있는 인물상은 아동이 긍정적으로 지각하고 있는 대상이며, 뒷모습이 그려진 인물상은 부정적 태도와 억압적 분노감을 시사하며, 옆면이 그려진 인물상은 양가적인 태도를 취하고 있음을 볼 수 있다.

(5) (그림에 나타난) 상징(symbols)

상징은 무의식적 표현이므로 하나의 상징만으로 그 의미를 해석해서는 안 되며, 다른 해석의 가능성도 고려해야 한다. 즉, 상징에 대해서는 반드시 그림을 보고 해석해야 하며, 내담자의 연령과 상태, 그림에서 드러나는 분위기, 내용 등을 종합적으로 검토하여 융통성 있게 진단해야 한다.

- **공격성, 경쟁심** : 공, 축구공, 빗자루, 먼지떨이, 그 밖에 던지는 물체
- **애정적, 온화, 희망적** : 태양, 전등, 난로 등의 열과 빛(빛이나 열이 강력하고 파괴적일 때는 애정이나 양육의 욕구, 증오심을 나타내기도 함)
- **분노, 거부, 적개심** : 칼, 총, 불, 폭발물, 날카로운 물체
- **힘의 과시** : 자전거, 오토바이, 차, 기차, 비행기
- **우울 감정, 억울함** : 비, 바다, 호수, 강 등 물과 연관되는 모든 것

마지막으로 검사 시 유의사항은 다음과 같다. 검사는 집단으로 실시할 수도 있지만, 임상적 상황에서는 개별적으로 실시하는 것이 바람직하다. 상담자는 내담자가 그리는 과정을 반드시 지켜봐야 한다. 그리고 모든 사람이 같은 환경에서 자라난 것이 아니므로, 개개인의 상황, 환경, 정서 등 다양한 정보를 종합적으로 고려하여 판단해야 한다.

조별나눔

Q 1. 각자 그린 그림을 조원들에게 소개하고, 그림에 담긴 의미를 함께 탐색해 보는 시간을 가져봅시다. 이 과정에서 공개 가능한 범위 내에서 편안하게 이야기를 나누어 봅시다.

Q 2. 아래는 20대 남성의 KFD입니다. 상담사가 그림을 그린 소감을 묻자, 그는 "아무 걱정 없고 분위기도 화목해 보인다."고 답했습니다. 여러분이 상담사라면, 내담자의 아래 그림을 보고 어떤 질문을 할 수 있을지 다섯 가지 질문을 작성해 봅시다.

"네 명이 캠핑을 즐기는 장면을 그렸다. 한쪽에는 텐트와 돗자리가 있고, 아이들은 나무에 매달린 해먹에서 놀고 있다. 부모님은 바비큐를 준비하기 위해 장작을 모으는 모습이다. 어릴 적 자주 갔던 캠핑의 추억을 떠올리며 그렸다."

참고자료 KFD 자기분석

사례 1

[그림 해석]

나는 “자신을 포함해서 자신의 가족구성원 모두가 무엇인가를 하고 있는 그림을 그려 보세요. 만화나 막대기 같은 사람이 아니고 완전한 사람을 그려 주세요. 무엇이든지 어떠한 행위를 하고 있는 그림을 그리도록 하세요. 자신도 그리는 것을 잊어서는 안 됩니다.”라는 지시에 가족구성원과 숲속에서 함께 있는 모습이 제일 먼저 떠올랐다. 언니와 나는 돗자리 위에서 함께 음식을 먹고 있고 부모님은 숲속을 산책하는 평화로운 분위기를 그림으로 표현했다.

[KFD 자기분석]

- **활동내용** : 활동내용에 대한 진단은 본인이 가족을 어떻게 받아들이고 있으며 가족구성원의 모습으로 가족 간 상호작용에 대한 전반적인 해석을 할 수 있다. 본인의 그림에서 가족 모두 숲속이라는 같은 공간에 있지만 산책하는 공간과 돗자리 위에 앉아 있는 공간으로 분리할 수 있다. 가족 모두가 한 공간에 함께 있지만 그 중에서도 언니랑 더 친밀한 공간에 함께 있는 것으로 보아 자매간의 친밀도가 가족구성원 중 높음을 알 수 있다. 또한 정적인 모습과 동적인 모습의 대조를 통해 모습을 통해 활동적인 부모님과 앉아서 쉬기를 좋아하는 자녀의 모습을 볼 수 있다.
- **양식** : 숲이라는 조용하고 한적한 자연 속에 가족이 함께 있는 것을 통해 가족 전반적인 분위기는 평화롭다고 볼 수 있다. 넓은 숲속에 가족밖에 없는 것을 통해 본인에게는 어느 누구보다 가족이 소중한 존재임을 알 수 있다.

– **인물의 특징** : 가족구성원 모두가 웃고 있는 표정으로 공간에 존재한다는 것을 통해 행복한 모습을 상상하고 있음을 알 수 있다. 특히 부모님이 손잡고 함께 산책하는 모습은 평소 부모님에 대한 모습이 사이좋은 부모님으로 인식되고 있음을 알 수 있다. 음식을 함께 먹으며 이야기를 하는 자매의 모습에서 평소 언니와 맛집 가는 것을 좋아하는 본인의 모습도 담겨 있다고 해석할 수 있다.

– **역동성** : 본인이 제일 먼저 그린 것은 공간인 숲이고, 인물 중에 제일 먼저 그린 것은 나였다. 이후 언니, 아빠, 엄마 순으로 그렸는데, 본인을 제일 먼저 그린 것을 보아 가족구성원도 나에게 소중한 존재이지만 항상 1순위는 나 자신이라는 생각이 반영된 것 같다. 그리고 현재 나와 언니가 함께 자취하기 때문에 이 순간만큼은 언니가 내 보호자로서 가족구성원 중에 가장 소중한 존재로 생각된 것 같다, 언니와 나의 나이 차이가 여섯 살임에도 불구하고 인물의 모습이 비슷한 것으로 보아 수평적인 관계가 형성된 걸로 보인다. 또한 부모님의 모습도 아빠의 키가 엄마보다 10cm 큼에도 불구하고 둘의 크기가 비슷한 것으로 보아 부모님의 관계도 평등한 것으로 해석된다.

– **상징** : 상징 부분은 본인이 직접 그린 그림을 '상징적인 모습'을 통해 자의로 판단한다는 점에서 KFD 검사의 핵심이라고 생각한다. 나무가 가족을 둘러싸고 보호해 주는 듯한 모습을 그린 것은 가족이 본인에게 지켜야 하는 존재로 인식된다고 볼 수 있다. 가족이 본인을 지켜주는 울타리임과 동시에 본인이 지켜야 하는 대상으로 여겨진다. 평소 가족과의 시간을 중요하게 여기는 나로서는 가족만 숲속에 존재함으로써 가족이 얼마나 소중한 존재인지를 보여주는 것 같다. 위에서 언니와 나의 모습, 부모님의 모습, 인물의 크기 등을 해석할 때 평등한 관계인 듯하다고 본 것도 상징의 해석이라고 할 수 있다.

– **느낀 점** : 그림에 검사자의 무의식이 반영되어 있다는 것을 새삼 느낄 수 있었다. 단순히 그림만 그리고 해석을 하지 않았다면, 내 내면에 가족에 대해 어떻게 생각하는지 자세히 들여다볼 기회가 없었을 것 같다고 생각했다. 또한 본인이 직접 자신이 그린 그림을 해석할 때 다른 누군가보다 상징적인 의미부여를 잘 반영해서 해석할 수 있음을 알게 되었다. 본 검사를 통해 가족에 대한 내면을 들여다 볼 수 있는 시간이었다.

사례 2

저는 가족의 주말 일상 풍경을 그렸습니다. 전체적으로 그림이 꽉 차 있고 가족구성원 모두가 포함되어 있습니다. 그린 순서는 아빠, 강아지, 나, 엄마, 오빠 순입니다. 모두 일렬로 앉아 있고 강아지를 중심으로 둘둘씩 나뉘어 있습니다. 아빠는 강아지와 공놀이를, 저는 그 모습을 사진으로 담고 있습니다. 모두 웃는 표정입니다. 엄마는 가족들과 강아지에게 줄 사과를 깎고 있고 이때의 칼은 적개심, 분노를 드러내는 것과는 거리가 멀다고 할 수 있습니다. 제일 왼쪽에 앉아 있는 오빠는 핸드폰을 보며 웃고 있습니다. 필압 세기의 경우 전체적으로 비슷하며 머리 부분을 표현할 때 좀 더 진하게 그렸습니다. 이제 이 그림을 다른 연구와 비교해서 보겠습니다. 제가 찾은 연구는 KCI에 등재된 '학교부적응아 동적가족화(KFD) 그림 해석 및 시사점'입니다. 여기선 학교부적응아의 그림을 토대로 분석하고 있습니다. 이 연구의 표현을 빌려 저의 그림을 평가해 보겠습니다.[1] 먼저 가족의 뒷모습을 그리지 않고 정면 혹은 측면으로 그리고 있다는 점에서 긍정적 혹은 양가적으로 인식하고 있다는 것을 유추할 수 있었습니다. 또한 일정한 구획 없이 모두 한 공간에 앉아 있는 것에서 가족 간 감정적 교류가 이어지고 있다고 생각했습니다. 하지만 오빠의 경우 시선이 휴대폰에만 향해 있다는 것에선 상황 속에서의 거리감이 느껴집니다. 또한 강아지가 중심에 자리하고 있는데 이는 강아지가 가정 내 중심적인 영향을 행사한다는 것으로 분석할 수 있고 실제로도 그렇습니다. 마지막으로 위에 전등이 가족을 밝게 비추고 있는 것은 가족에 대한 애정과 온화를 나타내거나 희망하는 것으로 풀이됩니다.

1) 백중열(2016). 학교부적응아 동적가족화(KFD) 그림 해석 및 시사점 연구. 기초조형학연구, 17(2), 160-171.

사례 3

* 가족구성원(그린 순서대로)

1) 엄마 : 부엌에서 요리하고 있음
2) 아빠 : 엄마가 요리하는 모습을 보며 도와줄 게 없나 보고 있음
3) 나 : 거실 한편에서 화분에 물을 주고 있음
4) 언니 : 놀러 나가려고 방 안에서 외출준비 중

그린 순서는 가족 내의 힘의 서열이나 정서적으로 중요한 대상의 순서를 반영한다고 한다. 이는 내 그림 순서와 일치한다. 생략하거나 지우고 다시 그린 사람은 없다. 따라서 가족으로 인정하고 싶지 않다던가(생략한 사람) 갈등이 있는 사람을 파악하기엔 어려웠다.

- 일반적 양식

  엄마 아빠는 가까이에 그려져 있으며, 나랑 언니는 각자 할 일을 하고 있다. 이는 가족 간의 심리적 거리를 나타낸 것 같다. 실제로 엄마와 아빠는 공유하는 시간이 가장 많으며, 언니와 나는 각자의 시간을 보내는 일이 많다.

- 구획화

  언니가 방 안에 그려져 있어 선으로 구획되어 표현되어 있다.

- 포위

  2번과 마찬가지로 언니가 선에 둘러싸여 있다. 하지만 방이라는 공간을 표현하기 위해 그려진 것이고, 나와 언니를 분리하기 위해 그린 것은 아니다. 그리고 원래 그림 구도에서는 언니가 안 보이는 것이 맞는데, 그리기 위해 문에 그려 넣었다.

- 가장자리

  가장자리에 나열해 그리지 않았으므로 해당 없음. 인물상을 용지의 주변에 나열해서 그리는 것은 방어적이며 회피하는 경향이 있는 것으로 본다. 친밀한 관계를 맺는 데에도 저항하는 경향이 있다.

- 인물 하선, 상부의 선, 하부의 선

  해당 없음(아빠 그림에서는 식탁을 표현한 것). 선은 가족 내의 갈등과 불안 등을 표현한다고 한다.

이 외에 얼굴 표정은 직접적인 감을 나타낸다고 한다. 본 그림에서는 가족 모두 옅은 미소를 띠고 있으며 안정적이게 표현하였다.

4. 로샤검사

'로샤검사'로 불리는 이 검사는 임상 및 연구 장면에서 가장 널리 사용되는 대표적인 투사법 검사이다(Groth-Marnat, 2003). 정식명칭은 로르샤흐 잉크 반점 검사(Rorschach Inkblot Test)이며, 간단히 로르샤흐 검사 혹은 더 간단히 로샤검사 라고도 불린다.

이 검사는 보통 투사검사의 일종으로 알려져 있지만, 로샤검사가 투사적인 성격만 가진 검사인 것은 아니다. 1921년 Herman Rorschach는 우연히 잉크 반점에 대한 조현병 환자의 반응이 정상인과 차이가 있음을 밝혀냈고, 이후 검사를 고안하고 개발했다. 그때 그는 로샤검사를 잉크 반점에 대한 반응을 형성하는 과정에서 주의, 지각, 기억, 의사결정, 논리적 분석 등을 포함하는 인지구조화 과제로 생각하였다. 그러나 Rorschach가 사망한 이후 임상가들의 연구에서 로샤검사가 여러 가지 성격적 정보를 제공하는 것을 인식하면서 로샤검사의 투사적 성격과 주관적 평가절차로서의 다양한 해석 방향이 제안되었다. 한편 Rorschach가 사망한 이후 정신분석학적 입장을 취하는 임상가들은 내용 주제(thematic content)를 근거로 수검자의 중요한 감정과 관심에 대한 단서를 얻을 수 있는 다양한 방법들을 제시하였다(Klopfer, B., & Kelley, 1942; Lindner, 1950). 임상 및 연구 장면에서 질적인 해석보다는 구조적 요약 자료에 기초한 해석이 강조되고 있는 것이 사실이지만, 투사적·질적인 해석을 통해 얻을 수 있는 정보 역시 수검자의 내적 세계에 대한 많은 정보를 줄 수 있는 만큼 중요하다(Winer, 1998).

로르샤흐 잉크 반점 검사(Rorschach Inkblot Test)는 잉크 반점으로 이루어진 10장의 카드 자극을 제시하고 그 반응을 측정하는 검사이다. 스위스의 정신과 의사 Rorschach가 1921년에 개발한 성격검사 방법으로 좌우 대칭의 잉크 얼룩이 있는 10장의 카드로 이루어져 있다.

형태가 뚜렷하지 않은 카드의 그림을 보여주면서 무엇처럼 보이는지, 무슨 생각이 나는지 등을 자유롭게 말하여 피험자의 성격을 테스트한다.

이 검사는 현재까지 종합심리평가 배터리에 높은 빈도로 사용되고 있지만, 실시와 해석, 타당도에 대한 비판이 있었으며, 이를 개선하기 위해 해석 체계의 갱신과 합의 도출의 과정이 있어 왔다. 아직 로샤검사에서 측정되는 많은 변인들은 추가적인 근거를 필요로 하고 있으나, 정신증 및 사고장애의 평가에 한해서는 근거 기반성을 입증(Garb, et al., 2005; Kleiger & Mihura, 2021)하고 있다.

1) 로샤검사의 목적 및 이점

자기 보고식 검사와 비교했을 때 로샤검사는 내담자들의 심리를 꿰뚫는 데 용이한 측면이 있다.

첫째, 로샤 반응 과정에서 내담자는 불분명하고 모호한 검사 자극에 부딪혀 적절한 방어를 하기가 어렵다. 둘째, 카드 자극으로 인해 평소에는 의식화되지 않던 사고나 감정이 자극됨으로써 무의식적인 특성이 나타나기에 적합하다(Weiner, 2000).

로샤검사의 목적

- **성격 파악** : 개인의 기본적인 성격 구조나 특징을 이해하는 데 도움을 준다.
- **정서 상태 진단** : 불안, 우울, 공격성 등 현재의 정서 상태나 심리적 어려움을 알아볼 수 있다.
- **정신병리적 측면** : 정신증이나 신경증 같은 심리적 문제를 파악하는 데도 활용될 수 있다.
- **무의식 탐색** : 개인이 의식적으로는 잘 알지 못하는 내면의 갈등이나 욕구 등을 드러내는 데 유용하다고 알려져 있다.

2) 검사 실시방법 및 절차

1단계 : 수검자에게 검사 소개하기

- 불안은 수검자의 지각과 자유로운 연상의 흐름을 방해할 수 있으므로, 신뢰 구축을 위해 노력해야 함
- 검사 절차에 대해 분명히 소개하고, 검사 소개 시 비교적 중립적인 단어를 사용해야 함

2단계 : 검사 지시하기

- 수검자에게 잉크 반점에 대해 본 것을 전부 다 말하는 검사임을 확인시킴
- 검사자 편에서 반응의 양이나 유형을 나타내는 말이나, 카드를 돌려보도록 지시하는 것을 엄격히 피해야 함

3단계 : 반응(연상)하기

- 검사가 시작되면 검사자는 가급적 침묵을 유지하며, 수검자가 처음 카드를 본 후부터 첫 반응을 보이는 데까지 걸린 시간을 측정함
- 첫 번째 카드에서 수검자의 반응 수가 5개 이상 나올 때는 거기서 검사를 그치고 다음 카드로 넘어감
- 반응 수가 매우 적은 프로토콜은 타당도가 떨어지므로 가급적 더 많은 반응을 끌어내는 것이 필요함

4단계 : 사후 질문하기

- 10개의 카드를 모두 실시한 후에 사후 질문을 실시함. 이는 새로운 정보를 얻어 내기 위한 것이라기보다는 반응 단계에서 수검자가 지각한 것을 좀 더 분명히 하기 위함임
- 질문 시작 시 검사자가 질문의 목표와 절차를 명확히 설명함
- 질문 단계에서 검사자는 영역(어디에서 그렇게 보았는지), 반응 결정인(어떤 점을 보고 왜 그렇게 보았는지), 내용(무엇을 보았는지)의 세 가지 요소에 초점을 둠
- 직접적인 질문이나 유도적인 질문, 반응을 상세히 묘사하도록 유도하는 질문은 피함
- 사후 질문 시 지시적이지 않고 유연한 방식으로 질문하는 것이 바람직함

이 검사에는 종이 위에 잉크를 떨어뜨리고, 그것을 접었다 펴서 좌우 대칭으로 만든 그림(로르샤흐 카드)이 사용된다. 데칼코마니 기법으로 만들어진 이 그림은 지금도 Rorschach에 의해 만들어진 것이 사용되고 있다. 카드는 무채색으로 된 카드, 유채색으로 된 카드 각각 5장으로 총 10장이다. 각 카드의 크기는 약 17cm×24cm이다.

검사자는 피험자에게 카드를 1장씩 보여준다. 피험자는 카드의 잉크 반점이 무엇으로 보이는지 자유롭게 응답하고(자유 반응 단계), 검사자는 질문을 하여 어디가 어떻게 보이는지 등을 청취한다(질의 단계). 이 과정에서 반응 시간, 반응 내용(무엇이 보였는지), 반응 영역(어디서 그렇게 보았는지), 결정 원인(어떤 특징에서 봤는지)이 기록된다.

3) 채 점

Exner(1974)가 개발한 로샤 종합체계는 표준화된 검사방식, 객관적인 채점 기호화, 대표적인 해석적 규준자료를 갖추고 있다. 이 때문에 점수계열과 구조적 요약은 개인의 반응에 유용한 해석적 근거를 마련해 주며, 정상 아동집단을 비롯하여 외상후스트레스장애, 아스퍼거장애, 정신과적 입원 환자, 전반적 발달장애 등을 대상으로 다양하게 연구되어 왔다.

4) 로샤 카드별 주제(theme)

로샤검사의 해석에서 투사적 해석을 고려할 때 가장 중요하게 살펴보아야 할 것은 로샤 카드에 대한 반응에서 잉크 반점의 외현적·내현적 특징을 지각한 것에 영향을 받은 반응과 연상 과정을 통해 도출된 독특한 반응을 구분하는 것이다.

Weiner(2003)에 따르면 수검자가 잉크 반점에 대한 개인적 연상에 의해 반응했다면 그 반응은 대부분 투사에 근거한 반응일 가능성이 높다. 반면 수검자가 잉크 반점의 자극적 특징에 대해 반응했다면 그 반응은 카드의 속성에 근거한 반응일 가능성이 높다. 따라서 각 로샤 카드가 유발하는 반응의 구조적·주제적·행동적 특징을 이해하는 것은 이탈된 반응을 확인하고 개인적 의미가 있는 심리적 특징을 확인하는 데 있어 매우 중요하다. 로르샤르 잉크 반점의 특징을 이해하는 것은 또 다른 이유에서도 중요한데, 수검자가 어떤 심리적 측면을 잘 관리하고 어떤 측면이 불편을 야기하는지 밝히는 데 도움이 되기 때문이다. 로샤 카드들은 각각의 외현적·내현적 특징으로 인해 수검자에게 다른 자극을 주어 반응을 유발하는 경향이 있다. 수검자가 특정 카드를 효율적으로 다룬다면 그 카드와 관련 있는 주제를 적응적으로 처리할 가능성이 높으며, 반대로 어떤 카드가 주는 자극에 압도되어 비효율적으로 반응하는 수검자는 그 카드가 의미하는 문제와 도전에 대해 대처하는 데 곤란을 겪고 있는 것으로 해석할 수 있을 것이다.

Weiner(1998)는 로샤 카드들의 구체적 측면과 경험적 연구 및 정신역동적 추론을 통합하여 10장의 카드 각각의 고유한 주제를 설명하였으며, 중요한 내용을 간단히 요약하면 다음과 같다.

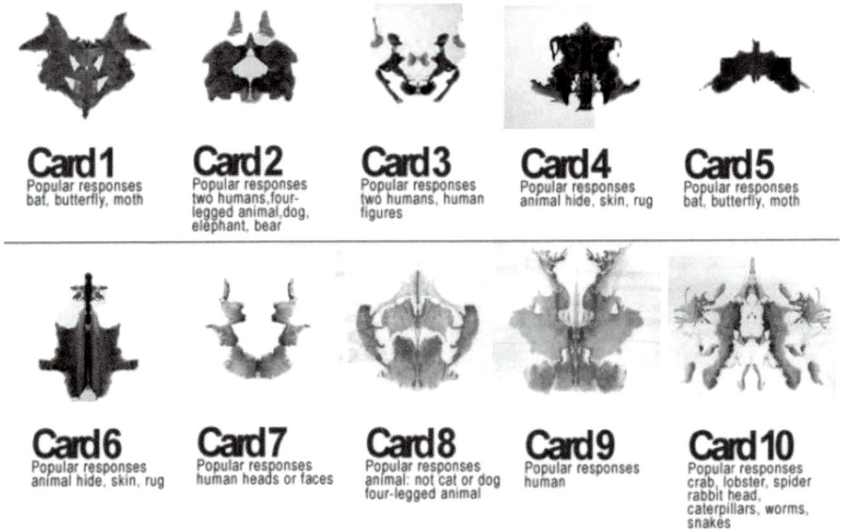

출처 : 테스피아(https://tespia.kr/tp_mall/prd_detail.asp?num=1373).

(1) Card 1

수검자에게 처음 제시되는 새롭고 친숙하지 않은 과제이다. 생활하면서 새롭고 낯선 문제 상황을 맞닥뜨렸을 때의 대처에 대한 단서를 제공할 수 있다.

(2) Card 2

붉은색이 분노의 감정과 상처나 손상을 입은 것과 관련된 피를 연상시킨다. 이러한 감정과 관심을 처리하는 방식에 관한 정보를 제공할 수 있다.

(3) Card 3

어떤 상호작용을 하고 있는 두 사람이라는 지각이 매우 공통적인 카드로 다른 사람과의 관계에 대한 태도와 관심을 나타낼 수 있다.

(4) Card 4

크고 강하고 힘이 있고 권위적이고 때로는 위협적인 인물상을 자극하며, 권위적 인물에 대한 태도와 관심을 반영한다.

(5) Card 5

대부분 수검자가 정신적 휴식을 느끼는 카드이다. 5번 카드에서 반응을 어려워한다면 앞선 카드에서 경험했던 관심이 이월되었을 가능성이 높다.

(6) Card 6

검은색과 회색 음영에서 시사되는 재질 반응이 주된 특성으로 대인관계에서 친밀성과 관련된 지각과 연상을 쉽게 유발한다. 또한 성적인 해부학적 구조를 쉽게 볼 수 있어 성적 의미를 고려할 수 있다.

(7) Card 7

여성과 관련된 특징을 많이 포함하고 있으며 여성이나 여성화된 형상에 대한 감정과 태도를 나타낸다.

(8) Card 8

부드러운 파스텔 색으로 구성되어 있어 수검자들이 비교적 위협을 느끼지 않고 쉽게 반응할 수 있는 카드이다. 반면 처음으로 전체가 조각으로 나뉘어 흩어져 있고 여러 색체가 함께 나타나, 복잡한 상황적 요소를 정리해서 통합하는 것이나 정서적 자극을 불편해하고 회피하는 경향이 있는 수검자는 불쾌감을 나타낼 수 있다.

(9) Card 9

모호하고 산만한 특징으로 색이 혼합되어 있고 형태도 분명하지 않기 때문에 복잡하고 비구조화된 상황을 어려워하는 수검자는 불편감을 경험할 수 있다.

(10) Card 10

밝은 색채로 구성되어 있으며 다양한 형태와 색채가 있어 복잡한 카드이다. 흔히 유쾌하게 보이고 쉽게 지각할 수 있는 요소가 많지만 많은 것을 동시에 처리하는 것에 어려움을 느끼는 수검자는 불쾌감을 드러낼 수 있다.

카드별 주제(theme)에 대한 Weiner의 설명은 카드의 속성과 성격적 역동에 근거한 합리적 추론으로 수검자의 내적인 세계에 대하여 많은 정보를 줄 수 있다. 그리고 많은 임상가들이 이를 받아들여 통합적인 해석에 참고하고 있다. 그러나 이러한 이점에도 불구하고, 카드별 주제는 해석적 타당성에 대한 연구가 거의 진행되지 않았다는 약점이 있다.

기본적으로 로샤검사의 카드별 주제는 수검자의 대상관계적 측면과 밀접한 관계가 있다. 예를 들면, 카드 1은 처음 제시되는 카드로 낯선 상황을 마주하였을 때 어떻게 대처하는지에 대한 정보를 주는 카드이다. 나아가 수검자가 익숙한 장면을 벗어나 낯선 세상을 마주하였을 때 세상을 어떤 곳으로 지각하는지에 대한 정보를 줄 수 있다. 이는 자신과 세상을 어떻게 지각하는지에 영향을 주는 초기 대상관계를 반영할 수 있다. 또 다른 예로, 카드 7은 일반적으로 아기자기하고 여성적인 느낌을 주는 반응이 많이 나오는 카드로, 편안하고 따뜻한 여성적인 대상과의 관계에 대한 정보를 줄 수 있다(Weiner, 2003).

조별나눔

Q1. 로샤검사의 장단점에 대해 논의해 봅시다. 특히 어떠한 연령, 이슈의 내담자에게 유용하다고 생각하는지 그 이유와 함께 설명해 봅시다.

Q2. 여러분이 상담사라면, 로샤검사 반응 중 "잉크가 피 묻은 나비 같다"고 말한 내담자에게 어떤 추가 질문을 해보겠습니까?

Q3. 내담자가 모든 카드에 "벌레 같다"는 반응만 보인다면, 상담자는 어떤 점을 유심히 탐색해야 할까요?

Q4. 특정 카드에서 불안을 보이는 내담자에게 검사자는 어떤 태도로 접근해야 할까요?

Q5. 아래 각 반응에서 내담자의 공격성, 분노 표현, 충동적 성향, 우울 등을 어떤 방식으로 탐색할 수 있을까요?

– "큰 동물이 날카로운 발톱을 드러내고 있어요. 뭔가 위협적이에요."

– "그림이 잘 안 보여요. 그냥 무늬 같아요. 특별히 의미를 부여하고 싶지 않아요."

참·고·문·헌

Archer, R. P., Maruish, M., Imhof, M. D., & Piotrowski, Z.(1991). Psychological test usage with adolescent inpatients : A national survey. *Professional Psychology : Research and Practice, 22*(3), 247 - 254.

Buck, J. N.(1948). The H-T-P(House-Tree-Person) test. *Journal of Clinical Psychology, 4*(2), 151-159.

Burns, R. C., & Kaufman, S. H.(1970). *Kinetic family drawings(K-F-D) : An introduction to understanding children through kinetic drawings*. New York : Brunner/Mazel.

Dileo, J. H.(1970). *Young children and their drawings : An observation handbook*. New York : Brunner/Mazel.

Ebbinghaus, H.(1896). *Psychology : An elementary textbook*. Leipzig : W. Engelmann.

Garb, H. N., Wood, J. M., Lilienfeld, S. O., & Nezworski, M. T. (2005). Roots of the Rorschach controversy. *Clinical Psychology Review, 25*(1), 97-118.

Goodenough, F. L.(1929). *Measurement of intelligence by drawings*. Yonkers-on-Hudson, NY : World Book Company.

Groth-Marnat, G.(2003). *Handbook of psychological assessment*(4th ed.). John Wiley & Sons, Inc.

Jung, C. G.(1910). The association method. *American Journal of Psychology, 21*(2), 219 - 269.

Klopfer, B., & Kelley, D. M.(1942). *The Rorschach Technique : A manual fora projective method of personality diagnosis*. World Book Company.

Koch, S.(1952). The logical character of the motivation concept. In M. R. Jones (Ed.), University of Nebraska Press.

Lindner, R. M.(1950). The content analysis of the Rorschach. *Journal of Projective Techniques, 14*(4), 377-385.

Machover, K.(1949). *Personality projection in the drawing of the human figure : A method of personality investigation*. Springfield, IL : Charles C. Thomas.

Tuma, J. M., & Pratt, J. M.(1982). Clinical child psychology practice and theprofessional psychology training curriculum. *Professional Psychology : Research and Practice, 13*(6), 841 - 848.

Weiner, I. B.(2000). *Principles of Rorschach interpretation*. Lawrence Erlbaum Associates.

Weiner, I. B.(2003). *Principles of Rorschach interpretation*(2nd ed.). Lawrence Erlbaum Associates.

CHAPTER

05

성격검사의 현장에서의 활용

1. TCI
2. MBTI
3. 에니어그램

CHAPTER 05

성격검사의 현장에서의 활용

(전주람)

1. TCI(Temperament and Character Inventory)

1) TCI의 개념

기질은 Allport(1937)에 의해 처음 개념화되었는데, Allport는 기질을 환경에 대해 개인이 가진 고유한 적응을 결정짓는 시스템이라고 정의하였다. 즉, 기질은 상황에 대한 지속성과 시간에 따른 안정적으로 나타나는 개인의 생각, 정서 및 행동의 패턴을 말하며, 유전적으로 타고난 특성으로 자극에 대한 자동적인 반응 성향을 의미한다. 기질이란 우리가 어떤 상황에 처했을 때 어떤 감정을 느끼고 어떻게 반응하는지를 결정하는 기본적인 성향이라고 할 수 있다.

TCI는 C. R. Cloninger의 심리생물학적 인성모델에 기초하여 개발된 검사이다. Temperament and Character Inventory의 약자로, 기질 및 성격검사이다. TCI는 Cloninger와 Svrakic(1987)가 생물학적 특성에 기반하여 성격 변이의 임상적인 설명과 분류를 위해 체계적인 방법을 제안하여 개발한 자기 보고식 설문 평가 도구이다. Cloninger는 처음에 기질을 세 가지 차원에 초점을 맞춰 제안하였고 자극 추구(NS : Novelty Seeking), 위험 회피(HA : Harm Avoidance), 사회적 민감성(RD : Reward Dependency)으로 기본적인 자극에 대한 반응 특성들을 정의하였다. 이후에 RD 항목에서 인내력(Persistence)을 세분화하면서 기질의 기본 차원을 네 가지로 정의하였고, 환경과의 상호작용을 통해 전 생애에 걸쳐 변화할 수 있는 세 가지 성격유형을 포함하여 개인의 기질 및 성격을 분류하고 예측할 수 있는 일곱 가지 유형의 TCI(Temperament Character Inventory)를 1994년에 완성하였다.

쉽게 말해, 개인의 성격과 기질을 측정하는 심리검사라고 할 수 있다. TCI는 단순히 성격만을 측정하는 것이 아니라, 타고난 기질과 후천적으로 형성된 성격을 구분하여 측정한다. 여기에서 기질이란 유전적으로 타고난 특성으로, 자극에 대한 자동적인 반응 성향을 의미한다. 성격은 대체로 후천적으로 발달되는 특성으로, 의식적으로 추구하는 목표 및 가치에서 개인차를 의미한다. 이를 통해 자신의 강점과 약점, 즉 타고난 기질과 후천적으로 형성된 성격을 객관적으로 파악할 수 있고, 타인의 성격을 이해하고 자신과의 차이점을 인정함으로써 대인관계를 개선하는 데 도움이 될 수 있다. 아울러 자신의 강점을 활용하여 삶의 만족도를 높이고 잠재력을 개발하는 데 도움을 줄 수 있다. 이 검사는 기질/ 성격 차원을 만 3세에서부터 60대 이상까지 평가 가능한데 유아용과 아동용은 양육자 보고식이며, 청소년과 성인용은 자기 보고식이다.

2) TCI의 하위 유형

TCI 기질 및 성격검사는 4개의 기질 차원과 3개의 성격 차원 소척도로 구성된다.

(1) 기질의 네 가지 척도

① 자극 추구(NS : Novelty Seeking)

새로운 자극이나 잠재적인 보상 단서에 이끌리는 경향성을 말한다. 이들은 새로운 자극을 추구하고 변화를 즐기는 성향이 있다.

이 하위 유형의 점수가 높은 사람들은 충동적이며 성격이 급하고, 마음이 쉽게 변하거나 주변을 활발히 탐색하는 경향이 있다. 이들은 자극적인 모험을 추구하며, 낯선 장소나 상황을 탐험하는 것을 통해 흥분을 느낀다. 또한 구조화된 단조로운 작업을 견디기 힘들어하며 변화를 추구하고, 새로운 생각이나 낯선 사람들에게 관심을 보이며 열정적으로 몰두한다. 이들은 돈이나 에너지를 대개 충동적으로 소비하는 경향이 있다.

반면 이 점수가 낮은 사람들은 우직하고 조심스러우며 절제된 모습을 보인다. 이들은 심사숙고하지만 종종 경직되고 융통성 없는 태도를 보인다. 많은 경험을 통해 익숙한 작업을 선호하며, 안정된 구조나 조직화를 강조하여 종종 관습적인 사람으로 인식된다. 새로운 사람들과 친숙해지는 데 시간이 걸리며, 잘 짜인 예산에 따라 소비하고 저축하는 것을 선호한다. 이들은 흥분하거나 화내기보다는 자제하는 경향이 있다.

② 위험 회피(HA : Harm Avoidance)

이 하위 척도는 예상되는 처벌이나 위험을 회피하기 위해 행동이 억제되고 이전 행동이 중단되는 경향성을 말한다. 즉, 부정적인 결과를 피하고 안전을 추구하는 성향이다.

이 성향이 높은 사람들은 비교적 익숙한 상황에서도 위축되고 긴장한다. 사소한 곤란이 예상되면 미리 걱정하며 비관적이고 부정적인 생각을 많이 한다. 쉽게 피로해지기 때문에 다른 사람들보다 더 많은 휴식과 이완이 필요하며, 신체적인 활동이나 정서적인 스트레스, 사소한 질병 등으로부터 회복되는 속도가 느리다.

반면 이 성향이 낮은 사람들은 잠재적인 위험이 예상돼도 미리 위축되는 경우가 거의 없다. 사소한 문제에 대해서는 걱정하지 않으며, 심각한 위협에 대해서도 부딪혀 보기 전에 미리 염려하는 일이 거의 없다. 이들은 대체로 자신감 있고 낙관적인 태도를 보이며, 상당히 높은 활력 수준을 유지하고 스트레스를 겪은 뒤 회복하고 적응하는 속도가 빠르다.

③ 사회적 민감성(RD : Reward Dependence)

사회적 신호들에 얼마나 민감할지를 보는 척도이다. 보상 의존 기질이라고도 한다. 칭찬, 인정 등에 민감하다. 즉, 다른 사람이 자신에게 어떻게 대하는지 민감하다. 타인의 감정, 표정 등 사회적 신호를 민감하게 파악하고 반응하는 성향을 말한다. 즉, 타인의 사회적 신호에 대한 민감성의 수준을 측정한다.

이 성향이 높은 사람들은 동정심이 많고 따뜻하며 감수성이 예민한 경향이 있다. 또한 기분이 쉽게 변하고 타인과의 관계에서 마음을 열며 관계를 맺는 특징을 보인다. 이들은 거의 항상 남들과의 가깝고 친밀한 관계를 염원하며, 감정적인 분위기에 잘 휩싸이고 쉽게 울곤 한다. 누군가 중요한 사람이 자신을 거절하면 민감하게 반응하며, 사소한 무례에도 대체로 예민하게 반응하는 편이다. 이들은 다른 사람들이 자신을 좋아해 주기를 원한다.

반면 이 성향이 낮은 사람들은 타인의 인정에 덜 영향을 받고 정서적으로 차가운 편이다. 이들은 거리를 두고 떨어져 지내는 경향이 있으며, 독립적인 성향을 가지고 있다. 다른 사람들에 대한 개인적인 느낌을 신뢰하는 일이 거의 드물고, 친밀감을 느끼는 경우도 적다. 때때로 사회적인 지지를 원하거나 동정심에 이끌려 행동하기도 하지만, 그런 일은 많지 않다. 이들은 다른 사람을 기쁘게 하기 위한 행동은 거의 하지 않으며, 주로 개인적인 이득을 얻기 위해 행동한다.

④ 인내력(P : Persistence)

목표를 달성하기 위해 노력하고 인내하는 성향을 말한다. 즉, 곧바로 보상이 주어지지 않아도 행동을 꾸준히 지속하려는 성향이라고 할 수 있다.

이 성향이 높은 사람들은 일을 할 때 지칠 때까지 자신을 몰아붙이고, 좌절하거나 피곤하더라도 쉽게 동요되지 않으며 잘 포기하지 않는다. 이들은 부지런하고 끈기가 있으며, 성취에 대한 야망을 가지고 있어 고집이 세고, 성공한 경험이 있는 확실한 방법을 계속 사용한다. 그래서 성공을 위해 큰 희생도 감수할 의지가 있는 성취 지향적인 야심가들이고, 성공을 위해 많은 희생을 하며 완벽주의적인 성향을 보이기도 한다.

반면 이 성향이 낮은 사람들은 성취에 대한 야망이 부족해서 현재에 만족하고 더 나아지기 위해 노력하는 일이 별로 없다. 이들은 현실과 타협할 준비가 되어 있고, 보상이 중단되면 즉시 행동을 중단하는 실용주의자이다. 그래서 이들은 해야 할 일만 하려 하고, 게으르고 나태한 모습을 보이며, 실제 자신이 이룰 수 있는 것에 비해 성취나 업적이 적은 편이다.

예 A씨는 어떤 보상이 없더라도 무언가 시작하면 꾸준히 지속하는 힘이 있다. 하지만 그녀는 인내력이 너무 높아 멈춰야 할 때 멈추지 못하는 특징이 있다. 이 때문에 그녀는 신체적·정신적 피로를 자주 느낀다. 번아웃에 취약할 수 있다.

(2) 성격의 세 가지 척도

성격은 후천적으로 학습되고 발달하는 특성으로, 개인의 가치관, 목표, 대인관계 등을 반영한다.

① 자율성(Self-Directedness)

자율성은 어떠한 목표를 세우고 그것을 이뤄내고자 하는 마음과 자세를 말한다. 즉, 자기 주도적이고 책임감 있는 성향을 의미한다.

자율성이 높은 경우 책임감이 강하고 신뢰할 수 있다. 책임감이란 자신의 행동과 선택에 대한 책임을 인정하는 정도를 말한다. 또한 목적의식이 명확하다. 즉, 이들은 장기적인 목표를 설정하고 이를 추구하는 능력이 뛰어나다. 그리고 문제해결에 대한 능력과 주도적인 태도(유능감)를 보이며, 자신의 장점과 한계를 모두 인정하는 자신감(자기수용)이 높고, 자신의 가치와 목표에 따라 행동하는 습관이 있다. 반면 자율성이 낮은 경우 타인에 대한 비난이나 원망의 마음을 갖고, 자신의 행동에 대한 책임을 회피하는 경향이 있다. 또한 장기적인 목표를 지속적으로 추구하기 어렵다.

② 연대감(Cooperativeness)

타인과의 관계를 중시하고 협력적인 성향이다. 이들은 누군가와 함께하는 것을 좋아하는 특성이 있다.

이 척도에서 점수가 높은 경우 공감적이고 관대하며 지지적인 성향을 보인다. 또한 가능한 타인과 협력하려고 노력하며, 팀워크 및 균형 있는 관계를 이루고자 노력한다. 반면 점수가 낮은 경우 혼자 행동하는 것을 더 선호하며, 자신에 몰두해 있고 타인에게 관대하지 않다. 종종 너그럽지 못하고 기회주의적인 면을 보일 수도 있다.

③ 자기초월(Self-Transcendence)

자아를 초월하여 더 큰 의미를 추구하는 성향을 말한다. 즉, 자기초월이 낮은 사람은 현실적인 사람이고, 높은 사람은 이상적인 사람이라고 간단히 해석할 수 있다.

이 척도에서 점수가 높은 경우 모호함과 불확실성을 잘 견딜 수 있다. 본래 우주가 제 모습으로 펼쳐지고 있다고 진지하게 말하며, 인생에서 실패했을 때 기꺼이 받아들일 수 있다. 이들은 인간이 피할 수 없는 고통에 직면했을 때 적응적 강점을 지닌다. 반면 점수가 낮은 경우 자의식이 강하고 마음이 충만한 느낌이 부족하다. 매사에 합리적·과학적 객관성을 추구하며 소유욕이 많은 경우도 있다.

조별나눔

Q1. 다음 검사 결과는 20대 남성 대학생의 자료입니다. 여러분이 TCI를 전문적으로 파고든 건 아니기 때문에 다소 한계가 있기는 하지만, 이 학생이 어떤 기질이나 성격적 특징을 가졌을지 한번 예측해 봅시다.

TCI-RS 프로파일

TCI-RS	척도	원점수	T점수	백분위	30 백분위 그래프 70
기질	자극 추구(NS)	51	74	98	NS 98
	위험 회피(HA)	26	41	17	17 HA
	사회적민감성(RD)	38	45	26	26 RD
	인내력(P)	53	59	82	P 82
성격	자율성(SD)	59	61	86	SD 86
	연대감(C)	52	45	30	30 C
	자기초월(ST)	21	46	34	34 ST
	자율성+연대감	111	55	67	

* T점수는 원점수를 평균 50, 표준편차 10인 점수로 변환한 표준 점수임.
* 백분위 점수가 30 이하이면 해당 척도의 특성이 낮은 것을, 70 이상이면 해당 척도의 특성이 높은 것을 의미함.

Q2. 이번 검사 결과는 앞서 얘기했던 대학생의 어머님(50대 중반, 여성)에 대한 결과입니다. 이 어머님이랑 아들(1번 주인공) 사이에 한때 갈등이 꽤 심했던 시기가 있었다고 합니다. 과연 무엇 때문에 두 사람 사이에 갈등이 터졌을지 한번 상상해 보고 마음껏 이야기 나누어 봅시다.

TCI-RS 프로파일

TCI-RS	척도	원점수	T점수	백분위	30 백분위 그래프 70
기질	자극 추구(NS)	24	46	36	36 NS
	위험 회피(HA)	39	54	63	HA 63
	사회적민감성(RD)	44	52	55	RD 55
	인내력(P)	27	34	4	4 P
성격	자율성(SD)	47	49	44	44 SD
	연대감(C)	50	43	22	22 C
	자기초월(ST)	31	55	68	ST 68
	자율성+연대감	97	45	32	

* T점수는 원점수를 평균 50, 표준편차 10인 점수로 변환한 표준 점수임.
* 백분위 점수가 30 이하이면 해당 척도의 특성이 낮은 것을, 70 이상이면 해당 척도의 특성이 높은 것을 의미함.

Q3. 다음은 내담자의 TCI 검사 결과입니다. 결과를 근거로 내담자의 성격적 특성을 분석해 봅시다.

DATA SUMMARY

이름 : 허OO	개인고유번호 :
성별 : 여자	연령 : 만 26 세
소속기관 1 :	소속기관 2 :
규준집단 : 대학생	무응답수 : 0

TCI-RS 프로파일

TCI-RS	척도	원점수	T점수	백분위	백분위 그래프 (30 / 70)
기질	자극추구(NS)	61	73	98	NS 98
	위험회피(HA)	73	76	100	HA 100
	사회적 민감성(RD)	50	54	61	RD 61
	인내력(PS)	37	42	18	18 PS
성격	자율성(SD)	26	34	6	6 SD
	연대감(CO)	58	54	62	CO 62
	자기초월(ST)	54	72	98	ST 98
	자율성+연대감(SC)	84	41	16	

* T점수는 원점수를 평균 50, 표준편차 10인 점수로 변환한 표준 점수임.
* 백분위 점수가 30 이하이면 해당 척도의 특성이 낮은 것을, 70 이상이면 해당 척도의 특성이 높은 것을 의미함.
* 무응답은 0~4점 척도의 중간값(2)으로 대체되어 원점수, T점수 및 백분위 점수가 산출되었음.

참고자료 TCI 검사 분석 사례

사람들은 새로운 상황에 직면했을 때 그 환경에 대해 민감하게 반응할 수 있습니다. 이러한 민감성 때문에 때로는 충동적이거나 무절제한 행동을 보이기도 합니다. 이는 생물학적으로 도파민과 관련이 있습니다. 도파민은 우리가 보상을 생각하거나 기대할 때 분비되는 신경전달물질로, 즐거움과 동기부여에 중요한 역할을 합니다. 그러나 자극 추구 성향이 매우 높은 사람들 중 일부는 도파민 분비가 적거나 도파민에 민감하지 않아, 다른 사람들과 같은 수준의 도파민이 분비되더라도 지루함을 느끼거나 재미를 잘 느끼지 못하기 때문에 끊임없이 새로운 자극을 찾게 됩니다.

TCI-RS 프로파일

TCI-RS	척도	원점수	T점수	백분위	백분위 그래프 (30 / 70)
기질	자극추구(NS)	19	41	17	17 NS
	위험회피(HA)	54	68	96	HA 96
	사회적 민감성(RD)	38	45	26	26 RD
	인내력(PS)	33	39	13	13 PS
성격	자율성(SD)	56	58	80	SD 80
	연대감(CO)	53	46	34	34 CO
	자기초월(ST)	8	34	4	4 ST
	자율성+연대감(SC)	109	53	62	

위 사례의 경우 자극 추구 성향 점수가 17로 하위에 해당합니다. 이는 인생에서 자극이 주는 즐거움을 크게 찾지 않는 성향임을 의미합니다. 실제로 그는 도박을 별로 좋아하지 않고 놀이공원과 같은 활동에도 큰 흥미를 느끼지 않습니다. 반면, 위험 회피 성향은 상위 수준(96)으로, 새로운 산을 오르거나 새로운 경험을 할 때 이득보다는 위험을 먼저 고려하여 몸을 사리게 하고, 자신을 억제하는 경향이 있습니다. 이러한 성향 때문에 새로운 방법으로 일을 해결하기보다는 이전에 해왔던 방식대로 행동하는 것을 선호합니다. 다시 말해, 그는 안전을 중시하며 소위 '돌다리도 두드려 보고 건너는' 스타일입니다.

흥미로운 점은 사례자는 여행을 자주 다닌다는 것입니다. 하지만 여행에서도 그는 철저하게 계획적으로 행동하며, 사전에 루트와 계획을 세워 움직입니다. 여행지에서도 "오늘 무엇을 할까?"와 같이 충동적으로 계획을 바꾸는 일은 거의 없습니다. 이는 그가 관습적 안정성을 선호하고, 어제와 오늘, 오늘과 내일이 비슷한 루틴을 유지하는 경향이 있음을 보여줍니다. 실제로 그는 자신의 일상에서 루틴을 지키는 것을 중요하게 생각합니다.

정리하면, 사례자는 자극 추구 성향은 낮고 위험 회피 성향은 높아, 변화보다는 안정과 계획을 선호하며, 행동과 선택에서 철저하게 안전과 예측 가능성을 중시하는 성향을 가지고 있습니다. 이러한 이해는 개인의 성향을 인식하고, 일상, 여행, 의사결정 과정에서 강점을 활용하는 데 도움을 줍니다.

	척도	원점수	T점수	백분위	백분위 그래프
성격	자율성(SD)	56	58	80	SD 80
	연대감(CO)	53	46	34	34 CO
	자기초월(ST)	8	34	4	4 ST
	자율성+연대감(SC)	109	53	62	

	하위척도	원점수	평균(표준편차)	낮은 쪽	높은 쪽
연대감 (CO)	CO1	16	12.6 (2.8)	(낮은) 타인수용	(높은) 타인수용
	CO2	9	9.6 (2.5)	(낮은) 공감	(높은) 공감
	CO3	8	9.9 (2.5)	(낮은) 이타성	(높은) 이타성
	CO4	2	8.9 (2.6)	(낮은) 관대함	(높은) 관대함
	CO5	18	15.1 (2.5)	(낮은) 공평	(높은) 공평

자기초월 (ST)	ST1	4	9.1 (4.0)	자의식	창조적 자기망각
	ST2	1	7.4 (4.1)	(낮은) 우주만물과의 일체감	(높은) 우주만물과의 일체감
	ST3	3	9.2 (5.4)	합리적 유물론	영성수용

사람의 성격과 성숙도를 평가할 때 자율성, 연대감, 자기 초월 세 가지 영역이 중요한 지표가 됩니다. 자율성은 자신을 잘 챙기고 스스로를 운영하는 능력을 의미합니다. 연대감은 타인을 돌보고 배려하는 성향을 나타내며, 자기 초월은 범우주적 관점에서 동식물이나 환경, 혹은 추상적인 가치를 배려하고 넓게 바라보는 능력을 의미합니다.

성숙도를 평가할 때, 각 영역이 100분위에서 30 이상인지, 30 미만인지를 기준으로 살펴볼 수 있습니다. 30 미만이면 해당 영역에서 성숙도가 낮거나 발달에 어려움이 있을 수 있습니다. 사례자의 경우, 전체 성숙도 점수가 62점으로 상당히 성숙한 수준에 속합니다. 성숙도를 세부적으로 분석하면 자율성과 연대감의 차이를 통해 성격의 특징을 파악할 수 있습니다.

사례자는 자율성이 연대감보다 높게 나타납니다. 이는 자신을 챙기고 목적을 명확히 하며 수행과 일치를 이루는 능력이 뛰어남을 보여줍니다. 책임감이 강해 잘못을 인식하고 바로잡으며, 자신의 목표와 행동이 일치하도록 운영하는 성향이 뚜렷합니다. 연대감도 충분히 존재하지만 자율성보다는 다소 낮아, 타인을 배려하는 정도가 상대적으로 약간 낮게 느껴질 수 있습니다.

연대감의 세부 항목을 살펴보면, 위 사례자는 공평성은 높아 사람들을 공정하게 대하려는 성향이 강합니다. 그러나 관대함은 거의 최하 수준으로, 다른 사람이 자신에게 해를 끼쳤을 때 쉽게 용서하지 않고 끝까지 책임을 묻는 경향이 있습니다. 현실적으로 자기 초월 영역에서도 매우 구체적이고 현실적인 사고를 보입니다. 즉, 이상적인 가치보다는 논리적이고 체계적인 성향이 강하게 나타납니다.

자율성과 연대감의 조합에서 연대감이 조금 낮게 나타나면, 독재적 성향으로 갈 수 있는 가능성도 있습니다. 그러나 사례자는 성숙한 성격과 체계적인 생활 방식으로 이를 잘 조절합니다. 블로그를 오랫동안 체계적으로 운영하고, 여행이나 일정을 철저히 계획하는 등의 행동은 자신의 성격적 단점을 보완하고 장점을 발휘하는 예라고 할 수 있습니다. 이러한 특성은 논리적이고 정확하며 체계적인 성향을 보여주며, 계획성과 꼼꼼함을 통해 자신의 기질을 잘 활용하는 방식으로 나타납니다.

정리하면, 사례자는 자율성이 높고 연대감과 자기 초월이 적절히 조화를 이루며, 성숙도를 기반으로 체계적이고 논리적인 행동을 하는 성향을 가지고 있습니다. 이러한 특성은 조직적 활동, 계획적 행동, 목표 달성 등에서 장점을 발휘할 수 있도록 돕습니다.

이제 몇몇 사례를 통해 분석한 내용을 읽어보고, 여러분도 앞으로 영화나 드라마를 시청할 때 주인공들이 무엇 때문에 갈등을 겪는지, 그리고 어떠한 과정을 통해 회복해 가는지에 관해 기질과 성격 부분에 초점을 두어 자유롭게 생각해 보자.

[사례 1 : 블랙독]

기질이 다른 사람들과 살면서 부딪힐 수 있는 문제는 무엇인가?

작품 소개

<블랙독>은 휴먼·힐링·오피스 장르의 드라마로 기간제 교사가 된 사회 초년생 고하늘이 삶의 축소판인 '학교'에서 꿈을 지키며 살아남기 위해 고군분투하는 이야기이다.

갈등 관계

기간제 국어 교사인 고하늘과 국어 부장 교사인 김이분은 교과 파트너가 되어 각각 같은 내용을 앞 반과 뒤 반으로 나누어 수업하게 된다. 이때 김이분은 고하늘이 혼자서 만든 수업자료를 공유할 것을 당당히 요구하고 자료의 이름만 바꾸어 수업을 진행한다. 이에 고하늘은 부조리함을 느끼지만, 아무 말도 할 수 없다. 그러던 중 다른 교사의 조언을 받은 고하늘은 수업 내용은 거의 없고 스토리 진행에 핵심적인 부분만 담은 수업자료를 만들어서 김이분에게 공유한다. 이 때문에 수업을 제대로 진행할 수 없었던 김이분은 고하늘에게 화를 내고, 두 사람의 갈등은 점점 깊어간다.

TCI 기질 분석

고하늘 : LMH(낮은 자극 추구/ 중간 정도의 위험 회피/ 높은 사회적 민감성)
김이분 : MLL(중간 정도의 자극 추구/ 낮은 위험 회피/ 낮은 사회적 민감성)

두 사람의 갈등은 기질적 요인 중 사회적 민감성의 큰 차이에서 기인한다고 볼 수 있다. 물론 기간제 교사와 부장 교사라는 사회적 지위의 차이 역시 무시할 수는 없겠지만, 고하늘은 높은 사회적 민감성을, 김이분은 낮은 사회적 민감성을 타고났기 때문에 갈등이 발생하고 있다. 사회적 민감성이 높은 사람은 감정적 분위기에 영향을 많이 받고 사소한 무례에도 예민하게 반응하지만, 사회적 민감성이 낮은 사람은 주로 개인적 이득을 위해 일하며 타인의 감정에 둔감하고 냉정하다. 그렇기에 김이분은 고하늘에 대한 배려 없이 자신의 이익만을 위해 행동을 하게 되고, 고하늘 역시 이를 그대로 받아들일 수는 없었기에 갈등으로 이어지게 된다.

갈등 극복 과정 및 방안

스토리텔링 형식의 수업자료를 공유한 이후 고하늘은 김이분의 망친 수업 때문에 날린 시간을 아까워하는 학생들을 보며 미안함을 느끼고, 고하늘은 학부모 참관 수업까지 모든 자료를 혼자 만든다. 성공적으로 공개 수업이 끝난 뒤, 수업을 진행한 김이분만이 모든 칭찬과 관심을 받게 된 상황에서 수업자료를 누가 만들었냐는 교장선생님의 물음에 고하늘은 김이분과 함께 만들었다고 답한다. 자신을 배려하는 고하늘의 모습에 미안함과 감동을 받은 김이분은 이후 고하늘을 대하는 태도가 완전히 달라지게 되면서 갈등을 극복한다. 즉, 높은 사회적 민감성을 가진 고하늘의 진심이 낮은 사회적 민감성을 가진 김이분을 변화시킨 것이다. 이렇듯 태어날 때부터 형성된 기질은 변하지 않지만, 서로 다른 기질을 가진 이들이 서로를 좋은 방향으로 변화시킬 수 있다.

[사례 2 : 미생]

작품 소개

<미생>은 주인공 장그래가 회사의 영업팀에 들어가 다양한 사람 및 상황으로부터 갈등을 겪고 극복하는 현실적인 회사원의 모습을 보여주는 드라마이다.

갈등 관계

평소 영업 3팀을 탐탁치 않아 하던 정 과장이 마 부장에게 영업 보고를 하는 도중 본인의 실수로 영업 3팀이 전달한 서류를 잃어버린다. 영업 3팀에게 책임을 전가하기 위해 마 부장 앞에서 전화 내용을 거짓으로 꾸며내 마치 장그래의 실수로 전달하지 않은 것처럼 연기한다. 전화를 듣고 화가 난 오 과장은 정 과장을 불러내 얘기하게 되고, 정 과장은 오 과장의 과거에 있었던 일까지 꺼내며 갈등을 심화시킨다.

TCI 기질 분석

오 과장 : HLH(높은 자극 추구/ 낮은 정도의 위험 회피/ 높은 사회적 민감성)

처음엔 회사 신입으로 들어온 장그래를 업무적으로는 탐탁치 않아 하지만 막상 중요한 PT 발표에 결정적인 소재를 알려주거나 전문용어사전을 주고 따듯한 위로를 건넨다(높은 사회적 민감성). 이 외 갈등에서도 억울한 누명을 쓴 장그래를 적극적으로 도와주며 갈등을 해결하려는 모습을 보인다. 회사라는 위계가 철저한 공간에서도 상사에게 당당하게 본인의 의견을 피력한다. 공과 사는 철저히 구분하며 본인이 하고자 하는 업무가 뚜렷한 타입이다.

정 과장 : HHL(높은 자극 추구/ 높은 위험 회피/ 낮은 사회적 민감성)

업무에서의 책임을 잘못이 없는 장그래에게 떠넘긴다(낮은 사회적 민감성). 오 과장과는 반대로 회사 내의 위계질서를 아주 잘 따르는 인물이며 상사인 마 부장의 한마디 한마디를 도덕적으로 옳든 옳지 않든 본인에게 불똥이 튈까 부정하지 않고 전적으로 수긍한다(높은 위험 회피). 본인의 사적인 감정을 업무에 반영하는 모습도 자주 보인다.

갈등 극복 과정 및 방안

등장인물들은 기질적인 부분을 채워주며 갈등을 극복했다. 정 과장이 서류를 잃어버리고 찾기를 포기했을 때 평소 일에 대해 완벽주의로 대하던 장그래의 동료 인턴은 끝까지 포기하지 않고 밤을 새며 서류가 있는 철을 끈기 있게 찾아냈다. 또한 오 과장이 정 과장의 과거 얘기(트라우마)에 대해 발끈하는 모습을 보이자 오히려 억울한 누명을 쓰고 혼난 장그래가 과장님을 제재한다.

[사례 3 : 악마는 프라다를 입는다]

작품 소개

<악마는 프라다를 입는다>는 동명의 소설을 원작으로 만들어진 영화로, 런웨이 매거진 기업에서 생존하는 주인공 Andrea의 이야기를 다룬다. 그녀는 운이 좋게 채용됐지만 패션에 관심이 없어 날마다 고군분투하며 스트레스만 늘어갔다. 하지만 그녀는 동시에 런웨이 회사 속 갈등을 겪으며 성장해 간다.

갈등 관계

Miranda는 비서로 채용한 Andrea의 아마추어한 모습을 보며 본인이 원하는 모습이 될 때까지 불만을 표현하고 불가능에 가까운 과제를 내준다. Andrea는 본인의 방식대로 견디고 과제도 해결해 보려 하지만 실패를 반복하며 스트레스만 쌓여간다. 실패를 싫어하던 Miranda는 본인에게 피해를 주는 Andrea에 대해 부정적인 시선이 늘어가고 Andrea에게 요구하는 기준은 점점 높아진다.

TCI 기질 분석

Andrea(앤 해서웨이) : HHH(높은 자극 추구/ 높은 정도의 위험 회피/ 높은 사회적 민감성)
Miranda(메릴 스트립) : LML(낮은 자극 추구/ 중간 정도의 위험 회피/ 낮은 사회적 민감성)

주인공 Andrea는 영화에서 본인의 진로와는 연관성이 없던 패션업계의 비서로 당당히 지원했으며(높은 탐색적 흥분), Miranda의 지시를 소화하는 과정에 있어 충동적이고 자유분방한 성격을 보여준다. 하지만 Miranda는 업계 최고 권위자인 만큼 변수를 선호하지 않으며 사고뭉치인 Andrea를 좋은 시선으로 보지 않는다. 그녀는 말과 언행을 절제하며 모든 안건에 대해 본인의 기준을 가지고 판단한다.

주인공 Andrea는 갈등으로 생기는 스트레스를 남자친구와 친구들에게 호소한다(높은 정서적 감수성). 일을 중시하는 Miranda와는 반대로 친구들과 친밀한 관계에 더 초점을 두고 그들과 정신적으로 신뢰하는 관계를 유지하려고 노력한다(높은 친밀감, 의존). 하지만 Miranda는 회사를 제외한 사람에게 관심을 두지 않으며 스스로 모든 일을 준비하고 계획한다. 그녀의 사회적 민감성은 굉장히 낮음을 여러 장면들로 알 수 있다.

갈등 극복 과정 및 방안

Miranda의 불가능한 과제에 폭발한 Andrea는 결국 그녀의 비난을 참지 못하고 회사를 그만두려고 한다. 하지만 동료의 조언으로 본인 또한 회사의 기준에 부합하게 노력하지 않았다는 사실을 깨닫고 Miranda가 원하는 모습이 되기 위해 온 힘을 동원한다. 본인의 스타일, 패션업계 동향, 인맥 관리, 일정 관리, 태도 등 모든 것에 대한 기준치를 만족시킨다. 과정에서 소중했던 관계들을 소홀히 하는 모습까지 보이며 노력한 결과, Andrea는 Miranda의 인정을 얻는다. 즉, 주인공은 사회적 민감성이 높아 다른 이의 기준을 충족시키기 위해 자신으로부터 원인을 찾고 본인의 높은 자극 추구 수치를 대인관계에서 적극 활용하며 갈등을 해결했다.

3) TCI의 활용

(1) 자기 이해 및 성장

TCI 검사를 통해 자신의 강점과 약점을 객관적으로 파악하고, 이를 바탕으로 자존감을 높이고 개인적인 성장을 이룰 수 있다는 것은 매우 중요한 의미를 지닌다. 즉, 이 검사를 통해 얻은 정보를 바탕으로 자신의 삶을 주도적으로 설계하고, 강점 발견과 잠재력 향상을 통해 더 나은 삶을 살아갈 수 있도록 노력하는 것이 중요하다.

(2) 타인 이해 및 대인관계 향상

TCI 검사는 사람들의 성격을 다양한 측면에서 분석하여 각 개인의 고유한 특징을 파악할 수 있도록 돕는다. 이를 통해 타인의 행동이나 생각을 단순히 좋고 나쁨으로 판단하기보다는, 그 사람의 성격적 특징에서 비롯된 것임을 이해할 수 있다. 이를 통해 자신의 성격과 타인의 성격을 비교해 보면, 서로 다른 차이점을 인정하고 존중하는 태도를 가질 수 있다. 이는 타인의 입장에서 생각하고 느끼는 능력, 즉 공감 능력을 더해줄 것이다.

(3) 적성 파악 및 진로 선택

자신의 성격에 맞는 직업을 선택하여 직무 만족도를 높일 수 있고, 자신의 강점을 살려 커리어를 개발하고, 성공적인 직업생활을 할 수 있다. 또한 조직 내에서 효과적인 팀을 구성하고, 팀원들의 성격을 고려하여 역할을 분담할 수 있도록 도와준다.

(4) 교육 및 상담

정신질환 진단 및 치료, 성격장애 연구뿐만 아니라 개인의 심리적 어려움을 해결하고 성장을 돕는 상담치료에도 활용될 수 있다. 또한 개인의 학습 스타일과 관련된 성격 특성을 파악하여 학습 효과를 높이고, 학습 어려움을 극복하는 데 도움을 줄 수 있고, 부모와 자녀 간의 성격 차이를 이해하고, 효과적인 양육 방식을 모색하여 건강한 부모-자녀 관계를 형성하는 데 기여할 수 있다.

조별나눔

Q1. 여러분의 기질은 어떠한 특징이 있나요? 주된 특징을 세 가지 형용사로 꼽아 이야기 나누어 봅시다.

Q2. '바꾸고 싶으나', '절대 바뀌지 않는' 기질이 있나요? 그렇다면 무엇입니까? 그리고 어떻게 다루어 나갈 예정입니까?

2. MBTI

MBTI는 Myers-Briggs Type Indicator의 약자로, 개인의 성격유형을 평가하는 도구이다. 이 검사는 심리학자 Katherine Cook Briggs와 그녀의 딸인 Isabel Briggs-Myers에 의해 개발되었다. MBTI는 개인의 성격을 네 가지 이분법으로 나누어 총 16가지 성격유형으로 분류한다. MBTI는 개인의 성격적 특성을 이해하고, 대인관계, 직업 선택, 팀워크 등을 개선하는 데 도움을 줄 수 있다. 하지만 성격유형이 고정된 것이 아니라는 점과, MBTI 결과를 절대적으로 믿기보다는 참고 자료로 활용하는 것이 중요하다.

1) 외향(E) vs. 내향(I)

에너지를 외부 세계에서 얻는지, 내부 세계에서 얻는지를 나타낸다.

- 외향(E) : 사람들과의 상호작용을 통해 에너지를 얻고, 사교적이며 활동적이다.

  사례 1 : 친구들과 모임을 주선하고, 새로운 사람들과 대화하는 것을 즐기는 사람

  사례 2 : 팀 프로젝트에서 적극적으로 의견을 내고, 다른 팀원들과의 소통을 통해 아이디어를 발전시키는 사람
- 내향(I) : 혼자 있는 시간을 통해 에너지를 얻고, 깊이 있는 관계를 선호하며, 조용한 환경에서 편안함을 느낀다.

  사례 1 : 혼자서 책을 읽거나, 조용한 카페에서 공부하는 것을 좋아하는 사람. 이들은 혼자 있는 시간을 통해 재충전

  사례 2 : 소규모 모임이나 깊이 있는 대화를 선호하여, 많은 사람들과의 대화보다는 몇몇 친구들과의 심도 있는 대화를 더 즐기는 사람

2) 감각(S) vs. 직관(N)

정보를 수집하는 방식을 나타내며, 사실적이고 구체적인 정보를 중시하는지, 가능성과 패턴을 중시하는지를 구분한다.

- 감각(S) : 현실적이고 구체적인 정보에 집중하며, 현재의 사실과 경험에 기반하여 판단한다. 세부사항을 중시한다.
  사례 1 : 요리를 할 때 레시피를 정확히 따르며, 재료의 양과 조리 시간을 신중하게 측정하는 사람. 이들은 실제 경험에 기반한 정보에 의존하여 결과를 도출
  사례 2 : 새로운 기술을 배울 때, 직접 시연을 통해 배우고, 단계별로 진행하는 것을 선호하는 사람. 이들은 이론보다는 실습을 통해 더 잘 이해
- 직관(N) : 미래의 가능성과 패턴을 중시하며, 추상적이고 창의적인 접근을 선호한다. 전체적인 그림을 먼저 고려한다.
  사례 1 : 문제해결을 위해 여러 대안을 브레인스토밍하고, 기존의 방법을 넘어서는 새로운 아이디어를 제안하는 사람. 이들은 직관을 통해 미래의 가능성을 탐색
  사례 2 : 복잡한 이론을 이해할 때, 전체적인 흐름이나 패턴을 파악하는 데 중점을 두고, 세부사항보다 큰 그림을 먼저 고려하는 사람

3) 사고(T) vs. 감정(F)

의사결정을 내리는 방식을 나타내며, 논리와 객관성을 중시하는지, 감정과 사람 간의 관계를 중시하는지를 구분한다.

- 사고(T) : 논리적이고 객관적인 판단을 중시하며, 사실과 데이터를 기반으로 결정을 내린다. 이성적인 접근을 우선시하는 편이다.

사례 1 : 팀 프로젝트에서 문제를 해결할 때, 모든 가능한 옵션을 분석하고, 각 옵션의 장단점을 비교하여 가장 합리적인 결정을 내리는 사람. 이들은 감정보다 논리를 중시

사례 2 : 친구와의 갈등 상황에서 감정적으로 대응하기보다는 상황을 객관적으로 평가하고, 문제를 해결하기 위한 구체적인 계획을 제안하는 사람

- 감정(F) : 감정과 인간관계를 중시하며, 타인의 감정을 고려하여 결정을 내린다. 개인적인 가치와 공감을 우선시하는 편이다.

  사례 1 : 팀 프로젝트에서 의견 충돌이 있을 때, 팀원들의 감정을 이해하고, 모두가 만족할 수 있는 해결책을 찾기 위해 노력하는 사람. 이들은 관계의 조화를 중시

  사례 2 : 친구가 힘들어할 때, 그들의 감정을 먼저 고려하고, 필요한 지원을 제공하기 위해 시간을 할애하는 사람. 이들은 타인의 감정을 소중히 여김

4) 판단(J) vs. 인식(P)

외부 세계에 대한 태도를 나타내며, 계획적이고 구조적인 것을 선호하는지, 유연하고 즉흥적인 것을 선호하는지를 구분한다.

- 판단(J) : 판단형 사람들은 구조적이고 계획적인 접근을 선호한다. 일정을 세우고 목표를 설정하며, 사전 준비를 중요시한다. 결정을 내리는 데 있어 확실을 추구하며, 체계적이고 조직적인 환경에서 편안함을 느낀다.

  사례 1 : 프로젝트를 시작하기 전에 세부 계획을 철저히 세우고, 마감일에 맞춰 작업을 진행하는 사람. 이들은 각 단계에 대한 명확한 목표를 설정하고 그에 따라 행동

사례 2 : 친구와의 약속을 잡을 때 미리 날짜와 시간을 정하고, 그에 따라 일정을 조정하는 사람. 이들은 계획대로 진행되는 것을 선호

- 인식(P) : 인식형 사람들은 유연하고 즉흥적인 접근을 선호한다. 상황에 따라 변화를 수용하며, 불확실한 상황에서도 편안함을 느끼며, 즉흥적인 활동을 즐긴다.

사례 1 : 친구들과의 모임을 계획할 때, 구체적인 계획 없이 그날의 기분이나 상황에 따라 활동을 결정하는 사람. 이들은 예기치 않은 변화에 잘 적응

사례 2 : 새로운 기회를 발견했을 때, 즉시 그 기회를 탐색하고 다양한 가능성을 시도하는 사람. 이들은 계획보다는 경험을 중시

조별나눔

Q1. 자신의 MBTI 유형을 조원들에게 소개해 주십시오. 이어서 본인이 가장 견디기 어렵다고 생각하는 사람의 유형(예 계획성이 부족한 사람, 의존적인 사람, 지나치게 외향적인 사람 등)에 관해 논의해 봅시다. 마지막으로, 그러한 '견디기 어려운 유형의 사람'과 조화롭게 관계를 맺기 위한 방안에 대해서도 함께 심도 있게 논의해 봅시다.

Q2. MBTI(Myers-Briggs Type Indicator)는 미국의 심리학자 Katherine Cook Briggs와 그녀의 딸 Isabel Briggs-Myers가 공동으로 개발한 성격유형 검사입니다. MBTI의 출발점은 학문적인 연구실이 아니라 한 가정의 교육현장, 즉 홈스쿨링이었습니다. Katherine Cook Briggs는 딸 Isabel을 집에서 직접 교육시키면서, 아이들이 배우는 방식과 반응이 사람마다 매우 다르다는 사실에 큰 흥미를 느꼈습니다. MBTI의 개발 배경과 근거가 되는 이론에 대해 조사하고, 조원들과 함께 논의해 봅시다.

〈Katherine Cook Briggs와 그녀의 딸 Isabel Briggs-Myers〉

Q3. MBTI 유형의 지속성 여부에 대해 논의해 봅시다. 앞으로 자신의 유형이 얼마나 고정될지, 혹은 변화할 가능성에 대해 생각해 봅시다.

Q4. 시간이 지남에도 변하지 않는 자신만의 성격을 다섯 가지로 정리해 봅시다. 아울러 자신이 변화하고자 하는 성격의 특징에 관해 생각해 보고, 성장 방향에 관해 조원들과 논의해 봅시다.

참고자료 MBTI 각 유형별 특징

MBTI 16가지 유형의 특징과 각 유형의 장단점

1. ISTJ(청렴한 관리자)
   - **장점** : 책임감 강하고, 체계적이며, 실용적임.
   - **단점** : 보수적 태도로 변화에 저항이 있을 수 있음. 융통성이 부족함. 감정적 상황에서 이성적으로 대처하려고 함.
   - **대표 인물** : 앙겔라 메르켈(Angela Merkel), 제프 베조스(Jeff Bezos), 나탈리 포트먼(Natalie Portman), 강동원, 하지원, 소지섭, 이영애, 김태희

2. ISFJ(헌신적인 보호자)
   - **장점** : 세심하고, 배려심이 많으며, 신뢰할 수 있음. 조화로움을 중요하게 생각함.
   - **단점** : 자신의 감정을 표현하는 데 어려움을 겪고, 타인을 우선시하다 보니 자신의 욕구나 감정을 소홀히 할 수 있음(자기희생). 중요한 문제를 직접적으로 다루지 않는 경향이 있어 문제를 해결하지 못할 수 있음(갈등 회피 경향).
   - **대표 인물** : 지미 카터(Jimmy Carter), 비욘세(Beyoncé), 송혜교, 박신혜, 한효주, 박서준, 지창욱, 신승훈

3. INFJ(통찰력 있는 조언자)
   - **장점** : 깊은 통찰력과 직관력이 있으며, 강한 이상주의자임. 사람중심의 접근.
   - **단점** : 타인을 돕는 데 집중하다 자신의 감정을 소홀히 할 수 있으며, 결정을 내리는 데 어려움을 겪음.
   - **대표 인물** : 칼 융(Carl Jung), 니콜 키드먼(Nicole Kidman), 레이디 가가(Lady Gaga), 공유, 아이유, 송중기, 김수현, 이종석

4. INTJ(독창적인 전략가)
   - **장점** : 창의적이고, 분석적이며, 목표 지향적임.
   - **단점** : 감정 표현이 부족하고, 타인과의 소통에 어려움을 겪을 수 있음.
   - **대표 인물** : 일론 머스크(Elon Musk), 제인 오스틴(Jane Austen), 스탠리 큐브릭(Stanley Kubrick), 이병헌, 전지현, 비, 현빈, 유재석

5. ISTP(능숙한 장인)
   - **장점** : 복잡한 문제를 분석하고 장기적인 계획을 세우는 데 능숙함. 문제해결 능력이 뛰어나고, 실용적임.

- **단점** : 내향적인 성향이 강해 사회적 상호작용을 피하거나 불편해할 수 있음. 감정 표현이 서툴고, 이들은 높은 기준을 설정하고 이를 충족하려는 경향이 있어 때로는 지나치게 완벽주의와 계획 고집으로 변화 적응이 어려움.
- **대표 인물** : 브루스 리(Bruce Lee), 메간 폭스(Megan Fox), 박보검, 이민호, 서강준, 김고은, 이준기

6. ISFP(자유로운 영혼)

- **장점** : ISFP는 독창적이고 예술적인 감각이 뛰어나며, 새로운 아이디어와 표현 방식을 찾아내는 데 능숙함. 창의적이고, 감정이 풍부하며, 자유로운 사고와 유연성, 즉흥적임.
- **단점** : 결정을 내리는 데 어려움을 겪고, 자신의 감정을 솔직하게 표현하는 데 어려움을 겪을 수 있음. 때로는 감정이나 기분에 따라 행동이 달라질 수 있어, 주변 사람들에게 혼란을 줄 수 있음. 결정이 늦고, 감정에 따라 행동이 바뀌며, 갈등을 회피하는 경향이 있음.
- **대표 인물** : 마릴린 먼로(Marilyn Monroe), 브래드 피트(Brad Pitt), 스칼렛 요한슨(Scarlett Johansson), 박보영, 김우빈, 공효진, 한지민, 이성경

7. INFP(열정적인 중재자)

- **장점** : 감정이 풍부하고 깊이 있는 사람으로, 타인에게 깊은 공감을 느낄 수 있음. 독창적이고 창의적인 사고를 하며, 예술적인 표현이나 새로운 아이디어를 찾는 데 능숙함. 이들은 자신의 가치관에 따라 행동하며, 타인에게 강요하지 않고 자신만의 길을 걸어감.
- **단점** : 현실과의 괴리에 시달리고, 비판을 받기 어려워함. 갈등을 피하려는 경향이 있어 중요한 문제를 외면하거나 해결하지 못할 수 있음.
- **대표 인물** : 윌리엄 셰익스피어(William Shakespeare), J. K. 롤링(J. K. Rowling), 닐 게이먼(Neil Gaiman), 이승기, 수지, 지성, 이민기, 한예리

8. INTP(논리적인 사색가)

- **장점** : 분석적이고, 논리적이며, 창의적인 사고를 함. 이들은 자율성을 중시하며, 자신의 방식대로 사고하고 작업하는 것을 선호함.
- **단점** : 감정 표현이 부족하고, 내향적인 성향이 강해 사회적 상호작용을 피하거나 불편해할 수 있음. 높은 기준을 설정하고 이를 충족하려는 경향이 있고, 이론에 중점을 두는 경향이 있어 실제적인 문제해결에 소홀할 수 있음.
- **대표 인물** : 알버트 아인슈타인(Albert Einstein), 빌 게이츠(Bill Gates), 마리 퀴리(Marie Curie), 송강호, 유아인, 김희원, 이광수, 윤계상

9. ESTP(활동적인 외교가)

- **장점** : 즉각적인 문제해결 능력이 뛰어나고, 활동적임. 이들은 사람들과의 교류를 즐기며, 쉽게 새로운 친구를 사귀고 다양한 사회적 상황에서 잘 어울림. 새로운 경험을 추구하며, 활동적이고 도전적인 상황을 즐김.
- **단점** : 장기적인 계획이나 목표 설정에 어려움을 겪을 수 있음. 감정적으로 깊이 있는 대화를 피하는 경향, 즉흥적인 성향이 때때로 충동적인 결정을 초래함. 큰 그림에 집중하다 보니 작은 세부 사항을 놓치는 경우가 많음.
- **대표 인물** : 도널드 트럼프(Donald Trump), 마돈나(Madonna), 잭 니콜슨(Jack Nicholson), 김래원, 이동욱, 정우성, 하정우, 강하늘

10. ESFP(사교적인 연예인)

- **장점** : 사람들과 쉽게 어울리며, 새로운 친구를 사귀는 데 능숙함. 사람들과의 관계가 좋고, 즐거움을 추구함. 예기치 않은 상황에서도 긍정적으로 대처할 수 있음. 주변 사람들에게 긍정적인 에너지를 주며, 분위기를 밝게 만드는 데 능함.
- **단점** : 현재의 즐거움에 중점을 두다 보니, 장기적인 계획이나 목표 설정에 소홀함. 계획성이 부족하고, 현실적인 문제에 소홀할 수 있음. 다양한 감정을 잘 느끼다 보니, 때때로 감정적으로 지치거나 스트레스를 받을 수 있음.
- **대표 인물** : 엘비스 프레슬리(Elvis Presley), 제니퍼 로페즈(Jennifer Lopez), 케샤(Kesha), 배수지, 서인국, 이성경, 신민아

11. ENFP(열정적인 활동가)

- **장점** : 독창적이고 창의적인 아이디어를 떠올리는 데 뛰어난 능력이 있음. 열정적이며, 사람들을 끌어당기는 매력이 있음. 높은 에너지를 가지고 있으며, 자신이나 다른 사람들을 열정적으로 동기부여할 수 있음. 강한 추진력을 지님.
- **단점** : 여러 가지 아이디어와 관심사에 쉽게 분산될 수 있어, 집중력이 떨어질 수 있음. 현재의 즐거움에 중점을 두다 보니, 장기적인 계획이나 목표 설정에 소홀할 수 있음.
- **대표 인물** : 로빈 윌리엄스(Robin Williams), 엘렌 디제너러스(Ellen DeGeneres), 러셀 브랜드(Russell Brand), 박보영, 김수현, 이종석

12. ENTP(창의적인 발명가)

- **장점** : 창의적이고, 문제해결에 뛰어난 능력을 지님. 이들은 사실과 데이터를 기반으로 논리적으로 사고하며, 복잡한 문제를 분석하고 해결하는 데 강한 능력을 지님.
- **단점** : 토론을 즐기지만, 때때로 타인의 감정을 상하게 하거나 갈등을 유발할 수 있음. 귀찮은 일이나 일상적인 일에 대한 관심이 부족할 수 있음.
- **대표 인물** : 토마스 에디슨(Thomas Edison), 마크 트웨인(Mark Twain), 사차 바론 코헨(Sacha Baron Cohen), 유재석, 아이유(IU), RM(방탄소년단)

13. ESTJ(효율적인 관리자)

- **장점** : 조직적이고, 목표 지향적이며, 리더십이 강함. 이들은 신속하게 결정을 내리는 능력이 뛰어나며, 문제를 해결하기 위해 필요한 조치를 취하는 데 주저하지 않음. 사람들을 이끌고 관리하는 데 능숙하며, 팀에서의 역할을 명확히 하고 목표를 설정하는 데 적극적임.
- **단점** : 자신의 방식에 대한 강한 신념을 가지고 있어, 타인의 의견이나 비판을 받아들이기 어려울 수 있음. 상황을 통제하려는 경향이 있어, 팀원들에게 과도한 압박을 줄 수 있음. 융통성이 부족하고, 감정 표현에 서툴 수 있음.
- **대표 인물** : 마가렛 대처(Margaret Thatcher), 주지사 주디(Judge Judy), 존 D. 록펠러(John D. Rockefeller), 김준수, 김태호PD, 유희열, 이병헌

14. ESFJ(사교적인 책임자)

- **장점** : 사람들과의 교류를 즐기며, 새로운 친구를 사귀는 데 능숙함. 타인의 감정을 잘 이해하고 배려하며, 주변 사람들을 도우려는 의지가 강함. 배려심이 많음. 일상적인 과제를 체계적으로 관리하고, 효율적으로 일을 처리하는 데 능숙함.
- **단점** : 타인을 도우려는 마음이 강하다 보니, 자신의 필요를 소홀히 하거나 희생하는 경우가 있을 수 있음. 타인의 의견에 지나치게 영향을 받을 수 있음. 기존의 규칙이나 전통을 중시하다 보니, 새로운 아이디어나 변화에 대한 적응이 어려울 수 있음.
- **대표 인물** : 테일러 스위프트(Taylor Swift), 제니퍼 가너(Jennifer Garner), 빌 클린턴(Bill Clinton), 박보검, 손예진, 강호동

15. ENFJ(카리스마 있는 리더)

- **장점** : 다른 사람들과의 상호작용에서 편안함을 느끼며, 쉽게 친해질 수 있음. 사람들을 잘 이해하고, 강한 리더십을 발휘함. 팀을 이끌고 목표를 설정하는 데 능숙함. 주변에 긍정적인 영향을 미치며, 분위기를 밝게 만드는 데 기여함. 이들은 사람들에게 영감을 주는 존재임.
- **단점** : 타인을 돕고자 하는 마음이 지나쳐 자신의 필요를 소홀히 하거나 희생하는 경우가 있을 수 있음. 타인과의 관계를 중시하다 보니, 때때로 독립적으로 행동하는 데 어려움을 겪을 수 있음.
- **대표 인물** : 버락 오바마(Barack Obama), 오프라 윈프리(Oprah Winfrey), 벤 애플렉(Ben Affleck), 송중기, 수지, 박서준

16. ENTJ(결단력 있는 지휘관)

- **장점** : 강력한 리더십 능력을 가지고 있으며, 목표를 설정하고 팀을 이끌어 나가는 데 뛰어난 능력을 발휘함. 신속하게 결정을 내리고 실행에 옮기는 능력이 뛰어나며, 문제를 해결하기 위해 필요한 조치를 주저 없이 하는 편임. 강력한 리더십과 전략적 사고를 지님. 미래에 대한 명확한 비전을 가지고 있으며, 이를 통해 팀원들에게 방향성을 제시함.
- **단점** : 타인의 감정에 둔감하고, 독단적인 경향이 있을 수 있음. 목표 달성을 위해 빠른 결과를 원하다 보니, 때때로 인내심이 부족해질 수 있음. 업무나 목표에 집중하다 보니, 개인적인 인간관계나 감정적인 측면을 소홀히 할 수 있음.
- **대표 인물** : 스티브 잡스(Steve Jobs), 힐러리 클린턴(Hillary Clinton), 윈스턴 처칠(Winston Churchill), 이승기, 장동건

*대표 인물은 인터넷 자료를 활용한 추정일 뿐이니 참고만 해주시기 바랍니다.

3. 에니어그램

에니어그램 검사는 개인의 성격유형을 이해하기 위해 사용되는 심리적 도구이다. 에니어그램은 아홉 가지 기본 성격유형으로 나뉘며, 각 유형은 고유한 특징, 사고와 행동의 동기, 두려움 등을 파악하게 해준다. 이 검사는 개인의 행동 패턴과 감정적 반응을 분석하여 자신을 더 잘 이해하고, 대인관계나 직업적 상황에서의 상호작용을 개선하는 데 도움을 준다. 검사를 통해 자신의 성격유형을 파악하면, 자기 성장과 발전을 위한 방향성을 찾는 데 유용할 수 있다.

1) 유형 1 : 개혁가

- **장점** : 신뢰할 수 있는 사람들로, 주변 사람들에게 안정감을 준다(신뢰성). 체계적이고 조직적인 사고를 통해 문제를 해결하는 데 능숙하다

(조직력). 사회나 개인의 상황을 개선하려는 강한 욕구를 가지고 있다(개선 의지). 그 외 도덕적 기준이 높고, 정직하다.

- **단점** : 자신과 타인에 대해 비판적일 수 있으며, 이는 갈등을 초래할 수 있다(비판적 태도). 완벽주의적인 경향 때문에 스트레스를 많이 받을 수 있다(스트레스). 고정된 기준에 집착하다 보니 변화에 적응하기 어려울 수 있다(유연성 부족).
- **두려워하는 것** : 잘못된 행동(도덕적 기준을 중시하므로 자신과 타인이 잘못된 행동을 하는 것에 대해 두려워함), 불완전함(완벽주의적인 성향 때문에, 자신의 행동이나 결과물이 불완전하거나 부족할까 두려워함), 비판과 평가(자신이 세운 기준에 미치지 못할까 봐 걱정), 혼란과 무질서(체계적이고 조직적인 환경을 중시하기 때문에, 혼란스럽거나 무질서한 상황에 대한 두려움이 큼)

예 민혁(가명) 씨는 가정에서는 자녀에게 높은 도덕적 기준을 가르치고, 정직함과 책임감을 강조합니다. 자녀가 규칙을 어기거나 잘못된 행동을 할 경우, 그 행동의 결과에 대해 설명하고 교훈을 주려 합니다. 이들은 자녀가 올바른 가치관을 갖도록 돕기 위해 많은 노력을 기울입니다.

솔민(가명) 씨는 직장에서 팀 프로젝트를 진행할 때, 프로젝트의 모든 세부 사항이 정확하고 올바르게 진행되도록 체크리스트를 작성하고, 각 팀원이 자신의 역할을 충실히 수행하는지 확인합니다. 만약 누군가 기준에 미치지 못하는 결과를 제출하면, 그에 대해 피드백을 주고 개선을 요구할 수 있습니다.

2) 유형 2 : 도움을 주는 사람

- **장점** : 따뜻하고 친절한 성격으로, 주변 사람들에게 긍정적인 영향을 준다(친절함). 타인의 감정에 공감하고, 필요한 지원을 제공하는 데 능

숙하다(공감 능력). 공동체나 팀에서 협력하여 목표를 달성하는 데 힘을 쏟는다(협력적).

- **단점** : 타인을 위해 자신을 희생하는 경향이 있어, 자신의 필요를 무시할 수 있다(자기희생). 타인의 인정이나 사랑을 갈망하여, 자신의 가치를 외부에 의존할 수 있다(인정 욕구). 타인의 문제를 자신의 문제처럼 느끼고, 경계를 설정하는 데 어려움을 겪을 수 있다(경계 부족).
- **두려워하는 것** : 버림받거나 거절당하는 것(인과의 관계를 매우 중요시하기 때문에, 사랑이나 지지를 잃고 혼자 남겨지는 것에 대한 두려움이 큼), 부정적인 평가(자신의 가치를 타인의 시선에 의존하는 경향), 자신의 필요를 무시당하는 것(타인을 돕는 데 지나치게 집중하다 보면 자신의 필요와 감정이 소외될까 두려워함), 갈등(대인관계에서 갈등이 발생하는 것을 피하고 싶어 하기 때문에, 불화나 다툼이 생길까 두려워함)

예 은영(가명) 씨는 친구가 어려운 상황에 처했을 때, 즉시 도움의 손길을 내밀고, 그 친구를 위해 시간을 내거나 조언을 아끼지 않습니다. 이들은 친구가 필요로 하는 것을 미리 파악하고, 그들의 감정을 지지하며, 심지어 그 친구의 문제를 자신이 해결하려고 할 수도 있습니다. 하지만 이러한 헌신이 과도해지면, 자신의 감정이나 필요를 무시하고, 나중에 피로감이나 감정적인 고립감을 느낄 수 있습니다.

3) 유형 3 : 성취자

- **장점** : 목표지향적이고, 효율적이다(목표지향적, 효율적 문제해결). 네트워킹을 통해 다양한 기회를 창출한다(사회적 네트워크). 자신이 설정한 목표를 달성했을 때 큰 성취감을 느끼고, 이는 자신감으로 이어지는 경우가 많다(성취감).

- **단점** : 실패나 부정적인 평가에 민감하여, 자신을 과도하게 비판하거나 스트레스를 받을 수 있다(자기 비판적). 성과에 집중하다 보니 자신의 진정한 감정을 숨기거나 무시하는 경향이 있다(감정 억제). 목표 달성을 위해 지나치게 완벽을 추구하다 보니, 자신과 주변 사람들에게 큰 압박을 가할 수 있다(완벽주의). 성공적인 이미지를 유지하려다 보니, 관계가 피상적이거나 진정성이 결여될 수 있다(인간관계의 피상성). 외적인 성공에 지나치게 집착할 수 있다(성공에 집착). 때때로 이러한 성향이 지나치게 압박감으로 작용할 수 있다.
- **두려워하는 것** : 자신의 목표를 달성하지 못하거나 실패하는 것에 대한 두려움이 크다. 자신의 성취와 성공이 없을 때, 무가치하다고 느낄 수 있다(실패와 무가치함). 자신의 감정을 드러내는 것에 대한 두려움이 있으며, 이는 타인이 자신을 약하게 보지 않을까 걱정(자기감정 노출에 대한 두려움)하며, 종종 사람들과의 관계가 피상적일 수 있다(인간관계의 피상성).

예 민일(가명) 씨는 사람들과의 관계에서 매력을 발휘하여 다양한 네트워크를 형성합니다. 다른 사람들에게 긍정적인 이미지를 주기 위해 자신의 성과나 성공적인 이야기를 공유합니다. 친구나 동료에게 도움을 줄 때도 자신의 능력을 강조하며, 타인의 존경과 인정을 받고 싶어 합니다. 또한 개인적인 목표를 세우고 이를 달성하기 위해 체계적으로 계획을 수립합니다. 예를 들어, 건강을 위해 운동 목표를 설정하고, 이를 지속적으로 기록하며 성취감을 느끼고자 합니다. 이러한 목표 달성을 통해 자신의 가치를 높이고, 타인에게 긍정적인 이미지를 주려 합니다.

4) 유형 4 : 개성과 감정

- **장점** : 독창적이고 창의적인 사고를 지니고 있어, 예술적이고 혁신적인 아이디어를 제시하는 데 뛰어나다(창의성). 이들은 깊은 감정을 경험하고 이를 표현하는 능력이 뛰어나, 다른 사람들과의 감정적 연결을 강화할 수 있다(감정의 깊이). 자기 탐구를 통해 자신의 감정과 정체성을 깊이 이해하고, 이를 바탕으로 성장을 추구한다(자기 이해). 예술, 음악, 문학 등 다양한 분야에서 뛰어난 감각을 발휘하며, 감성적인 경험을 통해 타인에게 감동을 줄 수 있다(예술적 감각). 마지막으로 타인의 감정을 잘 이해하고 공감할 수 있어, 깊은 인간관계를 형성하는 편이다(공감 능력).
- **단점** : 깊은 감정에 빠져들다 보니 때때로 고립감을 느끼고, 타인과의 연결이 부족하다고 생각할 수 있다(고립감). 자신과 세상을 비판적으로 바라보는 경향이 있어, 부정적인 감정에 빠지기 쉽다(비판적 태도). 감정적으로 힘든 상황에 처할 때 우울감을 겪거나, 자신의 감정에 과도하게 휘둘릴 수 있다(우울감, 감정 조절 능력).
- **두려워하는 것** : 자신이 타인에게 무시당하거나 관심을 받지 못하는 것에 대한 두려움이 크다. 이들은 자신이 소외되거나 잊혀질까 걱정한다(무관심). 다른 사람들과 자신을 비교하여 열등하다고 느끼는 것에 대한 두려움이 있다. 독창성을 인정받지 못할까 두려워한다(비교와 열등감). 사회적 고립이나 외로움에 대한 두려움이 있으며, 타인과의 진정한 연결이 부족하다고 느낄까 걱정한다(고립감). 자신의 감정을 표현하지 못하거나, 타인에게 이해받지 못할까 두려워하며, 자기감정에 빠지거나 종종 자기감정에 휘둘릴 수 있다(감정의 억압 및 고립).

[예] 석민(가명) 씨는 예술이나 음악에 깊은 감정을 투영합니다. 예를 들어, 한 음악가는 자신의 내면의 감정을 표현하기 위해 노래를 작곡

합니다. 이 곡은 그가 겪은 슬픔이나 기쁨을 담고 있어, 청중이 그 감정을 공감할 수 있도록 합니다. 이들은 자신이 느끼는 감정을 진솔하게 드러내는 것을 중요시합니다.

솔솔(가명) 씨는 자신의 정체성을 찾기 위해 일기를 쓰거나 자기 반성을 하는 시간을 가집니다. 이들은 자신의 감정과 경험을 기록하며, 이를 통해 자신이 누구인지, 무엇을 원하는지를 탐구합니다. 이 과정에서 때때로 우울감이나 고립감을 느끼기도 하지만, 자신을 더 깊이 이해하는 데 도움이 됩니다.

5) 유형 5 : 탐구자

- **장점** : 분석적이고, 독립적이며, 지식에 대한 갈증이 강하다. 이 유형은 지식에 대한 갈증이 강해, 다양한 분야에 대한 깊이 있는 이해를 추구하므로, 이들은 정보와 데이터에 대한 탐구가 뛰어나다(지식 추구). 복잡한 문제를 체계적으로 분석하고 해결하는 능력이 뛰어나며, 논리적이고 합리적인 접근 방식을 선호한다(분석적 사고). 자율적이고 독립적인 성향으로, 스스로 문제를 해결하고 자신의 길을 개척하는 데 능숙하다(독립성). 새로운 아이디어나 혁신적인 해결책을 제시하는 데 창의력을 발휘한다. 이들은 기존의 틀에서 벗어난 사고를 할 수 있다(창의성). 감정에 휘둘리지 않고 객관적인 시각으로 상황을 판단할 수 있어, 문제해결에 있어 효과적인 접근을 할 수 있다(객관적 시각).
- **단점** : 내향적인 성향으로 인해 사람들과의 관계에서 거리감을 느끼거나 고립될 수 있다. 이는 대인관계에서 어려움을 초래할 수 있다(사회적 고립, 대인관계에서 어려움). 자신의 감정을 드러내는 것에 대해 조심스러워하며, 감정을 억누르다 보니 정서적으로 고립될 수 있다(감정 표현의 미숙, 감정 억제). 문제를 지나치게 분석하다 보면 결정이 지연되거나, 실행에 옮기지 못하는 경우가 있을 수 있다(과도한 분석). 세상에 대

한 두려움이나 불안감으로 인해 지나치게 방어적인 태도를 취할 수 있으며, 이는 새로운 경험을 회피하게 만들 수 있다(불안감). 외부의 일이나 타인의 감정에 대한 관심이 부족해 보일 수 있으며, 이는 관계에서의 연결성을 약화시킬 수 있다(외부 세계에 대한 관심 부족).

- **두려워하는 것** : 자신이 모르는 것, 즉 지식이나 정보가 부족한 것에 대한 두려움이 크다. 이들은 항상 새로운 것을 배우고 이해하려는 욕구가 있다(무지). 타인에게 의존하거나 도움을 요청하는 것에 대한 두려움이 있다. 독립성을 중요시하기 때문에, 타인에게 의존하는 상황이 불안하게 느껴질 수 있다(의존). 사람들과의 관계에서 멀어지거나 고립될까 두려워한다. 하지만 동시에 자신의 개인 공간을 유지하려는 갈등이 있다(사회적 고립). 외부의 요구나 기대에 부응하지 못할까 두려워하며, 이로 인해 스트레스를 받을 수 있다(과도한 압박감). 자신의 감정을 드러내는 것에 대한 두려움이 있으며, 이는 타인이 자신의 약점을 보게 될까 걱정하기 때문이다(감정의 노출). 새로운 사회적 모임에 초대받았을 때, 이들은 참석하기에 앞서 많은 고민을 한다. 사람들과의 상호작용이 스트레스를 유발할 수 있어, 상황을 관찰하고 분석한 후에야 참여 여부를 결정한다. 이들은 새로운 경험이 자신에게 어떤 영향을 미칠지에 대해 불안감을 느낀다(새로운 경험에 대한 망설임).

예 예슬(가명) 씨는 새로운 주제에 대해 깊이 연구하는 것을 좋아합니다. 예를 들어, 관련 서적과 논문을 읽고 온라인 강의를 수강하며 심도 있는 지식을 쌓습니다. 이 과정에서 주변 친구들과의 대화보다 혼자서 학습하는 시간을 선호합니다. 보통 팀 프로젝트에서 독립적으로 작업하는 것을 선호합니다. 자신의 아이디어와 분석을 바탕으로 문제를 해결하려고 하며, 팀원들과의 상호작용을 최소화하려고 할 수 있습니다. 필요할 때만 의견을 공유하고, 자신의 작업에 집중하는 경향이 있습니다.

6) 유형 6 : 충성가

- **장점** : 다른 사람들에게 헌신적이고 충성스럽고, 이들은 관계에서 안정감을 제공한다(신뢰성). 협력과 팀워크를 중시하며, 다른 사람들과 잘 어울리는 경향이 있다. 이들은 공동의 목표를 위해 협력하려고 한다(팀워크). 위험을 감지하고 회피하려는 경향이 있어, 주변 사람들을 보호하려는 마음이 강하며 안전한 환경 조성을 중시한다(안전 의식).
- **단점** : 일상에서 자주 불안감을 느끼고, 미래에 대한 걱정이 많아 스트레스를 받을 수 있다(불안과 두려움). 타인에게 의존하려는 경향이 있어, 스스로 결정을 내리기보다는 주변 사람들의 의견에 영향을 받을 수 있다(의존성). 과도한 분석으로 인해 결정을 내리는 데 시간이 오래 걸릴 수 있으며, 이로 인해 기회를 놓치는 경우가 많다(망설임). 외부의 위협에 대해 지나치게 경계하거나 의심하는 태도를 보일 수 있으며, 이는 대인관계에서 긴장감을 유발할 수 있다(과도한 경계).
- **두려워하는 것** : 이들은 미래의 불확실한 상황이나 예측할 수 없는 사건에 대한 두려움이 큰 편이다. 이들은 대체로 안전한 선택을 하고 싶어 한다. 또한 신체적・정서적 위험에 대한 두려움이 강하여, 주변 환경에서 발생할 수 있는 위험 요소를 과도하게 경계한다(불확실성, 안전하지 못한 상황). 주변 사람들에게서 배신당하거나 신뢰를 잃을까 두려워한다. 이들은 신뢰를 중시하기 때문에, 관계의 불안정성을 걱정한다(배신, 인간관계의 불안정성). 사회적 고립이나 외로움에 대한 두려움이 있으며, 혼자 남겨질까 걱정한다. 이들은 소속감을 중요하게 여긴다(고립과 소속되지 못할까에 대한 두려움). 자신의 능력이나 판단에 대한 불안감이 있으며, 결정을 내리는 데 어려움을 겪을까 두려워한다. 이들은 종종 다른 사람의 의견에 의존하게 된다(무능력).

예 민혁(가명) 씨는 대학 졸업 후 처음 회사생활을 해봅니다. 불확실한 상황에서 불안감을 느끼는 경향이 있습니다. 예를 들어, 새로운 직장에 입사한 경우, 이들은 동료들과의 관계가 어떻게 될지, 조직문화가 자신에게 맞을지를 걱정합니다. 그는 초기에는 거리감을 두고 관찰하며, 주변 사람들의 행동을 분석하여 적응하려고 합니다. 3개월을 마치고 여행을 가보려고 합니다. 그는 여행을 계획할 때, 철저한 준비를 합니다. 이들은 안전한 경로와 숙소를 미리 조사하고, 예상치 못한 상황에 대비하기 위해 여러 가지 대안을 마련합니다. 이러한 준비는 그들에게 안도감을 주지만, 때때로 지나치게 계획을 세우고 유연성을 잃을 수 있습니다.

7) 유형 7 : 열정가

- **장점** : 이 유형은 낙관적이고 활기찬 태도로 주변 사람들에게 긍정적인 영향을 미친다. 이들은 팀 분위기를 좋게 만들고, 다른 사람들을 격려하는 데 능하다(긍정적 에너지). 새로운 경험을 추구하며 창의적인 아이디어를 제안하는 데 능하며, 다양한 활동에 참여하고 새로운 도전을 즐긴다(모험과 창의성). 사람들과의 교류를 즐기며, 사교성이 뛰어나 새로운 인연을 쉽게 맺는다. 이들은 대인관계에서 쉽게 친밀감을 형성하는 편이다(사교성). 변화하는 상황에 잘 적응하며, 유연하게 대처할 수 있는 능력이 있고, 새로운 환경에서도 빠르게 적응하는 편이다(적응력).
- **단점** : 어려운 감정이나 불쾌한 상황을 피하려는 경향이 있어, 깊은 감정을 다루는 데 어려움을 겪을 수 있다. 새로운 경험에만 집중하다 보니, 책임이나 의무를 소홀히 하는 경우가 있고, 단기적인 즐거움에 우선순위를 두는 경향이 있다(감정 회피, 책임 회피). 여러 가지 관심사에

쉽게 흥미를 느끼지만, 이는 종종 집중력을 분산시켜 일을 마무리하는 데 어려움을 겪을 수 있다(산만함). 늘 새로운 자극을 추구하다 보니, 일상적인 루틴이나 반복적인 작업에 지루함을 느끼고 회피하는 경향이 있다(지속적인 자극 추구).

- **두려워하는 것** : 혼자 남겨지거나 사회적 고립을 느끼는 것에 대한 두려움이 크다. 이들은 사람들과의 교류를 중요시하며, 외로움을 싫어한다(고립). 규칙이나 제약에 얽매이는 것을 두려워한다. 자유롭고 유연한 삶을 추구하기 때문에, 통제받는 상황에 대한 불안이 있다(제한과 억압). 일상적인 반복이나 지루한 상황에 대한 두려움이 있고, 새로운 자극이 없을 때 불안감을 느끼며, 변화를 원한다(지루함). 슬픔, 고통, 불안과 같은 부정적인 감정을 직면하는 것을 피하려고 하며, 이러한 감정에 대한 두려움이 있다(부정적 감정).

[예] 민영(가명) 씨는 친구들과의 모임을 주도하며, 새로운 장소나 활동을 제안합니다. 이들은 모두가 즐거운 시간을 보낼 수 있도록 분위기를 띄우고, 다양한 이야기로 대화를 이끌어갑니다. 그러나 때때로 깊은 감정을 나누는 것에는 소극적이며, 가벼운 대화로 시간을 보내는 경향이 있습니다. 생일 파티나 이벤트를 기획할 때, 다양한 아이디어를 모아 흥미로운 프로그램을 구성합니다. 이들은 사람들을 즐겁게 하고, 잊지 못할 경험을 만들기 위해 노력합니다. 하지만 때로는 너무 많은 아이디어로 인해 실제 실행이 복잡해질 수 있습니다.

8) 유형 8 : 도전가

- **장점** : 이 유형은 리더십을 발휘하여 그룹을 이끌고, 목표를 향해 나아가는 데 능숙하다. 결단력이 뛰어나고, 사람들을 동기부여하기도

한다(리더십, 결단력, 동기부여). 솔직하고 직접적인 의사소통을 통해 신뢰를 쌓으며, 감정을 숨기지 않는 태도로 타인과의 관계를 강화한다(정직, 직설적). 어려운 상황에서도 빠르게 결정을 내리고 행동에 옮기는 능력이 있다(실행력). 자신의 의견과 신념을 확고히 지키며, 필요할 때는 강하게 주장할 수 있고, 이들은 자신의 가치관을 중요하게 여긴다(뚜렷한 자기주장). 마지막으로 약자나 소외된 사람들을 보호하려는 경향이 있어, 정의롭고 공정한 사회를 지향한다(정의, 공정한 사회).

- 단점 : 이 유형은 강한 성격 때문에 때때로 공격적이거나 강압적으로 행동할 수 있다(강한 성격). 자신의 감정을 드러내는 것을 꺼리거나, 타인의 감정을 이해하는 데 어려움을 겪어 대인관계에서 소외감을 느낄 수 있다(감정적 거리). 리더십을 발휘하는 과정에서 다른 사람의 의견을 무시하거나 지배하려는 경향이 있어, 협력보다는 자신의 방식에 고집할 수 있다(지배적인 태도). 다른 사람을 쉽게 신뢰하지 않으며, 배신당할까 두려워하는 경향이 있어 관계 형성이 어렵고 거리감을 느낄 수 있다(신뢰감을 쌓는 데 오랜 시간). 그리고 자신의 방식이나 신념에 강하게 집착하여 변화나 새로운 아이디어에 대해 저항감을 느낄 수 있다(변화에 대한 저항).
- 두려워하는 것 : 상황이나 사람들에게 통제력을 잃는 것에 대한 두려움이 크다. 이들은 자신의 삶을 주도적으로 이끌고 싶어 하므로, 통제되지 않는 상황에 불안해한다(통제 상실). 자신의 약함이나 취약함을 드러내는 것을 두려워하여 강한 이미지를 유지하려고 한다(약함). 또한 자신의 존재가 무의미하다고 느끼는 것에 대한 두려움이 있고, 이들은 강력한 목표와 의미 있는 삶을 추구하려고 한다(존재의 무의미). 다른 사람에게 의존하거나 도움을 요청하는 것을 두려워한다. 독립성과 자율성을 중시하기 때문에, 타인에게 의지하는 상황을 피하려고 한다(의존성).

예 민영(가명) 씨는 연인에게 직접적으로 문제를 제기하며, 솔직하게 자신의 감정을 털어놓도록 요구합니다. 이들은 관계의 진정성을 중시하므로, 감정의 숨김 없이 솔직한 소통을 원합니다. 그 결과 이 대화를 통해 연인은 자신이 느끼고 있는 불안이나 두려움을 털어놓게 되고, 관계가 더 깊어지는 계기가 됩니다. 그러나 그녀는 강한 요구가 연인에게 부담을 줄 수 있는 점도 고려해야 합니다. 이러한 예시는 그녀가 강력한 성격과 주도성을 지니고 있으며, 때때로 그들의 강한 태도가 갈등을 초래하거나 관계에 영향을 미칠 수 있음을 보여줍니다.

9) 유형 9 : 평화주의자

- **장점** : 이 유형은 갈등을 피하고 조화를 이루는 데 능숙하여, 주변 사람들과의 관계를 원만하게 유지한다(원만한 관계). 다른 사람의 의견과 감정을 잘 수용하며, 타인의 필요를 이해하려고 한다(수용성, 이해심). 상황에 잘 적응하고 다양한 관점을 고려할 수 있어, 문제해결에 있어 창의적인 접근을 할 수 있다(유연한 사고). 주변 사람들에게 안정감과 평화를 제공하며, 편안한 분위기를 조성하는 데 기여한다(안정감). 팀워크와 협력을 중시하며, 그룹 내에서 조화를 이루기 위해 노력한다(협력적).
- **단점** : 불편한 감정이나 갈등을 회피하려는 경향이 있어, 중요한 문제를 간과하거나 미루는 경우가 많다(감정 회피). 타인의 필요를 우선시하다 보니, 자신의 욕구나 감정을 소홀히 할 수 있다(자기희생). 여러 의견을 고려하다 보니, 결정을 내리는 데 어려움을 겪을 수 있다(결정장애). 이로 인해 상황이 지체되거나 혼란스러워질 수 있다. 갈등을 피하려다 보니, 타인에게 지나치게 의존하게 될 수 있으며, 자신의 입장을

명확히 하지 못할 수 있다. 자신의 의견을 강하게 주장하기보다 소극적으로 대처하는 경향이 있어, 필요할 때 주도적으로 나서지 못할 수 있다(소극적, 의존적 경향).

- **두려워하는 것** : 갈등이나 대립 상황을 매우 두려워하며, 이를 피하기 위해 노력한다. 갈등이 발생하면 불안감을 느끼고 회피하려는 경향이 있다. 사람들 사이의 조화가 깨지거나 관계가 단절되는 것을 두려워한다. 이들은 주변의 평화를 유지하고 싶어 하므로, 분열된 상황에 큰 스트레스를 느낀다(갈등, 분열). 다른 사람들과의 관계에서 소외되거나 버림받을까 두려워한다. 이들은 타인의 인정을 중요하게 여기며, 관계에서의 소외를 피하려고 한다(소외감). 자신의 욕구나 감정을 드러내지 못하고 소외될까 두려워하며, 이를 위해 타인의 필요를 우선시하는 경향이 있다(자신의 욕구 무시).

예 진혁(가명) 씨는 팀 프로젝트에서 팀원 간의 의견 차이를 조율하며, 갈등이 생기지 않도록 노력합니다. 이들은 모든 사람의 의견을 존중하고, 조화로운 분위기를 유지하려고 합니다. 그는 가족 모임에서도 대화를 원만하게 이끌고, 갈등이 생길 경우 중재 역할을 합니다. 이들은 가족구성원 모두의 기분을 고려하여, 평화로운 분위기를 만들려고 합니다. 또한 어떤 가족원이 불편해하는 상황을 피하려고 합니다. 이러한 성향 덕분에 가족원들은 갈등을 줄이고 이들과의 관계에서 편안함을 느끼곤 합니다.

조별나눔

Q1. 에니어그램 성격검사에서는 무엇보다 각 유형이 '두려워하는 점'을 중요하게 다루며, 이는 자기 탐색에 매우 유용한 요소로 판단됩니다. 여러분은 아홉 가지 유형 중 본인이 어떤 유형에 가장 가깝다고 생각하는지, 그리고 가장 두려워하는 점은 무엇인지 함께 논의해 봅시다.

Q2. 30대 부부가 있습니다. 아내는 에니어그램 5번 유형으로 매우 분석적이어서, 남편과의 갈등 시 사태 발생의 원인과 해결 방안을 명확히 따져 묻는 경향이 있습니다. 반면 남편은 9번 유형으로, 아내가 갈등을 해결하고자 할 때 방 안이나 집 밖으로 회피하는 모습을 보입니다. 이는 갈등을 회피하려는 본인의 특성에서 비롯된 것으로 이해됩니다. 이 부부가 갈등 상황을 어떻게 원만하게 해결해 나갈 수 있을지 함께 논의해 봅시다.

Q3. 부부 갈등을 겪고 있는 20대 커플입니다. 여성은 1번 유형으로, 세심하고 계획적이며 규칙과 질서를 중시하는 성향을 가지고 있습니다. 남성은 7번 유형으로, 자유롭고 즉흥적이며 새로운 경험을 즐기는 성향을 지니고 있으며, 스킨스쿠버 등 모험적인 취미를 즐깁니다. 이들은 서로 다른 성향 때문에 일상생활, 의사결정, 미래 계획 등에서 갈등을 겪고 있습니다. 예를 들어, 여성은 안정적이고 체계적인 생활을 원하지만, 남성은 예측하기 어려운 계획 변경이나 자유로운 행동, 그리고 스킨스쿠버와 같은 취미활동을 즐깁니다. 이러한 차이가 어떻게 갈등으로 나타날 수 있을지에 대해 논의해 봅시다.

여성(1번 유형 : 이상주의자) → 올바름, 완벽함, 계획적, 책임감
남성(7번 유형 : 열정가) → 자유로움, 즐거움 추구, 즉흥적, 모험적
여성은 약속과 계획을 중시하지만, 남성은 상황에 따라 계획을 바꾸기도 합니다.
여성은 이를 '무책임하다'고 느끼고, 남성은 여성을 '너무 딱딱하다'고 생각하면서 갈등이 생깁니다.

- 남성과 여성의 갈등은 어떤 성격적 차이에서 비롯되었나요?
- 여성(1번 유형)은 어떤 점에서 스트레스를 느꼈을까요?
- 남성(7번 유형)은 왜 답답함을 느꼈을까요?
- 서로의 성향 차이를 이해하기 위해 여성과 남성이 취할 수 있는 태도에는 어떤 것들이 있을까요?
- 이 커플이 관계를 유지하며 성장하기 위해 각각 어떤 노력이 필요할까요?
- 여러분이라면 이런 상황에서 어떻게 타협하거나 소통할 것 같나요?

Q4. 유치원 남아를 키우는 40대 엄마입니다. 그녀는 에니어그램 1번 유형으로, 완벽함과 질서를 중요하게 여깁니다. 아들이 장난감을 어지럽힐 때마다 스트레스를 받는데, 이는 “장난감은 놀이 후 제자리에 놓아야 한다”는 그녀의 신념이 강하기 때문입니다. 그러나 아이는 아직 자유롭게 놀며 탐색해야 하는 발달 단계에 있습니다. 이러한 상황에서 그녀는 어떤 태도를 취하는 것이 바람직할지에 대해 함께 논의해 봅시다.

참·고·문·헌

Allport, G. W.(1937). *Personality : A psychological interpretation*. Holt.

Cloninger, C. R.(1987). A psychobiologic model of temperament and character. *Archives of General Psychiatry*, *44*(6), 573-581.

마음사랑 https://maumsarang.kr/maum/service/tci_interpretation.asp

CHAPTER

06

아동과 청소년을 위한 심리검사 및 평가

CHAPTER 06

아동과 청소년을 위한 심리검사 및 평가

(전지은)

1. 한국 웩슬러 아동 지능검사

1) 지능이란

지능(intelligence)은 그동안 수많은 연구자에 의해 다양한 개념으로 정의되어 왔다. 그중 현재 사람들이 아는 지능의 개념은 Binet와 Simon(1905)에 의해 정의되었는데 "잘 판단하고, 잘 이해하고, 잘 추리할 수 있는 능력"으로 보았다. 이와 비슷하게 Terman(1916)은 "개념을 형성하고 그 중요성을 파악하는 능력"이라 하였고, 웩슬러 아동 지능검사의 제작자인 D. Wechsler는 "목표지향적으로 행동하며 합리적으로 생각하고 개인이 환경에 효과적으로 대처하는 능력"이라고 정의하였다(Wechsler, 1944 : 3). 이들은 지능을 이론적 가정에 기초하여 개인의 능력을 측정하는 목적으로 지능검사를 제작하였다. Spearman(1904)은 지능이 단일 요인으로 구성되어 있다고 보았고, Thurstone과 Thurstone(1941)은 Spearman의 지능 일반 요인에는 보다 더 많은 지능적 요소가 포함된다고 생각하여 지능을 7개 요인으로 설명하였다. Gettell(1963)은 지능을 유동성 지능과 결정성 지능으로 나누어 유동성 지능은 유전적·선천적으로 타고난 능력으로 일반 추론 능력이라 하였고, 결정성 지능은 유동성 지능을 바탕으로 후천적으로 계발되는 지적 능력이라 하였다. Guilford(1967)는 지능을 서로 다른 종류의 정보를 다양한 방법으로 처리하는 능력이라 보며 지능의 구조는 입체 모형과 같다고 하였다.

2000년대 이후로 많은 연구자들은 지능에는 위계적 구조가 있다는 전제 하에, 지능은 서로 구별되는 하위 요인들이 있고 이를 포함하는 일반 요인들로 구성되어 있다고 판단했다(Caroll, 2012; Horn & Blankson, 2012; Shneider & McGrew, 2012).

2) 아동/ 영유아 웩슬러 지능검사 제5판(WISC-V : Wechsler Intelligence Sclale for Children)

웩슬러 지능검사는 D. Wechsler가 개발한 것으로 성인용(WAIS), 아동용(WISC), 유아용(WPPSI)으로 세분화되어 있다. 이 검사는 실용적이고 유용한 검사로서 전 세계에서 가장 많이 사용되는 검사 중 하나이다.

WISC-V는 만 6세에서 16세 11개월의 아동, 청소년을 대상으로 실시하는 검사로 웩슬러 아동 지능검사의 가장 최신판이다(Wechsler, 2014a). 국내에서는 WISC-V를 표준화한 K-WISC-V(곽금주 · 장승민, 2019)가 출시되었다. K-WISC-V는 최근 심리학적 연구 결과 및 이론을 반영하여 개정이 이루어졌고, 이에 알맞게 규준, 소검사, 지표점수, 용어 등이 개정되었다. 검사의 실시 및 채점 절차도 이전에 비해 편리하게 개정되었다.

K-WISC-V는 K-WISC-IV와 마찬가지로 13개 소검사(토막짜기, 공통성, 행렬추리, 숫자, 기호쓰기, 어휘, 동형찾기, 상식, 공통그림찾기, 순차연결, 선택, 이해, 산수)와 함께 3개 소검사(무게비교, 퍼즐, 그림기억)가 새롭게 개발되어 총 16개의 소검사로 이루어져 있다.

(1) WISC-V의 구성

전체척도				
언어이해	**시공간**	**유동추론**	**작업기억**	**처리속도**
공통성 어휘 상식 이해	토막짜기 퍼즐	행렬추리 무게비교 공통그림찾기 산수	숫자 그림기억 순차연결	기호쓰기 동형찾기 선택
기본지표 척도				
언어이해	**시공간**	**유동추론**	**작업기억**	**처리속도**
공통성 어휘	토막짜기 퍼즐	행렬추리 무게비교	숫자 그림기억	기호쓰기 동형찾기
추가지표척도				
양적추론	**청각작업기억**	**비언어**	**일반능력**	**인지효율**
무게비교 산수	숫자 순차연결	토막짜기 퍼즐 행렬추리 무게비교 그림기억 기호쓰기	공통성 어휘 토막짜기 행렬추리 무게비교	숫자 그림기억 기호쓰기 동형찾기

(2) K-WISC-V의 소검사

실시 순서	소검사	약어	설 명	해당 지표
1	토막짜기 (Block Design)	BD	제한 시간 내에 두 가지 색(흰색, 빨간색)으로 이루어진 토막을 사용하여 제시된 모형이나 그림과 같은 모양을 만든다.	전체지능 시공간 비언어 일반능력
2	공통성 (Similarity)	SI	2개의 단어를 듣고 두 단어의 유사점에 대해 설명한다.	전체지능 언어이해 일반능력

3	행렬추리 (Matrix Reasoning)	MR	행렬이나 연속의 일부를 보고 행렬 또는 연속을 완성하는 보기를 선택한다.	전체지능 유동추론 일반능력
4	숫자 (Digit Span)	DS	지시에 따라 일련의 숫자를 동일한 순서로 따라하기, 거꾸로 따라 하기, 그리고 순서대로 따라한다.	전체지능 작업기억 청각작업기억 인지효율
5	기호쓰기 (Coding)	CD	제한 시간 내에 기호표를 사용하여 간단한 기하학적 모양이나 숫자에 대응하는 기호를 그린다.	전체지능 처리속도 비언어
6	어휘 (Vocabulary)	VC	**그림 문항** : 소책자에 그려진 사물의 이름을 말한다. **말하기 문항** : 검사자가 들려주는 단어의 뜻을 설명한다.	전체지능 언어이해 일반능력
7	무게비교 (Rigure Weights)	FW	제한 시간 내에 균형이 맞지 않는 저울 그림을 보고 균형을 이룰 수 있는 보기를 선택한다.	전체지능 유동추론 양적 추론 비언어 일반능력
8	퍼즐 (Visual Puzzle)	VP	제한 시간 내에 완성된 퍼즐을 보고 퍼즐을 구성할 수 있는 3개의 조각을 선택한다.	시공간 비언어
9	그림기억 (Picture Span)	PS	제한 시간 내에 1개 이상의 그림이 있는 자극 페이지를 본 후, 반응 페이지에 있는 보기에서 이전에 봤던 그림들을 순서대로 찾는다.	작업기억 비언어 인지효율
10	동형찾기 (Symbol Search)	SS	제한 시간 내에 표적 모양과 동일한 모양을 찾는다.	처리속도 인지효율
11	상식 (Information)	IN	보편적인 지식에 대한 광범위한 주제에 관한 질문에 대답한다.	
12	공통그림찾기 (Picture Concepts)	PC	두 줄 또는 세 줄로 이루어진 그림을 보고 각 줄에 공통된 특성을 나타내는 그림들을 하나씩 고른다.	
13	순차연결 (Letter-Number Sequencing)	LN	연속되는 숫자와 글자를 듣고 숫자는 오름차순으로, 글자는 가나다 순서대로 외운다.	청각작업기억

14	선택 (Cancellation)	CA	제한 시간 내에 배열된 그림을 보고 표적 그림에 표시한다.	
15	이해 (Comprehension)	CO	일반적 원칙과 사회적 상황에 대한 질문에 대답한다.	
16	산수 (Arithmetic)	AR	제한 시간 내에 그림 문항과 말하기 문항으로 구성된 문제에 답한다.	양적추론

전체척도는 언어이해, 시공간, 유동추론, 작업기억, 처리속도로 5개의 영역으로 구성되어 있다. 10개의 기본 소검사 중 토막짜기, 공통성, 행렬추리, 숫자, 기호쓰기, 어휘, 무게비교 등 7개 검사가 핵심이다. 전체 지능지수의 범위는 40~160까지이고, 지표점수의 범위는 45~155까지다.

기본지표척도는 언어이해, 시공간, 유동추론, 작업기억, 처리속도로서 5개의 영역이 포함된다. 기본지표척도에 해당하는 기본 소검사는 10개가 포함되어 있고, 공통성, 어휘, 토막짜기, 퍼즐, 행렬추리, 무게비교, 숫자, 그림기억, 기호쓰기와 동형찾기가 해당된다.

추가지표척도는 양적추론, 청각작업기억, 비언어, 일반능력, 그리고 인지효율로 5개의 영역으로 구성되어 있다. 추가지표척도는 아동의 인지적 능력과 지능 검사 수행에 대한 추가적인 정보를 제공해 준다. 추가지표척도에는 무게비교, 산수, 숫자, 순차연결, 토막짜기, 퍼즐, 행렬추리, 무게비교, 그림기억, 기호쓰기, 공통성, 어휘, 토막짜기, 행렬추리, 무게비교, 숫자, 그림기억, 기호쓰기와 동형찾기가 포함된다.

K-WISC-V는 K-WISC-IV에 근거하여 개정되었는데 그 이유는 다음과 같다. 첫째, 사회·문화적 변화의 반영으로 아동의 인지적·사회적 환경이 변화하면서 기존의 검사 항목들이 현시대 아동의 사고방식이나 환경을 충분히 반영하지 못할 가능성이 있다. 이를 보완하기 위해 최신 데이터를 기반으로 개정되었다(Pearson Clinical Korea, 2016). 둘째, 검사 결과의 정확성과

일관성을 높이기 위해 현대적인 심리측정 기법을 사용하였다. 또한 새로운 하위 척도를 도입해 평가 범위를 확대하여 검사의 신뢰도와 타당도를 향상하였다(Wechsler, 2014). 셋째, 기존 K-WISC-IV에서 간과되었던 특정 인지 영역을 보다 정교하게 평가할 수 있도록 하위 척도가 추가되었다. 예를 들어, 시공간과 작업기억 같은 하위 척도를 통해 더 세밀한 정보 처리 영역을 평가할 수 있게 하였다. 넷째, 임상적 유용성의 강화를 위해 개정되었다. ADHD, 학습장애, 자폐스펙트럼장애 등 특정 임상 상황에서의 평가 도구로서 유용성을 높이기 위함이다. 이를 통해 내담자를 위한 치료와 교육적 지원을 위한 진단적 가치를 증가시켰다. 다섯째, 기존의 표본 데이터를 최신 한국 아동의 연구 통계적 특성에 맞도록 재조정하였다. 이를 통해 현대 한국 사회의 아동을 더 잘 반영할 수 있도록 표준화된 점수를 제공하고자 개정되었다(강은주 외, 2016; 김지은 외, 2017).

(3) K-WISC-V의 소검사에 대한 해석

① 언어이해 지표

언어이해 지표는 공통성과 어휘 두 가지 소검사 점수의 합산으로 산출된다. 이 지표는 습득된 단어 지식과 그에 적용하는 언어 능력을 측정한다. 의미 있는 개념을 언어로 표현하는 능력, 언어 정보를 이해하는 능력, 자신의 의견이나 생각을 표현하는 능력, 언어적 이해력 등을 측정한다.

• 공통성 – 기본 소검사

공통성은 아동의 언어적 추론 능력과 개념적 사고능력을 평가하는 데 사용된다. 이 소검사는 아동에게 2개의 단어를 제시한 뒤 두 단어 간의 공통점인 유사성을 설명하도록 하여 언어적 개념 형성 능력을 측정한다.

공통성 소검사는 네 가지 주요 영역을 평가한다. 첫째, 언어적 추론 영역으로 아동이 언어적 정보를 사용해 개념적으로 사고하는 능력을 말한다(Wechsler, 2014). 둘째, 추상적 사고 영역은 단순히 구체적인 특성이 아니라 추상적이고 보편적인 개념을 도출하는 능력을 뜻한다(Kaplan & Saccuzzo, 2017). 셋째, 범주화 능력 영역은 두 단어가 공유하는 범주 또는 속성을 이해하고 표현하는 능력을 측정한다(Pearson Clinical Korea, 2016). 넷째, 언어적 표현 능력 영역으로 생각한 내용을 언어로 명확히 표현하는 능력을 평가한다(강은주 외, 2016).

공통성 소검사의 문항은 연습 문항 1개와 검사 문항 23개로 구성되어 있다. 검사자는 아동에게 2개의 단어(예 사과와 바나나)를 제시하며 공통성을 설명하도록 요구한다. 질문의 난도가 점차 올라가며 초기에는 구체적인 단어(예 의자와 책상)로 시작하여 점점 추상적인 단어(예 용기와 참을성)를 제시한다. 이 소검사는 0, 1, 2점으로 채점되어 최대 점수는 46점이다. 채점 기준은 정확하고 논리적인 답변(예 사과와 바나나는 둘 다 과일이에요)은 2점, 부분적으로 맞는 답변 또는 구체적인 답변(예 둘 다 먹을 수 있어요)은 1점, 두 단어의 속성과 관련 없는 부적절한 답변이나 무응답, 설명을 명백히 하지 못할 경우는 0점으로 처리한다.

공통성 소검사는 제시된 단어의 의미를 모르면 실패할 수 있고 이 경우 언어 개념화의 결함보다는 어휘 능력의 부족으로 판단한다. 그래서 이 소검사는 내담 아동의 학습장애 진단, 추상적 사고의 평가, 또는 교육적 지원을 세우는 데 활용할 수 있는 중요한 지표를 제공한다.

• 어휘 – 기본 소검사

어휘 소검사는 언어이해 지수를 구성하는 핵심 소검사 중 하나로 아동의 언어적 이해와 표현 능력을 평가한다. 이 소검사는 주어진 단어의 정의를 설명하거나 그림으로 제시된 사물의 이름을 말하게 함으로써 아동의 언어적 능력과 지식 수준을 측정한다.

어휘 소검사는 언어적 지식, 언어적 표현력, 언어 기반 학습 능력과 장기 기억 능력을 평가할 수 있다. 이 소검사를 통해 검사자는 아동이 다양한 단어의 의미를 이해하고 이를 적절히 설명하는지(Wechsler, 2014), 어휘의 개념을 명확히 설명할 수 있는 언어적 유창성을 지녔는지(Pearson Clinical Korea, 2016), 어휘를 통해 얻은 지식을 활용하여 상황에 적용하는 능력이 있는지(Kaplan & Saccuzzo, 2017), 그리고 축적된 어휘 지식을 회상하여 사용할 수 있는지(강은주 외, 2016) 살필 수 있다.

어휘 소검사의 문항은 그림 문항 4개와 언어 문항 25개로 총 29개로 구성되어 있다. 검사자는 아동에게 두 가지 유형의 질문을 한다. 첫째는 정의 질문으로 아동에게 특정 단어를 제시하고 그 의미를 설명하도록 요청한다. 둘째는 그림 문항으로 그림으로 제시된 사물이나 장면을 보고 이름을 말하도록 요청한다. 어휘 소검사는 0, 1, 2점으로 채점하고 최대 점수는 54점이다. 2점은 정확하고 완전한 정의, 1점은 부분적으로 맞거나 단순한 표현, 그리고 0점은 부적절하고 의미 없거나 무응답을 한 경우이다.

어휘 소검사는 언어이해 지수의 구성요소로 언어적 이해, 언어적 추론, 배경지식을 측정하는 데 기여한다. 언어이해 지수는 학업 성취와 밀접한 관련이 있어 학습 능력 평가에도 중요한 역할을 한다(Wechsler, 2014).

• 상식 – 추가 소검사

K-WISC-V 추가 소검사 중 하나로 아동의 일반적인 지식과 학습 경험에서 얻은 정보를 평가한다. 이 소검사는 다양한 분야에서의 상식적인 질문을 통해 아동의 언어적 이해, 기억력, 학습 경험을 측정하는 데 사용된다.

상식 추가 소검사는 다양한 주제에 대한 지식과 이를 기억하는 능력인 일반 지식(Wechsler, 2014), 이전에 학습한 정보를 회상하고 활용하는 능력(Kaplan & Saccuzzo, 2017), 질문의 의미를 파악하고 적절히 답변할 수 있는 능력인 언어적 이해(Pearson Clinical Korea, 2016), 그리고 아동이 학습한 정보를 환경에 적용하고 학습 경험을 통해 얻은 지식을 평가할 수 있다(강은주 외, 2016).

이 추가 소검사는 31개의 문항으로 지침서에 있는 지시대로 문항을 정확히 읽어준다. 0점 또는 1점으로 채점되며 1점은 정답, 0점은 오답이다.

상식 추가 소검사는 아동의 학습 경험과 환경적 노출의 차이를 분석해 아동을 문화적 맥락에서 이해할 수 있게 한다. 지적장애나 발달 지연이 의심되는 경우, 상식 추가 소검사는 학습 능력의 질적 차이를 파악하는 데 기여한다. 또한 상실 추가 소검사 결과를 바탕으로 아동의 교육적 필요를 이해하고 맞춤형 전략을 설계할 수 있다(강은주 외, 2016). 이 소검사는 아동의 지능보다는 그들의 학습 기회와 문화적 환경을 더 많이 반영하고 창의적 사고나 추론보다는 기억과 지식 재현에 집중한다는 데 한계가 있다(Wechsler, 2014).

• 이해 – 추가 소검사

K-WISC-V에서 이해 추가 소검사는 아동이 일상적 상황에서 논리적 사고를 통해 문제를 해결하고 사회적 관습 및 규범을 이해하며, 이를 언어적으로 표현하는 능력을 평가하는 데 사용된다.

이해 추가 소검사는 다음과 같은 주요 영역을 평가한다. 첫째, 규범적 · 관습적 문제에 대한 이해와 이를 응용하는 능력인 사회적 추론 영역이다(Wechsler, 2014). 둘째, 실제 상황에서의 문제를 논리적으로 이해하는 능력인 문제해결과 실용적 사고를 평가한다(Miller & Kaufman, 2018). 셋째, 논리적 사고를 명확하고 적절하게 표현할 수 있는 언어적 표현력과 넷째, 다양한 환경에서 적응하기 위한 실용적 지식과 판단력(Benson, et al., 2019) 영역을 평가한다.

이 추가 소검사는 19개의 문항으로 지침서에 있는 지시 그대로 문항을 정확하게 읽어준다. 채점은 0, 1, 2점으로 최대 38점을 받을 수 있다. 2점은 논리적이고 완전한 답변, 1점은 부분적으로 맞는 답변이며, 0점은 부정확하거나 관련 없는 답변일 때 채점된다(Miller & Kaufman, 2018; Wechsler, 2014).

이해 추가 소검사는 사회적 규범과 실용적 문제해결 능력을 측정하므로, 일상생활에서의 적응력을 평가하는 데 효과적이다(Benson, et al., 2019). 또한 논리적 사고와 언어적 표현 능력의 결핍을 진단하여 언어적 학습장애나 지적장애 진단이 가능하다(Miller & Kaufman, 2018). 그리고 이해 추가 소검사 결과를 바탕으로 사회적 적응과 문제해결을 돕는 교육 및 심리적 지원을 설계할 수 있다(강은주 외, 2016).

하지만 이해 추가 소검사의 질문 내용은 문화적 배경에 따라 다르게 해석될 수 있는 문화적 편향성(Miller & Kaufman, 2018)과, 아동이 자신의 사고를 충분히 표현하지 못할 경우 점수가 낮아질 가능성이 있다는 한계점이 있다(Benson, et al., 2019).

② 시공간 소검사

시공간 소검사는 토막짜기와 퍼즐 소검사로 이루어져 있으며 공간적 및 시각적 처리 능력을 측정한다(Wechsler, 2014). 이 소검사는 아동이 공간적 정보를 이해하고 처리하는 능력을 평가하며, 문제해결, 추론 및 시각적 조직화와 밀접한 관련이 있다(이은혜 외, 2019).

시공간 소검사는 아동의 지적 발달을 포괄적으로 이해하는 데 중요한 요소로 작용한다. 이 검사를 통해 아동이 물리적 환경을 어떻게 인식하고, 요소 간의 관계를 이해하는지, 또한 시각적 패턴을 어떻게 인식하는지를 평가할 수 있다. 특히 학습장애나 특정 학습 문제를 가진 아동의 경우 시공간 능력이 학업 성과에 상당한 영향을 미칠 수 있어 이러한 능력을 정확히 평가하는 것이 매우 중요하다(조수진 외, 2021).

• 토막짜기 – 기본 소검사

토막짜기는 아동의 시각적 조직화 능력과 공간적 사고능력을 평가하는 중요한 도구이다(이은해 외, 2019). 이 검사는 아동이 주어진 토막을 사용하여 시각적으로 분석하고 이를 토대로 동일한 패턴을 재구성하는 과정을 통해 시공간적 사고를 측정한다.

토막짜기는 아동이 공간적 정보와 형태를 얼마나 잘 인식하고 재구성할 수 있는지를 평가하며, 이는 학업에서 요구되는 문제해결 능력, 공간추론 및 시각적 기억력과 밀접하게 연결되어 있다(조수진 외, 2021).

이 소검사는 13개의 문항으로 토막을 주고 소책자에 있는 모형을 가리키며 똑같이 최대한 빨리 만들어 달라고 요청한다. 아동은 주어진 시간 안에 모형을 최대한 정확하게 재구성해야 한다. 일반적으로 각 모형안에 대해 주어진 시간이 있으며 아동이 도안을 재구성하는 동안 검사자는 주의 깊게 지켜본다.

토막짜기 소검사를 채점할 때는 오류에 대해 숙지하고 있어야 한다. 첫째 오류는 형태 오류로 토막이 비슷한 형태로 맞춰지지 않은 경우이다. 둘째는 토막이 올바른 위치에 놓이지 않은 경우, 셋째는 필요한 토막의 수가 맞지 않은 경우이다. 마지막 넷째는 모형의 규칙적 패턴에 따라 조합되지 않은 경우를 말한다. 토막짜기 소검사의 점수는 최대 58점으로 1~3번 문항은 0, 1, 2점, 4~9번 문항은 0점과 4점, 그리고 10~13번 문항에서는 0, 4, 5, 6, 7점을 기록한다.

채점 시에는 배치된 토막의 수와 위치를 기반으로 정확성을 채점한다. 각 오류의 종류를 기록하며, 아동이 보인 각 오류를 기록해 채점 기준에 따라 점수를 부여한다. 또한 올바르게 배치된 토막 수에 따라 점수가 결정되어 오류의 수나 종류에 따라 감정이 이루어질 수 있다.

토막짜기 소검사의 최종 점수는 아동의 시각적 조직화 및 공간적 사고능력을 나타내며, 이 점수를 통해 학습에 대한 지원이나 개입이 필요할 수 있는지 평가하는 데 활용된다(김지은 외, 2017).

• 퍼즐 – 기본 소검사

퍼즐 기본 소검사는 아동의 비언어적 지능을 평가하는 데 중요한 역할을 한다. 이 소검사를 통해 아동이 시작 정보와 공간적 관계를 얼마나 잘 이해하고 조작할 수 있는지를 파악할 수 있다(이은혜 외, 2019). 또한 이 소검사는 아동이 주어진 패턴이나 도안을 정확히 재구성하는 능력을 측정하며 문제해결 및 창의적 사고와 관련된 중요한 인지기능을 반영한다(정윤미 외, 2017). 특히 학습장애가 있는 아동의 경우, 이러한 시각적 · 공간적 능력의 평가가 학업 성과에 크게 영향을 미칠 수 있기 때문에(강은주 외, 2016), 퍼즐 기본 소검사는 교육적 개입의 기초 자료로 활용할 수 있다.

이 소검사는 시범 문항 1개, 연습 문항 1개, 검사 문항 29개로 이루어져 있다. 각 문항은 아동에게 주어진 기본 도안을 바탕으로 3개의 조각으로 퍼즐을 완성해야 한다. 채점은 0점과 1점으로 최대 점수는 29점이다. 1점은 제한 시간 내에 정답 반응을 보인 경우, 0점은 오답으로 무응답이나 제한 시간이 경과된 후에도 반응이 없는 경우에 채점된다.

퍼즐 소검사는 아동의 시각적 조직화 능력, 공간추론 능력, 문제해결 기술, 그리고 비언어적 지능을 평가한다.

③ 유동추론 소검사

유동추론 소검사는 아동의 비언어적 사고와 문제해결 능력을 평가하는 데 중요한 도구이다. 유동추론 능력은 학업적 성공뿐만 아니라 일상생활에서의 문제해결에도 중요한 역할을 한다(강은주 외, 2016). 이 소검사는 아동이 제공된 도형이나 패턴을 사용하여 새로운 정보를 처리하고 규칙을 추론하는 능력을 측정한다(이은혜 외, 2019).

유동추론 소검사는 아동의 기초적인 인지 처리 능력을 반영하며 시각적 및 도형적 문제해결 능력을 평가하는 데 중점을 둔다. 이런 평가는 아동이 정보를 어떻게 수집하고 분석하며 적용하는지를 이해하는 데 중요한 지표가 된다. 유동추론 능력이 높으면 아동은 새로운 환경이나 문제 상황에서도 보다 효과적으로 적응하고 해결책을 찾을 수 있다.

• 행렬추리 – 기본 소검사

행렬추리 기본 소검사는 아동의 비언어적 추론 능력과 문제해결 능력을 평가하는 중요한 검사이다. 이 소검사는 아동이 도형 및 패턴의 관계를 이해하고 이를 바탕으로 빠르게 해결책을 제시할 수 있는지에 대한 능력을 측정하여 시각적 정보처리와 추론 능력의 조합을 평가한다(이은혜 외, 2019).

행렬추리 기본 소검사는 연습 문항 2개와 검사 문항 32개로 0점과 1점으로 채점된다. 아동이 선택한 답이 주어진 행렬과 얼마나 일치하는지를 기준으로 1점은 정답 반응일 때, 0점은 오답, 모른다고 했거나 시간이 경과한 후에도 반응이 없을 경우로 채점한다. 아동이 잘못 선택한 경우 그 이유를 분석하여 아동의 사고 과정을 이해하는 데 중요한 역할을 하는 검사이다.

이 소검사를 통해 아동의 유동적 추론 능력, 시각처리 능력, 문제해결 전략, 시각적 예민성, 공간 능력과 시지각적 추론 능력을 평가할 수 있다.

• 무게비교 – 기본 소검사

무게비교 기본 소검사는 아동이 두 가지 물체의 무게를 비교하고, 이를 통해 추론하는 능력을 측정한다. 무게비교는 단순한 물리적 특성을 넘어 아동이 논리적 사고와 문제해결 능력을 발휘해야 하는 상황을 반영한다(이은혜 외, 2019). 또한 물체의 무게를 비교함으로써, 아동의 기본적인 수리적 사고능력을 평가할 수 있다(조수진 외, 2021).

이 소검사는 연습 문항 2개와 34개의 검사 문항으로 구성되어 있고, 두 가지 물체를 제시한 후 어떤 것이 더 무거운지 선택하게 한다. 제한된 시간 내에 아동이 주어진 규칙을 이행하며 응답할 수 있도록 한다. 무게비교 기본 소검사에서는 유동적 추론 능력은 물론 양적추론, 수리적 사고능력, 비언어적 추론, 주의력 및 집중력을 평가할 수 있다.

• 공통그림찾기 – 추가 소검사

공통그림찾기 추가 소검사는 아동의 인지적 추리능력과 시각적 인식능력을 평가하는 중요한 도구이다. 이 소검사에서는 주어진 그림들 사이에 공통적으로 나타나는 요소를 찾도록 요구하여 아동의 관찰력과 문제해결 능력을 측정한다. 공통그림찾기 추가 소검사는 아동이 정보를 처리하고 패턴을 인식하는 방법을 이해하는 데 있어 중요한 지표로 작용한다(이은혜 외, 2019).

공통그림찾기 추가 소검사는 연습 문항 2개와 검사 문항 27개로 이루어져 있고, 제시된 여러 그림 중 공통적으로 나타나는 그림이나 패턴을 선택해야 한다. 각 문항은 아동의 시각적 처리 능력과 인지적 유연성을 측정하기 위해 다양한 난이도와 유형으로 구성되어 있다. 0점과 1점으로 채점되며 총 27점으로 기록된다. 1점은 정답 반응을 모두 선택한 경우, 0점은 오답, 정답 반응을 모두 선택하지 않은 경우, 모른다고 답했을 경우, 시간이 경과된 경우 또는 무응답일 경우에 채점된다.

이 추가 소검사를 통해 아동의 시각적 인식능력, 비교 및 추론 능력과 문제해결 능력을 평가할 수 있다.

• 산수 – 추가 소검사

산수 추가 소검사는 아동의 산술 능력과 수리적 추론 능력을 평가하는 도구이다. 이 추가 소검사는 아동이 수학적 개념 및 연산을 이해하고 적용하는 능력을 측정하여 기본적인 수리적 사고 및 문제해결 능력을 파악하는 데 기여한다(이은혜 외, 2019). 이러한 능력은 일상생활에서도 중요한 역할을 하고 학업 성취에도 밀접한 관련이 있다(강은주 외, 2016).

산수 추가 소검사는 그림 문항 5개와 검사 문항 29개로 총 34개의 문항으로 구성되어 있다. 기본적인 덧셈, 뺄셈, 곱셉 및 나눗셈 문제들이 포함되어 있고, 아동은 주어진 문제를 통해 적절한 응답을 해야 한다. 채점은 1점과 0점으로 최대 점수는 34점이다. 1점은 정답일 때, 0점은 오답, 제한시간이 경과한 경우, 모른다고 응답할 경우 또는 무응답일 경우이다.

이 추가 소검사는 기본적 산술 능력은 물론 단기기억, 유동적 추론 능력, 작업기억, 문제해결 능력과 수리적 추론을 평가할 수 있다.

④ 작업기억 소검사

작업기억 소검사는 아동의 작업기억 능력을 평가하는 도구이다. 작업기억은 단기적으로 저장하고 조작하는 능력을 말한다. 이 소검사에는 숫자와 그림기억이 구성되어 있으며, 추가 소검사로는 순차연결이 해당된다. Cowan과 Alloway(2009)는 작업기억이 여러 과제를 한꺼번에 수행하면서 인지적 요구를 정확하게 완성하기 위한 필요 능력으로 인지능력의 주요 부분이라 하였다.

작업기업은 정보를 단기적으로 저장하고 동시에 조작하는 능력을 의미한다. 이는 인지과정에서 핵심적인 역할을 하며, 학습, 문제해결, 그리고 일상생활에서의 의사결정에 필수적이다. 그리고 작업기억은 여러 구성요소로 나뉘며 시각적 정보와 언어적 정보를 동시에 처리할 수 있는 능력을 갖추고 있다(Baddeley & Hitch, 1974). 작업기억은 또한 아동의 학업 성취와 밀접하게 연결되어 있는데, 아동의 언어 및 수학적 능력뿐만 아니라 주의집중 및 추론 능력에도 영향을 미친다(Gathercole & Alloway, 2008).

• 숫자 – 기본 소검사

숫자 기본 소검사는 아동의 작업기억 능력을 평가하는 중요한 검사이다. 이 소검사는 아동이 차례로 제시된 숫자를 기억하고 다시 말하는 과정을 통해 그 능력을 평가한다(Gathercole & Alloway, 2009). 아동이 일련의 숫자를 듣고 기억하여 바로 따라 하기, 거꾸로 따라 하기, 순서대로 따라 하는 과제로 이루어져 있다. 이 소검사를 통해 단순한 작업기억 능력뿐만 아니라 청각적 순차 처리 능력과 더불어 청각적 기억력 또한 측정한다.

문항은 세 가지 유형으로 구성되어 있고, 각 문항은 2회 시행하여야 한다. 숫자 바로 따라 하기는 9개 문항, 숫자 거꾸로 따라 하기는 연습 문항 1개와 검사 문항 9개, 숫자 순서대로 따라 하기는 검정 문항, 연습 문항 2개, 검사 문항 9개로 구성되어 있다. 채점은 0점과 1점으로 기록되며 1점은 정답 반응, 0점은 오답, 모른다고 하거나 시간이 경과한 후에도 반응하지 않을 때 채점된다.

숫자 기본 소검사는 단기기억은 물론 작업기억, 산출 사고능력, 집중력과 청각적 기억력을 평가할 수 있다.

• 그림기억 – 기본 소검사

그림기억 소검사는 K-WISC-V에서 새롭게 추가된 검사로, 아동의 비언어적 기억력 및 시각적 인식능력을 측정하는 도구이다. 이 소검사는 아동이 주어진 그림을 얼마나 잘 기억하고 재현하는지를 평가하여 인지적 발달 상태를 이해하는 데 도움을 준다.

그림기억 소검사는 아동의 기억력과 관련된 여러 인지능력을 평가하는 데 필수적이다. 시각적 기억은 학습 과정에서 중요한 역할을 하며 일상생활에서도 정보나 사례를 기억하는 데 필요하다.

이 소검사의 문항은 연습 문항 3개와 검사 문항 26개로 점수는 최대 49점까지 기록되며 0, 1, 2점으로 채점된다. 2점은 모두 올바른 순서대로 찾은 경우, 1점은 모두 찾았지만, 순서가 틀린 경우, 0점은 올바른 그림을 모두 선택하지 않았거나 틀린 그림 선택, 무응답 또는 제한 시간 경과 후에도 반응하지 않은 경우 채점된다.

그림기억 소검사는 시각적 작업기억, 단기기억 및 시각기억과 주의력 및 집중력을 평가할 수 있다.

• 순차연결 – 추가 소검사

순차연결 추가 소검사는 아동의 작업기억 및 시각적 처리 능력을 평가하는 데 중점을 둔 검사이다. 이 소검사는 아동이 주어진 요소들을 적절한 순서로 연결하여 복잡한 정보를 구조화하고 기억하는 능력을 측정한다.

이 추가 소검사는 아동의 인지적 유연성을 평가하는 도구로, 아동이 규칙을 인식하고 패턴을 식별하며 주어진 정보를 바탕으로 논리적으로 사고할 수 있는 능력을 평가한다. 이러한 능력은 문제해결, 계획 및 의사결정 과정에서 중요한 역할을 하며 일상생활과 학업에서의 성공에도 크게 기여한다.

순차연결 추가 소검사는 연속되는 숫자와 글자를 불러주고 순서대로 말하게 하는 소검사로 단기 작업기억과 청각적 처리 능력을 측정한다. 이 추가 소검사의 문항은 검정 문항 2개, 시범 문항 2개, 연습 문항 2개, 검사 문항 10개로 최대 점수 30점을 기록할 수 있다. 채점은 0점과 1점으로 기록되며 1점은 정답 반응, 0점은 오답, 무응답 또는 제한 시간이 경과한 후에도 반응이 없을 경우 채점된다. 이 검사를 통해 작업기억 능력은 물론 청각적 처리 능력, 단기 기억력, 암기력, 주의력 및 집중력을 평가할 수 있다.

⑤ 처리속도 소검사

처리속도 소검사는 아동이 제한된 시간 안에 단순하고 반복적인 시각–운동 과제를 얼마나 빠르게 수행할 수 있는지를 측정한다. 기호쓰기와 동형찾기가 기본 소검사로 포함되어 있고 선택 과제가 추가 소검사이다.

처리속도 소검사는 아동이 시각적 자극을 얼마나 잘 인식하고 해석하는지와 제한 시간 안에 정보를 기억하고 활용할 수 있는 능력을 평가한다. 또한 시각적 자극에 따른 신속한 반응 능력, 상징적 정보의 처리를 통해 아동의 추상적 능력과 복잡한 자극 속에 주의력을 유지하고 집중하는 능력을 측정할 수 있다.

• 기호쓰기 – 기본 소검사

기호쓰기는 아동의 시각적 처리능력, 속도, 주의력 및 집중력을 평가하는 기본 소검사이다. 이 소검사는 주어진 기호와 유사한 기호를 빠르게 찾는 과정을 통해 아동의 반응 속도를 측정한다.

기호쓰기 소검사에서 아동은 여러 기호가 나열된 표에서 특정 기호가 있는지 여부를 빠르게 판단해야 한다. 각 기호에 대해 두 가지 선택지가 주어지며, 제시된 기호가 표에 포함되어 있는지를 체크해야 한다. 제한된 시간 안에 최대한 많은 반응을 요구하며, 아동이 얼마나 빨리 정확하게 기호를 식별할 수 있는지를 평가한다.

이 소검사의 문항은 시범 문항, 연습 문항, 검사 문항으로 이루어져 있으며 A형은 6~7세 아동에게, B형은 8~16세 아동에게 실시할 수 있다. A형에서는 75점, B형에서는 117점이 최고 점수로 기록되며, 두 유형 모두 1점과 0점으로 채점된다. 1점은 제한 시간 내에 끝낸 적합한 기호일 때, 0점은 부정확하거나 회전된 신호일 때 채점된다.

기호쓰기 소검사는 처리속도는 물론 과제 수행 능력, 쓰기 속도, 시각기억, 시각-운동 협응력, 민첩성 및 순발력, 주의력 및 집중력을 평가할 수 있다.

• 동형찾기 – 기본 소검사

동형찾기는 아동의 시각적 정보 처리 능력과 반응 속도를 평가하는 중요한 기본 소검사이다. 이 소검사는 아동이 주어진 기호와 숫자 간의 연결을 얼마나 정확하고 빠르게 수행할 수 있는지를 측정한다.

이 소검사에서 숫자와 이에 대응하는 기호 목록이 아동에게 제공되며, 아동은 각 숫자에 해당하는 기호를 빠르게 적어야 한다. 이는 기호의 반복적인 사용을 요구하여 기억력과 인지능력, 쓰기 능력을 종합적으로 평가한다. 기호쓰기 소검사와 마찬가지로 A형은 6~7세, B형은 8~16세의 아동에게 실시되며, A형은 최대 43점, B형은 최대 60점을 기록할 수 있다. A형의 총점은 정답 수 − 오답수 + 시간 보너스 점수로, B형은 정답 수 − 오답 수로 채점한다.

동형찾기 소검사에서는 처리속도, 시지각적 변별, 시각적 단기기억, 쓰기 능력, 주의력 및 집중력을 평가할 수 있다.

• 선택 – 추가 소검사

선택 추가 소검사는 아동이 제한 시간 45초 내에 무선으로 배열된 그림과 일렬로 배열된 그림을 보고 표적 그림 동물을 표시하는 소검사이다.

선택 추가 소검사에는 시범 문항과 2개의 검사 문항(일렬 배열과 무선 배열)으로 구성되어 있으며, 최대 점수 128점으로 무선 배열 문항 점수 + 일렬 배열 문항 점수로 채점한다.

이 추가 소검사에서는 처리속도, 지각속도, 시지각 능력, 시각적 단기기억, 시각적 예민성, 집중력 및 주의력, 문제해결 능력, 추상적 사고능력, 그리고 사고의 유연성을 평가할 수 있다.

⑥ 추가지표

K-WISC-V에는 다섯 가지 추가지표가 있는데, 이 추가지표들은 아동의 전반적인 인지능력을 보다 심층적으로 분석할 수 있도록 돕는다. 이러한 지표들은 각각의 특정 영역에서 아동의 강점과 약점을 평가하여 아동에게 필요한 개별화된 개입의 필요성을 인식하는 데 중요한 역할을 한다.

양적추론 지표(QRI : Quantitative Reasoning Index)는 무게비교 및 산수 소검사로 구성되어 있다. 아동의 수적 문제해결 능력과 수학적 추론 능력을 평가한다. 이 지표는 수학적 개념과 문제해결 방식을 이해하는 데 필요한 사고능력을 측정하며, 선형적 문제해결 및 수리적 직관을 포함한다. 또한 아동의 주의력, 집중력, 그리고 작업 기억력도 측정할 수 있다.

청각작업기억 지표(AWMI : Auditory Working Memory Index)는 아동의 청각적인 정보 기억 및 작업 능력을 평가한다. 이 지표는 주어진 정보를 들으며 동시에 처리하고 기억하는 능력을 측정한다. 또한 아동이 정보를 수집하고 이를 조작하여 문제를 해결하는 데 필요한 전략적 사고 과정을 파악하는 데 유용한 지표가 된다.

비언어 지표(NVI : Nonverbal Index)는 시공간 지표와 유동추론 지표 및 처리속도 지표의 핵심 소검사들에 더해서 작업기억 지표의 그림기억 소검사가 포함된다. 아동의 비언어적 사고 및 문제해결 능력을 평가한다. 언어적 지식에 의존하지 않고 시각적 또는 공간적 정보를 기반으로 문제를 해결하는 능력을 측정한다. 이 지표는 아동이 직관적으로 사고하고 복잡한 상황에서 감각 정보를 활용하여 적절한 결정을 내릴 수 있는 능력을 반영한다.

일반능력 지표(GAI : General Ability Index)는 전체지능 산출에 적용되는 전체척도의 핵심 소검사들 중 공통성, 어휘, 토막짜기, 행렬추리, 무게비교에 포함되는 5개의 핵심 소검사로 구성된다. 이 지표는 특정 장애의 영향을 최소화하도록 설계되어 아동의 일반적인 지적 잠재력을 평가하는 데 적합하다.

인지효율 지표(CES : Cognitive Efficiency Index)는 숫자, 그림기억과 기호쓰기, 동형찾기로 구성되어 있다. 아동의 정보 처리속도와 작업기억의 효율성을 평가하고 주의력과 집중력도 포함된다. 이 지표는 처리속도와 작업기억의 상호작용을 평가하여 아동이 주어진 환경에서 얼마나 효과적으로 기능할 수 있는지를 평가한다.

이러한 추가지표들은 K-WISC-V의 전체지능 평가를 보완하며, 아동의 인지적 특성을 보다 깊이 이해할 수 있도록 해준다. 이를 통해 교육자와 부모는 아동에게 맞는 적절한 지원과 개입을 계획할 수 있다.

(4) K-WISC-V의 해석

K-WISC-V의 해석은 아동의 인지능력을 종합적으로 평가하여 개인의 강점과 약점을 파악하는 데 중요한 역할을 한다. 이 검사는 전체지능지수(FSIQ)를 포함해 여러 하위 지표를 제공하며, 언어이해, 비언어적 추론, 작업기억, 그리고 처리속도와 같은 다양한 인지 영역을 평가한다. Wechsler(2014)에 따르면 K-WISC-V는 아동의 학업 성취도 및 사회적 적응을 이해하는 데 필수적인 자료를 제공한다.

K-WISC-V의 해석은 FSIQ와 하위 지표의 차이를 인식하는 것이 중요하며, 각각의 지표가 아동의 특정 인지적 특성을 어떻게 반영하는지 이해해야 한다. 각 아동이 가진 독특한 인지적 특성을 이해함으로써 맞춤형 지원이나 개입이 가능하다는 각 아동의 특수성을 설명할 수 있다. 또한 K-WISC-V의 결과는 교육적 개입 및 아동의 학습 전략을 세우는 데 활용될 수 있으며, 각 아동의 학습 필요와 스타일을 이해하는 데 도움이 되어 교육적 활용에도 사용될 수 있다(김도연 외, 2021).

① K-WISC-V의 점수들

K-WISC-V의 점수는 다음과 같이 산출되고 제공된다.

- **원점수** : 각 하위 검사의 원점수는 아동이 해당 검사에서 맞춘 문제 수로 계산된다. 예를 들어, 특정 과제에서 아동이 15문제를 풀었고 12문제를 맞혔다면, 원점수는 12점이 된다. 원점수는 과제가 끝난 후에 기록되며, 각 과제의 난이도와 유형에 따라 다르게 설정된다.
- **표준점수** : 원점수는 연령 기준 집단에서의 성과를 비교하여 표준점수로 변환된다. 이 과정에서 주어진 원점수를 평균 및 표준편차를 기준으로 변환하여 점수를 부여한다. K-WISC-V에서 표준점수는 평균이 100, 표준편차는 15이다. K-WISC-V에서 전체지능 점수가 90~109일 경우 평균, 110~119일 경우 평균 우위, 120~129일 경우 우수, 130 이

상일 경우 매우 우수로 본다. 반대로 점수가 80~89일 경우 평균 이하, 70~79일 경우 낮음, 69점 이하일 경우 매우 낮음으로 개입이 필요하다.

- **백분위 점수** : 백분위 점수는 아동의 점수가 동일한 연령대의 아동 집단에서 어떤 위치에 있는지를 나타낸다. 예를 들어, 백분위 점수가 75라면 해당 아동보다 더 낮은 점수를 가진 동일 연령대 아동들이 75%라는 의미이다. 백분위 점수는 동일 연령대에서의 상대적인 성과를 해석하는 데 도움이 된다.
- **신뢰구간** : 신뢰구간은 채점된 점수가 얼마나 신뢰할 수 있는지를 나타내는 범위이다. K-WISC-V 결과에서 신뢰구간은 아동의 진정한 지능이 특정 범위 내에 있을 것으로 추정되는 구간을 의미한다. 일반적으로 K-WISC-V의 각 점수는 95% 신뢰구간을 제공하며, 이는 아동의 실제 지능 점수가 이 구간 안에 있을 확률이 95%라는 것을 뜻한다. 예를 들어, 만약 언어이해 지수가 110이라고 할 때, 신뢰구간이 104, 116이라면 아동의 실제 언어이해 능력이 이 범위에 있을 가능성이 95%라는 것을 뜻한다.

  신뢰구간은 아동의 점수 해석에 중요한 역할을 한다. 만약 지표 점수가 낮더라고 신뢰구간이 넓다면 점수의 정확성에 대한 불확실성이 높다는 것을 의미한다. 반면 좁은 신뢰구간은 더 높은 확신을 제공한다.

② K-WISC-V의 분석

K-WISC-V의 프로파일 분석 과정은 아동의 인지능력을 심층적으로 이해하기 위한 체계적이고 구조화된 절차로 각 단계에서 아동의 발달적 요구를 반영한다.

첫 번째 단계에서는 전체지능지수(FSIQ)를 산출 및 기술한다. 전체지능지수는 아동의 전반적인 인지능력을 수치화한 것이다. 전체지능지수는 모든 하위 지표의 점수를 종합하여 계산되며, 이를 통해 아동의 지능을 평가하기 위한 기준이 된다.

두 번째 단계부터 여섯 번째 단계까지는 각 기본지표, 언어이해, 시공간, 유동추론, 작업기억, 처리속도에 대한 아동의 수행 능력에 대해 분석한다.

일곱 번째, 지표 수준의 강점과 약점을 평가한다. 예를 들어, VCI가 높고 PSI가 낮은 경우, 아동은 언어적 이해와 표현에서는 우수하나 정보 처리속도에서는 어려움을 겪고 있다고 해석할 수 있다. 이러한 분석을 통해 아동의 인지적 프로파일에 대한 깊은 이해를 얻을 수 있다.

여덟 번째, 각 지표 수준의 쌍에 대한 평가를 한다. 각 지표의 점수 쌍, 예를 들어 VCI와 VSI, WMI와 PSI 간의 관계를 분석하여 아동의 인지적 특성을 더욱 심층적으로 이해할 수 있다. 이 분석을 통해 강점과 약점의 관계를 명확히 파악하고 아동이 특정 영역에서 더 성공적일 수 있는지 평가한다. 예를 들어, 아동의 언어이해지수가 높고 처리속도가 낮은 경우, 아동은 언어적 문제해결과 이해에서 뛰어난 능력을 보이지만 시각적 정보를 신속하게 처리하는 데 어려움이 있음을 나타낸다. 이런 점수의 차이는 언어적 이해가 뛰어난 아동에게는 언어 기반의 학습 자료를 제공하면서 동시에 정보 처리속도를 높이기 위한 시각적 또는 감각적 자원을 추가하여 지원을 강화할 수 있는 가이드를 제공한다.

아홉 번째, 소검사의 강점과 약점을 분석한다. 이는 아동이 특정 과제에서 어떻게 수행했는지를 평가하는 노력을 포함한다. 예를 들어, 언어이해에서 아동이 95점을 받고, 처리속도에서 70점을 기록한 경우, 아동은 언어적 자료에서는 능숙하지만 시각적 문제해결에서는 상당한 어려움이 있음을 나타낸다. 이런 경우, 아동에게 비언어적 추론 능력을 키울 수 있도록 시각적 자료의 활용, 퍼즐 등의 활동을 제공하는 것이 좋다.

열 번째, 소검사 간의 쌍에 대해 비교한다. 이 단계에서는 소검사 간의 성과를 비교하여 아동의 인지적 특성을 더욱 탐구한다. 예를 들어, 아동이 언어이해에서 120점, 유동추론에서 80점을 기록한 경우, 아동은 언어적 문제해결에서 강점을 보이지만 유동적 사고에서는 약점을 나타낸 것으로 해석할 수 있다. 이 정보를 통해 아동의 상위와 하위 능력 간의 차이를 분석하여 아동의 강점을 극대화할 수 있는 활동을 제공하고 유동적 사고능력을 향상하기 위한 전략적 접근을 도입할 수 있다.

이러한 분석을 통해 K-WISC-V는 아동의 인지적 잠재력을 최대한 발휘할 수 있는 기반을 제공한다.

K-WISC-V에서는 양적추론, 청각작업기억, 비언어, 일반능력, 인지효율 등 다섯 가지의 추가지표 또한 해석해야 한다. 추가지표 해석은 아동의 인지능력을 보다 깊이 이해하고 개별화된 지원을 효과적으로 마련하기 위한 중요한 과정이다.

추가지표 해석의 필요성과 목적은 다음과 같다.

첫째, 전반적 인지능력의 이해를 할 수 있다. 추가지표는 기본지표로는 드러나지 않는 아동의 다양한 인지능력을 심층적으로 평가한다. 이를 통해 아동의 전반적인 인지 프로파일을 보다 명확히 이해할 수 있다.

둘째, 아동의 인지적 강점과 약점을 더 구체적으로 파악하여 어떤 영역에서 두각을 나타내는지, 어떤 부분에서 발전이 필요한지 확인할 수 있다. 이를 바탕으로 정확한 개입 및 지원이 효과적으로 이루어질 수 있다.

셋째, 특정 문제의 조기 발견 및 이해를 할 수 있다. 특정 지표에서 나타나는 특이 사항이나 약점은 학습장애, 주의력 결핍, 혹은 다른 발달적 문제를 조기에 발견하는 데 중요한 역할을 한다. 이를 통해 조기 개입이 가능해져 아동의 장기적인 발달에 긍정적인 영향을 줄 수 있다.

넷째, 비언어적 지표와 같은 추가지표는 다문화 배경의 아동에게 언어적 편향을 최소화하여 보다 공정한 평가를 가능하게 한다. 다양한 배경을 고려한 평가가 아동의 실제 능력을 보다 정확하게 반영할 수 있다.

종합적으로, K-WISC-V의 추가지표 해석은 아동의 인지적 특성을 보다 심층적으로 이해하여, 아동에게 필요한 지원의 질을 향상시키는 데 핵심적인 도구도 사용된다. 이를 통해 아동이 자신의 잠재력을 최대한 발휘할 수 있도록 지원하는 것이 궁극적 목표이다.

2. 한국 웩슬러 유아 지능검사 제4판 (K-WIPPSI-IV : Korean Wechsler Preschool and Primary Scale of Intelligence-Fourth Edition)

K-WIPPSI-IV는 아동의 인지능력을 평가하기 위해 개발된 심리검사이다. 이 검사는 주로 만 2세 6개월~7세 7개월까지의 아동을 대상으로 한다. K-WIPPSI-IV는 언어이해, 시각적 처리, 작업기억, 처리속도 등 여러 하위 지표로 구성되어 있으며, 각 지표는 아동의 다양한 인지적 측면을 평가한다. 이를 통해 아동의 강점과 약점을 파악하고 개입이 필요한 영역을 식별할 수 있도록 지원한다. 이 검사는 신뢰성과 타당성을 갖춘 도구로 아동의 발달적 욕구를 충족시키는 데 중요한 역할을 한다(박혜원 외, 2016).

1) K-WIPPSI-IV의 검사체계

K-WIPPSI-IV는 언어이해지수(VCI), 시공간지수(VSI), 유동추론지수(FRI), 작업기억지수(WMI), 처리속도지수(PSI)의 하위 지표로 구성되어 있다. 언어이해지수는 아동의 언어적 사고와 문제해결 능력을 평가하며, 시공간지수는 비언어적 문제해결 및 공간적 이해력을 평가한다. 유동추론지수는 아동의 추론 및 문제해결 능력을 측정하고, 작업기억지수는 정보를 일시적으로 저장하고 조작하는 능력을 평가한다. 처리속도지수는 아동의 시각적 정보를 신속하고 정확하게 처리하는 능력을 반영한다.

이러한 구조를 통해 K-WIPPSI-IV는 아동의 인지발달을 심층적으로 이해하고, 각 아동에게 적합한 맞춤형 교육 계획을 수립하는 데 필요한 기초 자료를 제공한다. 검사 결과는 아동의 성취와 사회적 적응 능력을 예측하는 데 중요한 지표로 작용하며 아동이 겪고 있는 어려움을 파악하고 지원하는 데 필수적인 도구로 자리 잡고 있다.

(1) K-WIPPSI-IV의 연령별 구성

① 만 2세 6개월~3세 11개월

전체척도		
언어이해(VCI)	시공간(VSI)	작업기억(WMI)
수용어휘(RV) 상식(IN) 그림명명(PN)	토막짜기(BD) 모양맞추기(OA)	그림기억(PM) 위치찾기(ZL)
기본지표척도		
언어이해(VCI)	시공간(VSI)	작업기억(WMI)
수용어휘(RV) 상식(IN)	토막짜기(BD) 모양맞추기(OA)	그림기억(PM) 위치찾기(ZL)
추가지표척도		
언어습득(VAI)	비언어(NVI)	작업기억(WMI)
수용어휘(RV) 그림명명(PN)	토막짜기(BD) 모양맞추기(OA) 그림기억(PM) 위치찾기(ZL)	수용어휘(RV) 상식(IN) 그림명명(PN) 토막짜기(BD) 모양맞추기(OA)

② 만 4세 0개월~7세 7개월

전체척도				
언어이해(VCI)	시공간(VSI)	유동추론(VCI)	작업기억(WMI)	처리속도(PSI)
상식(IN) 공통성(SI) 어휘(VCI)	토막짜기(BD) 모양맞추기(OA)	행렬추리(MR) 공통그림찾기(PC)	그림기억(PM) 위치찾기(ZL)	동형찾기(BS) 선택(CA) 동물짝짓기(AC)
기본지표척도				
언어이해(VCI)	시공간(VSI)	유동추론(VCI)	작업기억(WMI)	처리속도(PSI)
상식(IN) 공통성(SI)	토막짜기(BD) 모양맞추기(OA)	행렬추리(MR) 공통그림찾기(PC)	그림기억(PM) 위치찾기(ZL)	동형찾기(BS) 선택(CA)

추가지표척도			
어휘습득(VAI)	비언어(NVI)	일반능력(GAI)	인지효율(CPI)
수용어휘(RV) 그림명명(PN)	토막짜기(BD) 모양맞추기(OA) 행렬추리(MR) 공통그림찾기(PC) 그림기억(PM) 위치찾기(ZL) 동형찾기(BS) 선택(CA) 동물짝짓기(AC)	상식(IN) 공통성(SI) 어휘(VCI) 이해(CO) 토막짜기(BD) 모양맞추기(OA) 행렬추리(MR) 공통그림찾기(PC)	그림기억(PM) 위치찾기(ZL) 동형찾기(BS) 선택(CA) 동물짝짓기(AC)

(2) K-WIPPSI_IV 소검사 구성 및 설명

실시 순서	소검사	연 령	설 명	해당 지표
1	토막짜기 (Block Design, BD)	만 2세 6개월~ 7세 7개월	제한 시간 내에 흰색과 빨간색으로 이루어진 토막 그림을 보고 똑같은 모양을 만든다.	전체지능 시공간
2	상식 (Information, IN)	만 2세 6개월~ 7세 7개월	광범위한 주제에 대한 질문에 응답한다.	전체지능 언어이해
3	행렬추리 (Matrix Reasoning, MR)	만 4세 0개월~ 7세 7개월	미완성의 행렬을 보고 빠진 부분을 선택지에서 찾는다.	전체지능 유동추론
4	동형찾기 (Bugs Search, BS)	만 4세 0개월~ 7세 7개월	제한 시간 내에 제시된 기호와 동일한 기호를 보기에서 찾아 표시한다.	전체지능 처리속도
5	그림기억 (Picture Memory, PM)	만 2세 6개월~ 7세 7개월	사물이 그려진 자극 페이지를 제시한 후 반응 페이지에 있는 보기에서 가능한 순서대로 고른다.	전체지능 작업기억

6	공통성 (Similarity, SI)	만 4세 0개월~ 7세 7개월	제시된 2개의 단어를 듣고 공통점을 설명한다.	전체지능 언어이해
7	공통그림찾기 (Picture Concepts, PC)	만 4세 0개월~ 7세 7개월	2줄 혹은 3줄의 그림을 보고 각 줄에서 공통된 그림을 하나씩 고른다.	유동추론 비언어 일반능력
8	선택 (Cancellation, CA)	만 4세 0개월~ 7세 7개월	무선으로 배열된 그림과 일렬로 배열된 그림을 훑어보며 제한 시간 안에 표적 그림을 찾아 표시한다.	처리속도 비언어 인지효율
9	위치찾기 (Zoo Location, ZL)	만 2세 6개월~ 7세 7개월	일정 시간 동안 울타리 안에 있는 1개 이상의 동물 카드를 본 후, 원래 있던 위치에 동물 카드를 배치한다.	작업기억 비언어 인지효율
10	모양맞추기 (Object Assmbly, OA)	만 2세 6개월~ 7세 7개월	제한 시간 내에 사물의 표상을 구성할 수 있는 조각을 맞춘다.	전체지능 시공간 비언어 일반능력
11	어휘 (Vocabulary, VC)	만 4세 0개월~ 7세 7개월	그림 문항에서는 시각적으로 제시된 사물의 이름을 말한다. 언어 문항에서는 들려주는 단어의 뜻을 설명한다.	일반능력
12	동물짝짓기 (Animal Coding, AC)	만 4세 0개월~ 7세 7개월	제한 시간 내에 동물과 모양의 대응표를 본 후, 동물 그림에 해당하는 모양에 표시한다.	비언어 인지효율
13	이해 (Comprehension, CO)	만 4세 0개월~ 7세 7개월	제시된 질문에 일반적인 원칙과 사회적 상황에 대한 이해를 근거하여 질문에 답한다.	일반능력
14	수용어휘 (Receptive Vocabulary, RV)	만 2세 6개월~ 7세 7개월	단어를 듣고 가장 잘 표현한 보기를 선택한다.	전체지능 언어이해 어휘습득 일반능력
15	그림명명 (Picture Naming, PN)	만 2세 6개월~ 7세 7개월	그림으로 제시된 사물의 이름을 말한다.	어휘습득 일반능력

K-WIPPSI-IV는 앞서 말한 바와 같이 특수한 연령대의 아동, 즉 만 2세 6개월부터 7세 7개월까지의 유아 및 아동을 평가하기 위해 개발된 검사이다. 하지만 2세 6개월보다 어리더라도 인지능력이 매우 뛰어난 영재 아동의 경우 또는 발달상의 어려움으로 해당 연령 범위보다 나이가 많을 경우에도 유연하게 적용 가능하다.

3. 신경심리검사

신경심리검사는 뇌 기능과 관련된 인지, 정서, 행동적 변화를 평가하기 위한 도구로 뇌손상이나 신경계 질환으로 인한 인지기능의 변화를 측정하는 데 사용된다. 이러한 검사는 환자의 인지적 결함을 정확히 파악하고, 적절한 치료 및 재활 계획을 수립하는 데 필수적인 정보를 제공한다.

신경심리검사의 주요 목적은 다음과 같다. 첫째, 진단적 평가를 통해 뇌손상이나 신경계 질환으로 인한 인지기능장애를 정확히 진단한다. 예를 들어, 치매, 뇌졸중, 외상성 뇌손상 환자들에게서 인지적 결함을 파악하는 것은 매우 유용하다(권혁철, 1999). 둘째, 치료 계획을 수립하고 환자의 인지적 강점과 약점을 기반으로 맞춤형 재활 프로그램을 설계한다. 셋째, 신경심리검사는 치료나 재활의 효과를 평가하고, 질병의 경과를 모니터링하는 데 필수적인 역할을 한다(Kim, et al., 2007; Lezak, et al., 2012). 마지막으로, 연구 목적을 위해 인지기능과 뇌 구조 및 기능 간의 관계를 탐구하는 데 활용된다. 이를 통해 임상가는 환자의 기능적 능력을 예측하고 환자의 가족 및 돌봄 제공자에게 중요한 정보를 제공할 수 있다.

신경심리검사는 다양한 인지 영역을 평가하기 위해 여러 하위 검사로 구성된다. 주요 평가 영역은 다음과 같다. 지속적인 주의집중 능력과 작업기억 용량을 평가한다. 이는 Stroop 검사와 같은 주의력 테스트를 통해 주의력은 물론 작업기억도 함께 측정된다. 신경심리검사는 언어이해, 표현, 명명 능력 등을 측정하며 Boston Naming Test(BNT)와 같은 도구로 언어 기능을 측정한다. 또한 시각적·공간적 처리 능력과 구성 능력을 평가하며 단기 및 장기기억, 일화적 기억, 의미적 기억 등 기억력을 측정한다. 마지막으로 문제해결, 계획 수립, 추상적 사고, 억제 통제 등의 고차원적 인지 기능을 평가한다.

신경심리검사의 접근법은 크게 고정 배터리 접근법과 유연한 배터리 접근법으로 나뉜다. 고정 배터리 접근법은 모든 환자에게 동일한 표준화된 검사 배터리를 적용하는 방식으로, 평가의 일관성과 비교 가능성을 높인다. 대표적인 예로 Halstead-Reitan Neuropsychological Battery(HRNB)가 있다(권혁철, 1999). 반면 유연한 배터리 접근법은 환자의 특정 문제나 의뢰 질문에 따라 검사를 선택적으로 구성하는 방식으로, 평가의 효율성과 개별화를 강조한다. 최근에는 평가 목적과 환자의 특성에 맞게 융통성 있게 검사 배터리를 구성하는 경향이 나타나고 있다(Kim, et at., 2011).

특히 최근 신경심리검사 분야에서는 디지털화와 모바일 기술의 활용이 두드러지고 있다. 이정훈 등(2012)의 연구에 따르면, 스마트폰 애플리케이션 기반의 심리 설문검사와 신경심리검사는 전통적인 지필 검사와 비교했을 때 신뢰도와 타당도에서 유사한 수준을 보였으며, 검사 접근성과 데이터 수집의 효율성이 크게 향상되었다. 이러한 디지털화는 검사자의 편의성을 높이고, 평가 시간을 단축하며, 검사 결과의 분석을 자동화할 수 있는 장점을 제공한다.

또한 해외에서는 신경심리검사의 표준화 및 디지털화를 위한 다양한 연구가 진행되고 있다. Lezak 등(2012)은 신경심리검사와 임상적 활용에 관한 표준 교과서를 통해 신경심리학적 평가의 이론적 기초와 임상적 적용을 상세히 설명하였다. Rey-Osterrieth Complex Figure Test와 같은 검사 도구의 표준화된 데이터는 미국과 유럽 전역에서 활용되고 있으며, 이는 문화적 차이를 고려한 글로벌 표준화 작업의 일환이다. 한편 Cambridge Neuropsychological Test Automated Batery(CANTAB)와 같은 디지털 기반 평가 도구는 알츠하이머병, ADHD와 같은 다양한 질환을 조기 진단하고 추적하는 데 유용하게 사용되고 있다. 이러한 도구는 전 세계적으로 널리 사용되고 있으며, 신경심리검사의 자동화와 효율성을 높이는 데 기여하고 있다(Sahakian & Owen, 1992).

국내에서는 문화적 특성과 인구학적 요인을 반영한 신경심리검사 도구의 개발이 진행되고 있다. 이동영(2001)은 한국판 CERAD 신경심리 검사집 [CERAD- K-(N)]의 노인 정상 규준 연구를 통해 국내 치매 환자를 평가하기 위한 표준화된 도구를 제시했다. 또한 우종인 등(2012)은 Cerad-K 신경심리 평가집의 임상적 타당성을 검토하며, 국내 상황에 맞는 도구의 필요성을 강조했다. 이 외에도 다양한 연구에서 한국의 문화와 언어적 특징을 반영한 도구 개발이 이루어지고 있다(Kim, et al., 2007).

신경심리검사의 결과는 다양한 요인의 영향을 받을 수 있다. 첫째, 환자의 배경적 요인인 연령, 교육 수준, 문화적 배경 등이 검사 수행에 영향을 미칠 수 있다. 둘째, 손상 원인에 따라 검사 결과가 다를 수 있다. 예를 들어, 뇌졸중 환자와 알츠하이머병 환자 간의 인지적 결함은 다르게 나타날 수 있다(Kim, et al., 2019). 셋째, 우울증, 불안 등의 정서적 요인은 검사 수행에 부정적 영향을 줄 수 있다. 마지막으로, 환자의 동기와 협력도는 검사 결과의 신뢰성과 타당성에 직접적인 영향을 미친다. 따라서 검사자는 검사 결과를 해석할 때 이러한 요인을 충분히 고려해야 한다.

신경심리검사는 환자의 인지적 결함을 정밀하게 평가하고, 치료와 재활 계획을 수립하는 데 중요한 역할을 한다. 또한 디지털화와 같은 최신 기술의 도입으로 인해 검사 접근성과 효율성이 향상되고 있다. 국내에서도 이러한 검사 도구를 현지화하는 연구가 활발히 진행되고 있으며, 이를 통해 보다 효과적인 평가와 치료가 가능해질 것으로 기대된다. 이 절에서는 신경심리검사에 대해 보다 자세히 알아볼 것이다.

1) 신경심리평가 영역

(1) 주의력 평가

주의력은 인간의 모든 인지과정에서 핵심적인 역할을 담당하는 기능으로 환경 속 다양한 자극 중 중요한 정보를 선택하고 처리하며 이를 통해 행동을 조절할 수 있도록 돕는 기초적인 인지능력이다(Baddeley, 1992). 주의력은 뇌의 전두엽, 측두엽, 그리고 두정엽 간의 상호작용에 의해 조절되며, 이러한 신경망의 손상은 ADHD, 외상성 뇌손상(TBI : Traumatic Brain Injury), 치매와 같은 신경학적 및 정신과적 질환으로 이어질 수 있다(Mirsky, et al., 1991).

신경심리검사에서 주의력 평가는 환자의 인지적 결함을 이해하고, 질환의 진단 및 치료 계획을 수립하는 데 필수적이다. 또한 주의력 평가 도구는 임상적 연구 및 실제 치료에서 질병 경과를 모니터링하고 치료 효과를 측정하는 데 유용하다.

① 주의력의 개념과 구성요소

주의력은 다양한 하위 구성요소로 이루어져 있으며, 이를 통해 외부 자극에 적응하고 효율적으로 대처할 수 있다. 주의력의 구성요소는 크게 선택적 주의, 지속적 주의, 주의 전환, 그리고 분배적 주의로 나눌 수 있다.

- **선택적 주의** : 특정 자극에 집중하면서 방해되는 자극을 억제하는 능력이다. 예를 들어, 시끄러운 환경에서 특정 대화에만 집중하는 경우이다. Stroop Test와 같은 검사 도구를 통해 평가된다(Golden, 1978).
- **지속적 주의** : 장시간 동안 특정 과업에 집중하는 능력을 의미한다. 이는 주의력 결핍과 같은 문제를 진단하는 데 중요한 지표로 활용되며 Continuous Performance Test(CPT)를 통해 평가된다(Conners, et al., 2000).
- **주의 전환** : 특정 자극에서 다른 자극으로 주의의 초점을 빠르게 전환하는 능력을 말한다. 이 능력은 복잡한 작업환경에서 특히 중요하며,

Trail Making Test(TMT) Part B를 통해 특정할 수 있다(Reitan, 1958).

- **분배적 주의** : 여러 자극이나 과제를 동시에 처리하는 능력을 의미한다. 이는 멀티태스킹 상황에서 중요한 역할을 하며, 신경심리학적 평가에서 집행기능과 밀접한 연관이 있다(Baddeley, 1992).

② 주요 신경심리학적 주의력 검사 도구

주의력을 평가하기 위한 다양한 신경심리학적 도구가 개발되었으며, 각 도구는 특정 주의력 구성요소를 측정하도록 설계되었다.

- Stroop Color and Word Test(Stroop Test) : Stroop Test는 선택적 주의와 억제 통제 능력을 평가하는 데 널리 사용된다(Golden, 1978). 피검자는 단어의 의미와 글자 색상이 불일치하는 상황에서 글자 색상을 명명해야 하며, 이를 통해 방해 자극을 억제하고 적절한 반응을 선택하는 능력을 측정한다. Stroop Test는 특히 전두엽 기능장애나 ADHD 환자의 진단에 유용하게 사용된다.
- Continuous Performance Test(CPT) : CPT는 지속적 주의와 충동성을 평가하는 검사로, 수검자가 특정 자극에만 반응하고 비표적 자극에는 반응하지 않도록 요구된다(Conners et al., 2000). 반응 시간, 정확도, 그리고 오류 패턴은 ADHD와 같은 질환에서 주의력 문제를 진단하고 치료 효과를 평가하는 데 중요한 정보를 제공한다.
- Trail Making Test(TMT) : TMT는 시각적 주의, 작업기억, 그리고 주의 전환 능력을 평가하는 도구로 구성된다(Retian, 1958). Part A는 단순한 숫자 연결을 통해 시각적 주의와 처리속도를 평가하며, Part B는 숫자와 알파벳을 교대로 연결하는 방식으로 주의 전환과 집행기능을 측정한다. TMT는 특히 노인 인구에서 치매 진단에 유용하게 사용된다.
- Digit Span Test : Digit Span Test는 작업기억과 주의력을 평가하는 간단한 검사이다. 숫자를 정방향 및 역방향으로 반복하도록 요구하며,

이를 통해 단기기억 및 주의집중 능력을 평가한다(Wecshler, 1997). 이 검사는 다양한 연령층에 걸쳐 사용 가능하며, 신경발달장애나 치매 환자에게 유용하다.

③ 아동용 주의력 검사

아동을 대상으로 하는 신경심리검사는 주의력의 정상적인 발달을 평가하고, ADHD와 같은 주의력 관련 장애를 진단하는 데 중요한 역할을 한다.

- NEPSY–II(Developmental NeuroPsychological Assessment, 2nd Edition) : NEPSY-II는 만 3세에서 16세 아동을 대상으로 한 종합적인 신경심리학적 평가 도구로, 주의력 및 집행기능 평가에 유용하다(Korman, et al., 2007). 주요 하위 검사로는 다음이 포함된다.
  - Auditory Attention and Response Set : 지속적 주의와 선택적 주의 평가
  - Inhibition : 반응 억제 및 주의 전환 능력 측정
- Conner's Kiddie Continous Performance Test(K-CPT) : K-CPT는 만 4세에서 7세 아동을 대상으로 하는 지속적 주의 및 충동성 평가 검사로, 특정 자극에만 반응하도록 설계되었다(Conners, et al., 2000). ADHD 진단에서 중요한 역할을 하며, 반응 시간과 오류 패턴을 분석하여 주의력 문제를 진단한다.
- Test of Variables of Attention(TOVA) : TOVA는 만 4세 이상 아동을 대상으로 하는 지속적 주의 및 유동성 평가 검사로, 컴퓨터 기반의 비언어적 검사이다(Greenberg, 1996). ADHD 및 기타 주의력결핍장애를 평가하는 데 활용된다.
- Child Behavior Checklist(CBCL) : CBCL은 부모나 교사가 보고하는 체크리스트로, 아동의 행동 문제 및 주의력 문제를 평가하는 데 사용된다(Achenbach, 1991). 간접적인 주의력 평가 도구로 활용된다.

아동 주의력 평가 도구는 ADHD, 학습장애, 외상성 뇌손상 등의 신경발달장애를 진단하고 평가하는 데 활용된다. NEPSY-II의 Inhibition 검사는 실행기능장애를 평가하는 데 사용되며, K-CPT는 ADHD 아동의 충동성과 지속적 주의 문제를 진단하는 데 효과적이다(Conners, et al., 2000). TOVA는 치료 전후의 변화를 측정하는 데 사용된다(Greenberg, 1996).

(2) 언어 능력

언어 능력은 인간의 사고, 의사소통, 그리고 사회적 상호작용에 필수적인 인지기능으로, 언어를 이해하고 표현하는 능력은 다양한 신경학적 · 심리학적 요인에 의해 영향을 받는다(Goodglass & Kaplan, 1983). 신경심리검사에서 언어 능력 평가는 뇌손상, 신경퇴행성 질환, 발달장애 등 다양한 신경학적 상태를 진단하고 필요 계획을 수립하는 데 중요한 역할을 한다.

언어 능력은 일반적으로 음운론(Phonology), 의미론(Semantics), 통사론(Syntax), 화용론(Pragmatics) 등의 하위 요소로 구성된다. 신경심리학적 평가에서는 이러한 요소들을 분석하여 언어 처리 과정의 결함을 평가한다.

- **음운적 처리 능력** : 음소를 구별하고 조합하는 능력으로, 발음과 단어 재인에 중요한 역할을 한다.
- **어휘 및 의미 이해** : 단어와 문장의 의미를 파악하고 사용 능력을 평가하는 요소이다.
- **구문 처리 및 문법적 능력** : 문법적 구조를 이해하고 적절한 문장을 구성하는 능력을 말한다.
- **화용적 기능** : 대화의 맥락을 이해하고 적절하게 언어를 사용하는 능력을 의미한다.

이러한 요소들은 각기 다른 신경망을 활용하며, 특정 영역이 손상되었을 때 언어 능력의 다양한 측면에서 결함이 나타날 수 있다(Kertesz, 1982).

신경심리검사에서 언어 능력은 크게 다섯 가지가 있다. 첫째, 구어 및 문어를 이해하는 언어이해 능력으로 단어, 문장, 담화를 해석하는 능력을 포함한다. 둘째, 단어와 문장을 생성하고 유창하게 말하는 언어 표현 능력이다. 셋째, 특정 사물이나 그림을 보고 올바르게 명칭을 말하는 능력인 이름 대기 능력으로 실어증 평가에서 중요한 요소이다. 넷째, 들은 단어나 문장을 정확히 따라 말하는 반복 능력으로, 신경학적 손상 여부를 파악하는 데 유용하다. 다섯째, 문장을 읽고 이해하는 읽기 능력과 문장을 구성하여 쓰는 능력을 포함한다.

① 주요 신경심리학적 언어 능력 검사 도구

- **보스톤 이름 대기 검사**(BNT : Boston Naming Test) : BNT는 피검자가 주어진 그림을 보고 적절한 단어를 말하는 방식으로 이루어지며, 실어증이나 치매 환자의 언어적 명명 능력을 평가하는 데 사용된다(Kaplan, et al., 1983). 이 검사는 명명 장애를 식별하고 언어 회복 과정을 추적하는 데 유용하다.
- **따라 말하기 검사**(Repetition Test) : 이 검사는 피검자가 들은 단어나 문장을 반복하도록 하여 언어적 기억력과 운동 계획 능력을 평가한다(Goodglass & Kaplan, 1983). 실어증 유형을 감별하는 중요한 도구로 사용되며, 브로카 실어증과 전도성 실어증 환자에서 반복 능력이 저하되는 특징을 보인다.
- **보스톤 진단용 실어증 검사**(BDAE : Boston Diagnostic Aphasia Examination) : BDAE는 언어이해, 표현, 이름 대기, 반복, 읽기 및 쓰기 능력을 종합적으로 평가하는 검사로, 실어증 유형을 세분화하는 데 중요한 역할을 한다(Goodglass & Kaplan, 1983). 다양한 언어 과제를 포함하여 피검자의 언어 능력을 전반적으로 측정할 수 있다.

- 웨스턴 실어증 검사(WAB : Western Ahasia Battery) : WAB는 실어증 진단을 위한 대표적인 검사로, 언어이해, 표현, 이름 대기, 반복 능력뿐만 아니라 계산, 시공간 능력까지 포함하여 평가한다(Kertesz, 1982). WAB는 언어 능력을 점수화하여 실어증 유형을 정량적으로 구분할 수 있다는 점에서 유용하다. 한국판 웨스턴 실어증 검사(K-WAB)는 웨스턴 실어증 검사의 한국어 버전으로, 한국어 화자를 대상으로한 신경심리학적 언어 평가 도구이다(박지현 외, 2008).
- 한국어 표준 언어 능력 검사(K-SALT : Korean Standardized Language Test) : K-SALT는 한국어 사용자를 위한 표준화된 검사로, 한국어 화자의 언어 능력을 보다 정확하게 평가할 수 있도록 설계되었다. 주로 실어증, 치매 환자의 언어 평가에 활용된다(김영태 외, 2003).
- 아동용 구어 표현 및 이해 평가
  - Peabody Picture Vocabulary Test(PPVT) : 아동의 수용 어휘력을 평가하는 검사로, 그림을 보고 해당하는 단어를 선택하는 검사이다. 언어이해 능력을 평가하는 데 유용하며, 언어 발달 지연이나 학습장애 진단에 활용된다.
  - Clinical Evaluation of Language Fundamentals(CELF) : 언어이해 및 표현, 문법, 어휘 사용 등을 종합적으로 평가하는 검사이다. 만 5세 이상 아동을 대상으로 하며 특정 언어장애나 학습장애 진단에 사용된다. 국내에서는 한국어판인 CELF-K가 개발되어 사용하고 있다.
- 아동용 이름 대기 및 단어 찾기 검사
  - Expressive Vocabulary Test(EVT) : 그림을 보고 올바른 명칭을 말하는 방식으로 이름 대기 능력을 평가한다. PPVT와 함께 사용하여 수용 어휘력의 차이를 비교할 수 있다.

- 읽기 및 문해력 평가
  - Kaufman Assessment Battery for Children(K-ABC) : 언어적 사고력과 비언어적 사고력을 평가하는 검사로 읽기 및 문해력을 포함한다. 학습장애가 있는 아동의 인지적 강점과 약점을 분석하는 데 유용하다.
  - Comprehensive Test of Phonological Processing(CTOPP) : 음운 인식, 명명 속도, 단어 해독 능력 등을 평가하는 검사이다. 난독증이나 언어 기반 학습장애가 의심되는 아동을 평가할 때 사용한다.
- 실어증 및 언어장애 평가
  - Token Test for Children : 아동의 언어이해 및 기억력을 평가하는 검사로 다양한 언어적 지시를 따를 수 있는지 측정한다. 실어증, 청각 처리 문제, 발달성 언어장애(DLD) 평가에 사용된다.
  - Western Aphasia Battery for Children(WAB-C) : 웨스턴 실어증 검사(WAB)의 아동용 버전으로, 실어증이 의심되는 아동을 평가하는 데 사용된다.

언어 능력 평가 도구는 신경학적 질환을 가진 환자의 진단뿐만 아니라 치료 효과를 평가하는 데 필수적인 역할을 한다. 예를 들어, BNT는 알츠하이머병 초기 단계에서 나타나는 명명 장애를 감별하는 데 유용하며, WAB와 BDAE는 실어증의 유형을 세분화하여 환자의 재활 치료 계획을 세우는 데 도움을 준다. 아동용 신경심리 언어검사는 발달성 언어장애, 난독증, 청각처리장애, 신경발달장애를 평가하는 데 필수적이다. 특히 학령기 아동의 학업 성취도를 예측하고, 치료 및 교육적 개입을 위한 기초 자료를 제공한다. 아동의 언어 능력을 평가할 때는 단순히 검사 점수뿐만 아니라 인지적·사회적 요인, 환경, 이중 언어 여부 등을 함께 고려하여야 한다.

최근에는 디지털 기술이 접목된 언어 능력 평가 도구가 개발되고 있으며, 음성 인식 및 자연어 처리 기술을 활용한 자동화 평가 시스템이 연구되고 있다. 특히 모바일 앱 기반의 언어 평가 도구는 검사자의 주관적 오류를 줄이고 보다 객관적인 평가를 가능하게 한다.

(3) 시공간 능력

시공간 능력은 공간 내 사물의 위치를 인식하고 조작하는 능력으로, 일상생활에서 중요한 역할을 한다. 이는 길 찾기, 도형 구성, 물체의 회전 이해와 같은 인지적 과정과 밀접한 관련이 있다(Baddley & Hitch, 1974). 시공간 능력의 저하는 다양한 신경학적 및 정신과적 질환과 관련이 있어 신경심리검사에서 중요한 평가 항목 중 하나로 간주된다(Lezak, et al., 2012).

시공간 능력의 손상은 신경퇴행성 질환, 정신질환, 신경 손상 등의 다양한 상황에서 발생할 수 있다. 예를 들어, 알츠하이머병 환자는 길을 찾거나 사물을 정확히 위치시키는 데 어려움을 겪으며, 조현병 환자는 공간적 조직화 기능에서 결함을 보인다(Barch, et al., 2003). 따라서 시공간 능력을 평가하는 신경심리검사는 조기 진단과 치료 계획 수립에 필수적이다.

① 주요 시공간 능력 평가 도구

- 레이 복합 도형 검사(R-CFT : Rey-Osterrieth Complex Figure Test) : R-CFT는 시공간 구성 능력과 시각적 기억을 평가하는 대표적인 검사 도구로, 피검자가 복잡한 도형을 보고 모사하는 방식으로 진행된다(Osterrieth, 1944). 검사는 즉각 모사, 지연 회상, 인식검사로 구성되며 각각의 단계에서 피검자의 시공간 처리 능력과 기억력을 평가한다.

  R-CFT는 특히 신경퇴행성 질환 환자의 평가에 효과적인 도구로 알려져 있다. 알츠하이머병 환자의 경우 즉각 모사 단계에서 세부 요소를 빠뜨리거나 전체 구조를 왜곡하는 경향을 보이며, 지연 회상 단계에서

는 기억된 도형의 재현이 현저히 감소한다(Kim, et al., 2008). 또한 외상성 뇌손상 환자나 조현병 환자 역시 R-CFT 수행 시 구조화 능력이 저하되는 양상을 보이며, 이는 전두엽 기능 저하와 관련이 있다(Foudls, et al., 2013).

R-CFT는 정량적 채점 방식뿐만 아니라 질적 분석도 이루어질 수 있으며, 특히 도형을 모사하는 방식(조직화 여부, 모사 순서, 형태 유지 등)을 분석하는 것이 피검자의 인지적 특성을 파악하는 데 유용하다. 이러한 특징 때문에 R-CFT는 신경심리검사에서 널리 사용되며, 진단 및 치료적 접근의 기초 자료로 활용된다.

- **벤더 도형 검사**(Bender Visual-Motor Gestalt Test) : 벤더 도형 검사는 시각-운동 협응 및 시공간 구성 능력을 평가하는 신경심리검사 중 하나로 원래 어린이의 시각-운동 발달을 평가하기 위해 개발되었으나 성인 신경심리검사에서도 널리 활용되고 있다(Bender, 1938). 피검자는 특정한 도형을 보고 이를 최대한 정확하게 모사해야 하며, 수행 결과를 바탕으로 신경학적 이상 여부를 평가한다.

벤더 도형 검사는 특히 신경 손상 및 신경퇴행성 질환 환자의 시각-운동 협응 장애를 평가하는 데 유용하다. 알츠하이머병 환자의 경우 도형을 단순화하거나 세부 요소를 빠뜨리는 경향이 있으며, 병이 진행될수록 이러한 오류가 증가하는 양상을 보인다(Kempler, et al., 1998). 또한 외상성 뇌손상 환자나 파킨슨병 환자에서도 도형 구성 능력 저하가 관찰되며, 이는 전두엽 및 기저핵 기능 이상과 연관이 있다(Lezak, et al., 2012).

벤더 도형 검사는 질적 분석이 중요한 평가 도구로, 피검자의 오류 유형(회전 오류, 크기 왜곡, 연결 오류 등)을 분석함으로써 신경학적 결함의 특성을 보다 구체적으로 평가할 수 있다. 특히 이 검사는 신경심리평가

뿐만 아니라 학습장애 진단, 정신과적 장애(예 조현병, 우울증) 평가에서도 활용된다(Brannigan & Decker, 2003).

아동용 시공간 능력 신경심리평가 도구로는 벤더 도형 검사와 레이 복합 도형 검사가 아동에게도 적용 가능하다. 또한 주의력 검사인 NEPSY-II 검사에도 시공간 능력을 평가하는 하위 검사로 도형 모사와 공간처리가 포함된다. 언어 평가 도구인 K-ABC 검사에서 시공간 능력과 관련된 하위 검사(예 삼각형 만들기)가 포함되고 지능검사인 K-WISC-V에서 토막짜기는 시공간 능력 관련 하위 검사로 시각적 조직화와 공간적 사고능력을 측정할 수 있다.

신경심리검사에서 시공간 능력 평가는 다양한 신경학적 및 정식과적 장애를 진단하고 관리하는 데 중요한 역할을 한다. R-CFT와 벤더 도형 검사와 같은 전통적인 검사를 통해 신경심리적 결함을 평가하고, 이를 바탕으로 조기 진단 및 치료 전략을 수립할 수 있다. 향후 연구에서는 다양한 인구 집단을 대상으로 한 시공간 능력 평가의 표준화와 신뢰도 검증이 필요할 것이다.

(4) 기억력 평가

기억은 인간의 인지기능에서 핵심적인 역할을 하며, 단기기억과 장기기억으로 나뉜다(Baddeley, 2000). 기억력 저하는 신경퇴행성 질환, 외상성 뇌손상, 정신질환 등 다양한 신경학적 장애와 연관이 있으며, 이에 대한 객관적이고 신뢰할 수 있는 평가가 필요하다(Squre & Zola, 1996). 신경심리검사는 기억장애를 평가하는 중요한 도구로, 특정한 기억 체계를 평가하는 다양한 방법들이 개발되어 활용되고 있다(Lezak, et al., 2012).

① 주요 기억 평가 도구

- Wechsler Memory Scale(WMS) : WMS는 기억력을 종합적으로 평가하기 위한 대표적인 검사로 다양한 기억 유형을 측정한다(Wechsler, 2009). Wechsler-V는 즉각 회상, 지연 회상, 시각적 및 언어적 기억, 작업기억 등을 포함하며, 알츠하이머병 및 외상성 뇌손상 환자의 기억력 평가에 널리 사용된다(Ivnik, et al., 1997).
- California Verbal Learning Test(CVLT) : CVLT는 언어적 학습과 기억을 평가하는 도구로, 단어 목록을 제시하고 이를 즉각 및 지연 회상하는 방식으로 진행된다(Delis, et al., 1987). CLVT는 특히 경도인지장애 및 알츠하이머병 환자의 초기 기억 저하를 감별하는 데 유용하다(Paulsen, et al., 1995).
- Rey–Osterrieth Complex Figure Test(ROCF) : ROCF는 시각적 기억과 구성 능력을 평가하는 검사로, 복잡한 도형을 보고 모사한 후 일정 시간이 지난 뒤 이를 재현하는 방식으로 진행된다(Osterrieth, 1994). ROCF는 특히 우측 측두엽 손상 환자의 시각적 기억장애를 평가하는 데 효과적이다(Shin, et al., 2006).
- Hopkins Verbal Learning Test–Revised(HVLT-R) : HVLT-R은 언어적 기억 및 학습 능력을 평가하는 신경심리검사로, 12개의 단어를 제시한 후 즉각 및 지연 회상을 측정한다(Brandt, 1991). 이 검사는 치매 및 다양한 신경퇴행성 질환의 초기 진단에 유용하게 사용된다(Duff, et al., 2008).
- Rivermead Behavioural Memory Test(RBMT) : RBMT는 실생활에서의 기억력 기능을 평가하는 검사로, 얼굴 인식, 물건 위치 기억, 이야기 기억 등의 하위 항목을 포함한다(Wilson, et al., 1985). 이 검사는 특히 외상성 뇌손상 및 뇌졸중 환자의 기억 기능 평가에 효과적이다(Cockburn & Smith, 1991).

② 기억력 평가의 임상적 적용

- **신경퇴행성 질환 평가** : 알츠하이머병 및 경도인지장애 환자는 초기에 기억력이 저하되는 특징 보이며, CVLT 및 WMS를 활용한 연구에서 초기 기억 손상이 확인되었다(Petersen, et al., 1999). 또한 ROCF와 같은 시각적 기억 검사는 알츠하이머병과 전측두엽 치매를 감별하는 데 유용하다(Moss, et al., 2003).
- **외상성 뇌손상 환자 평가** : 외상성 뇌손상 환자의 경우 단기 및 장기 기억력 손상이 일반적으로 관찰되며, RBMT 및 HVLT-R이 기억 기능 평가에 자주 사용된다(Millis, et al., 2001). 외상성 뇌손상 환자의 기억력 손상 패턴은 손상의 위치와 심각도에 따라 다르게 나타난다(Levin, et al., 1987).
- **정신과적 장애 평가** : 우울증 및 조현병 환자에서도 기억력 저하가 보고되었으며, 이는 신경심리검사를 통해 객관적으로 평가될 수 있다(Barch, et al., 2003). 특히 조현병 환자는 언어적 기억과 작업기억에서 결함을 보이며, WMS 및 CVLT를 활용한 연구에서 이러한 경향이 확인되었다(Gold, et al., 1992).
- **인지 재활 및 치료 계획** : 기억력 저하를 보이는 환자들을 위한 인지 재활 프로그램이 개발되고 있으며, 반복 학습 및 전략적 기억 훈련이 효과적인 것으로 보고되었다(Cicerone, et al., 2005). 신경심리검사를 이용한 기억력 평가 결과는 개별화된 재활 계획을 수립하는 데 중요한 기초 자료로 활용된다.

신경심리검사에서 기억력을 평가하는 아동용 도구는 첫째, WISC-V에 작업기억을 평가하는 다양한 하위 검사가 포함되어 있다. 그중 일부는 기억력과 관련된 항목들이다. 예를 들어, 숫자 기억과 연속 숫자 등의 하위 검사는 아동의 단기 기억력과 작업기억을 평가하는 데 유용하다. 둘째, 아동의 인지기능을 종합적으로 평가하는 NEPSY-II에서 기억력과 관련된 언어 기억, 비언어 기억, 그리고 작업기억 등이 포함된다. 셋째, CVLT-C는 아동의 언어적 기억력을 평가하는 도구로 아동의 단기기억, 장기기억, 그리고 인지적 회상 능력을 평가하는 데 사용된다. 넷째, BNT는 아동의 기억력뿐만 아니라 언어적 사고능력도 평가하는 데 사용된다. 기억된 단어를 얼마나 잘 재생하는지 측정하며, 어휘 및 이름 기억에 초점을 맞춘다.

신경심리검사에서 기억 평가 도구는 신경퇴행성 질환, 외상성 뇌손상, 정신과적 장애의 진단 및 치료에 중요한 역할을 한다. WMS, CVLT, ROCF, HVLT-R, RBMT 등 다양한 검사들이 개발되었으며, 각 검사들은 특정한 기억 체계를 평가하는 데 적합하다. 향후 연구에서는 기억 평가 도구의 신뢰도와 타당도를 높이는 방향으로 발전이 필요할 것이다.

조별나눔

Q. 뇌 기능과 관련된 인지, 정서, 행동적 변화를 평가하기 위한 도구인 신경심리검사가 실제 임상에서 어떠한 내담자에게 적용될 수 있는지 논의해 봅시다. 아울러 검사의 장단점에 관해 논의해 봅시다.

참·고·문·헌

곽금주 · 박혜원 · 김청택(2011). K-WISC-IV(한국 웩슬러 아동 지능검사) 전문가 지침서. 서울 : 학지사.

곽금주 · 장승민(2019). K-WISC-V(한국 웩슬러 아동 지능검사) 실시와 채점 지침서. 서울 : 인싸이트.

권혁철(1999). 신경심리학적 평가의 모형과 신경심리검사. 신경과학연구, 8(3), 12-24.

김도연 · 김현미 · 박윤아 · 옥 정(2021). K-WISC-V의 이해와 실제. 서울 : 시그마프레스.

김영태 · 이정민 · 박지현(2003). 한국어 표준 언어능력 검사(K-SALT) 개발. 한국심리학회지 : 임상, 22(4), 453-470.

김지은 · 정윤미 · 송미경(2017). K-WISC-V에서 시공간 척도의 임상적 유용성. 한국심리학회지 : 상담 및 심리치료, 29(4), 345-362

박지현 · 김영태 · 이정민(2008). 한국판 웨스턴 실어증 검사(K-WAB)의 신뢰도 및 타당도 연구. 신경심리학회지, 10(2), 201-215.

박혜원 · 이경옥 · 안동현(2016). K-WIPPSI-IV 한국 웩슬러 유아지능검사 4판 기술지침서. 서울 : 인싸이트

이은혜 · 문정훈 · 손해림(2019). K-WISC-V의 한국어판: 표준화 및 검증을 위한 연구. 한국아동청소년정신의학회지, 30(4), 150-157.

정윤미 · 송미경(2017). K-WISC-V에서 퍼즐 소검사의 임상적 유용성. 한국심리학회지 : 상담 및 심리치료, 29(4), 345-362.

조수진 · 이정민(2021). K-WISC-V를 활용한 아동의 학업 성과에 있어 시각-공간 기술의 역할. 심리적 평가, 33(2), 95-103.

Achenbach, T. M.(1991). Manual for the Child Behavior Checklist/4-18 and 1991profile. University of Vermont, Department of Psychiatry.

Alloway, T. P., Gathercole, S. E., & Pickering, S. J.(2009). The influences of working memory and IQ on the development of literacy and numeracy. *Journal of Educational Psychology*, *101*(4), 851-861.

Baddeley, A. D., & Hitch, G. J.(1974). Working memory. *In psychology of learning and motivation* (Vol. 8, pp. 47-89). Academic Press.

Baddeley, A.(2012). Working memory: Theories, models, and controversies. *Annual Review of Psychology*, *63*, 1-29.

Baddeley, A. D.(1992). Working memory. *Science*, *255*(5044), 556-559.

Baddeley, A.(2000). The episodic buffer : a new component of working memory?. *Trends in Cognitive Sciences*, *4*(11), 417-423.

Barch, D. M., Carter, C. S., & Braver, T. S.(2003). Executive function and schizophrenia : The role of context processing. *Biological Psychiatry*, *53*(7),599-610.

Brandt, J.(1991). The Hopkins Verbal Learning Test : Development of a new memory test with six equivalent forms. *The Clinical Neuropsychologist*, *5*(2), 125-142.

Caroll, J. B.(2012). The three-stratum theory of cognitive abilities. In D. P. Flanagan & P. L. Harrison(Eds.), *Contemporary intellectual assessment : Theories, tests, and issues*(3rd ed., pp. 883-890). New York, NY : Guilford press.

Cattell, R. B.(1941). Some theoretical issues in adult intelligence testing. *Psychological Bulletin*, *38*, 592.

Cicerone, K. D., Dahlberg, C., Malec, J. F., et al.(2005). Evidence-based cognitive rehabilitation: updated review of the literature from 1998 through 2002. *Archives of Physical Medicine and Rehabilitation*, *86*(8), 1681-1692.

Conners, C. K., Epstein, J. N., Angold, A., & Klaric, J.(2000). Continuousperformance test(CPT) in ADHD diagnosis : Theory and practice. *Developmenta lNeuropsychology*, *16*(2), 139-162.

Chen, Y., & Li, G.(2015). The role of working memory in children's mathematical problem solving. *Psychology in the Schools*, *52*(3), 239-252.

Delis, D. C., Kramer, J. H., Kaplan, E., & Ober, B. A.(1987). *California Verbal Learning Test : Adult version*. Psychological Corporation.

Engle, R. W.(2002). Working memory capacity as executive attention. *Current Directions in Psychological Science*, *11*(19), 19-23.

Flanagan, D. P., & Kaufman, A. S.(2009). *Essentials of WISC-IV assessment*(2nd ed.). Hoboken, NJ : John Wiley & Sons.

Gathercole, S. E., & Alloway, T. P.(2008). Working memory and learning : A review of the literature. *Education Psychology Review*, *20*(4), 373-398.

Golden, C. J.(1978). *Stroop Color and Word Test : A manual for clinical and experimental uses*. Stoelting Company.

Gold, J. M., Randolph, C., Carpenter, C. J., et al.(1992). Auditory working memory and Wisconsin Card Sorting Test performance in schizophrenia. *Archives of General Psychiatry*, *49*(5), 377-380.

Goodglass, H., & Kaplan, E.(1983). *The assessment of aphasia and related disorders*. Lea & Febiger.

Greenberg, L. M.(1996). *The test of variables of attention(TOVA)*. The Psychological Corporation.

Kertesz, A.(1982). *Western Aphasia Battery*. Grune & Stratton.

Kim, Y. J., & Na, D. L.(2007). Application of Rey-Osterrieth Complex Figure Test inKorean populations. *Journal of Clinical Psychology*, *25*(1), 45-58.

Kim, H., Kim, S., & Kim, J.(2011). Development of the Korean Boston Naming Test(K-BNT). *Korean Journal of Clinical Psychology*, *30*(4), 885-900.

Korkman, M., Kirk, U., & Kemp, S.(1998). *NEPSY : A developmental neuropsychological assessment*. The Psychological Corporation.

Korkman, M., Kirk, U., & Kemp, S.(2007). *NEPSY-II : Clinical and interpretive manual*. The Psychological Corporation.

Kwon, J. S.(1999). Halstead-Reitan Neuropsychological Battery in Korean patients. *Journal of Neuropsychology*, *7*(2), 200-215.

Lezak, M. D., Howieson, D. B., Bigler, E. D., & Tranel, D.(2012). *Neuropsychological assessment*(5th ed.). Oxford University Press.

Mirsky, A. F., Anthony, B. J., Duncan, C. C., Ahearn, M. B., & Kellam, S. G.(1991). Analysis of the elements of attention : A neuropsychological approach. *Neuropsychology Review*, *2*(2), 109-145.

Reitan, R. M.(1958). Validity of the Trail Making Test as an indicator of organicbrain damage. *Perceptual and Motor Skills*, *8*(3), 271-276.

Sahakian, B. J., & Owen, A. M.(1992). Computerized assessment in neuropsychology using CANTAB. *Journal of Neuroscience Methods*, *54*(2), 134-141.

Wechsler, D.(1949). *Wechsler intelleigence scale for children*. New York, NY : The Psychological Corporation.

Wechsler, D.(1989). *Wechsler preschool and primary scale of intelligence*(revised). San Antonio, TX : The Psychological Corporation.

Wechsler, D.(1991). *Wechsler intelligence scale for children*(3rd ed.). San Antonio, TX : The Psychological Corporation.

Wechsler, D.(1997). *Wechsler Adult Intelligence Scale-III*(WAIS-III). The Psychological Corporation.

Wechsler, D.(2003). *Wechsler intelligence scale for children*(4th ed.). San Antonio, TX : Preason.

Wechsler, D.(2009). *Wechsler Memory Scale-Fourth Edition*(WMS-IV). Pearson.

Wechsler, D.(2012). *Wechsler preschool and primary scale for children*(5th ed.). San Antonio. TX : Pearson.

Wechsler. D.(2014). *Wechsler intelligence scale for children*(5th ed.). San Antonio, TX : Pearson.

Weiss, L. G., Saklofske, D. H. Holdnack, J. A., & Prifitera, A.(2015). *WISC-V assessmentand interpretation : Scientist-practitioner perspectives*. Waltham, MA : Academic Press.

CHAPTER

07

가족 및 부부상담에서 유용한 심리검사 도구

1. Eric Berne의 자아 상태 검사를 통한 가족의 이해
2. Satir의 의사소통 검사를 통한 커플 이해

CHAPTER 07

가족 및 부부상담에서 유용한 심리검사 도구

(전주람)

1. Eric Berne의 자아 상태 검사를 통한 가족의 이해

Eric Berne의 교류 분석은 개인의 성장과 변화에 초점을 둔 체계적인 이론으로, 일상에서 타인을 이해하는 데 유용한 방법이다. 교류 분석 이론은 인본주의적 접근으로, 인간이 지닌 가능성을 믿고 상호 간의 교류와 소통을 강조한다.

'자아 상태(ego state)'란 일관된 유형의 느낌이자 경험 패턴을 말한다(Berne, 1961). 자아 상태는 구조적 자아와 기능적 자아로 구분할 수 있다. 구조적 자아 상태는 부모 자아(P : Parent), 어른 자아(A : Adult), 어린이 자아(C : Child)의 세 가지로 나뉜다. 반면 기능적 자아 상태는 '무엇'과 '내용'에 초점을 맞추어 '어떻게'와 '과정'에 초점을 두어 다섯 가지로 분류된다. 다섯 가지 자아 상태는 비판적 부모(CP : Critical Parent), 양육적 부모(NP : Nurturing Parent), 어른(A : Adult), 자유로운 어린이(FC : Free Child), 순응적 어린이(AC : Adapted Child) 자아 상태로 구분된다. 각 자아 상태 유형의 특징을 살펴보자.

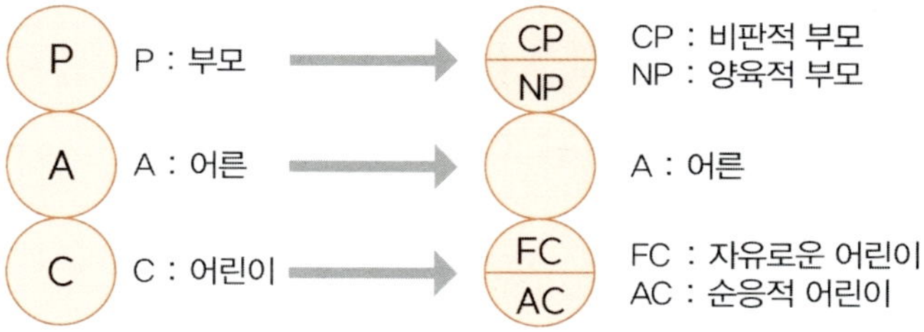

■ 부모 자아(P : Parent)

특징 : 비판, 통제 및 지배하는 특성, 부모의 가치관, 규범, 믿음 등을 반영

행동 : 보호적이거나 비판적이며, 타인에게 규칙이나 기대를 강요

감정 : 타인을 도와주고자 하는 따뜻함과 동시에 권위적인 태도

• CP(비판적 혹은 통제적 부모)
  - 이상과 양심 등 도덕적 이상을 가지고 질서와 규칙을 준수하며, 전통과 깊은 관련을 가지고 있어 질서와 규칙을 제공
  - 비판적이고 지배적인 특성으로 명령하고 비난하거나 비판하는 경향
  - 타인을 비난하고 책망하므로 그들의 개성과 창조성을 억압
  - 자신의 가치관과 사고방식을 고수하며 타인과의 교류에서 자신의 입장을 굽히지 않고 주장하는 모습도 강한 편
  - '올바른' 방식과 '잘못된' 방식을 구분하며, 타인의 행동이 자신의 기대에 부합하지 않을 경우 비판적으로 반응
  - 자신의 신념과 주장이 강하여 자신의 의사를 명확하게 표현

• NP(양육적 부모)
  - 따뜻하고 지지적인 태도
  - 타인을 격려하고 배려하며 힘들 때 위로, 타인의 감정과 필요를 이해하고 배려
  - 상대방의 성장을 돕고자 하는 의도
  - 사랑과 연민을 표현하며, 친밀감과 유대감을 중시
  - 타인을 수용하고 지지하는 방식으로, 긍정적인 상호작용을 통해 관계를 발전시키려 함
  - 친절하고 동정적이며 타인을 배려하고 공감
  - 지나친 경우, 타인을 과잉보호하거나 자율성을 억압하는 태도

■ 어른 자아(A : Adult)

특징 : 현실적이고 논리적인 사고

행동 : 상황을 객관적으로 분석하고, 정보에 기반한 결정

감정 : 감정에 휘둘리지 않고, 사실과 데이터를 중시하며 합리적으로 문제를 해결

- A(Adult) : 어른 자아
  - 사실에 근거하여 결정을 내리는 유형
  - 자신의 주도하에 P와 C를 적절하게 작동
  - 감정을 배제한 상태에서 논리적, 합리적 결정을 하므로 지나친 경우 냉정하고 비인간적인 모습으로 보일 수 있음
  - 객관적이고 합리적인 사고방식, 상황을 분석하고, 문제를 해결하기 위한 실용적인 접근 방식
  - 효과적인 의사소통을 위해 명확한 표현을 사용, 상대방의 입장과 의견을 고려하며, 건설적인 대화를 지향

■ 어린이 자아(C : Child)

특징 : 감정적이고 즉흥적인 반응을 보이며, 창의성과 호기심

행동 : 자유롭고 자연스러운 행동을 하며, 즐거움과 놀이를 중요시함

감정 : 기쁨, 슬픔, 불안 등 다양한 감정을 강하게 느끼며, 타인과의 관계에서 본능적으로 반응

- FC(Free Child) : 자유로운 어린이 자아
  - 자유롭고 솔직하게 감정을 표현
  - 호기심이 많고, 새로운 경험을 즐기며, 놀이와 즐거움을 중시
  - 긍정적인 감정을 쉽게 표현하며, 기쁨, 사랑, 놀라움 등의 감정을 자연스럽게 느낌
  - 규칙이나 제약에 얽매이지 않고, 자발적이고 자유로운 사고
  - 다만, 이러한 기능이 지나칠 경우 감정 절제의 어려움이 있거나 종종 경솔한 태도

- AC(Adapted Child) : 순응하는 자아
  - 타인의 애정을 잃지 않으려고 자신의 감정을 억악
  - 외부의 기대와 규범에 맞추어 행동하며, 타인의 요구나 기대에 맞추어 순종하는 모습
  - 순응적이고 소극적인 경향이 있으며, 타인의 비판이나 요구에 민감
  - 부모나 사회의 규범에 따라 행동하려 하며, 자신의 욕구보다는 타인의 기대를 우선
  - 타인과의 관계에서 쉽게 타협하고 자발성이 결핍되어 타인에게 의존하는 성향
  - 이들은 무엇이 좋고 싫은지 자신이 감정을 쉽게 표현하기 어려워함
  - 타인에게 협조적이고 인내력이 있는 모습

자신의 자아 상태의 유형(최경환, 2012)이 무엇인지 체크해 보자.

다음 질문을 읽으며, ①번에서 ③번 중의 어느 하나에 응답해 주시기 바랍니다.

① 그렇지 않다.
② 어느 편도 아니다.
③ 그렇다.

1.

1. 다른 사람이 잘못했을 때 좀처럼 용서하지 못합니까? ① ② ③
2. 자신을 책임감이 강한 사람이라고 생각합니까? ① ② ③
3. 자신의 생각을 양보 없이 끝까지 주장하는 편입니까? ① ② ③
4. 당신은 예의, 태도에 대해서 엄격한 훈련을 받았습니까? ① ② ③
5. 한번 착수한 일을 끝까지 해내지 못하면 마음이 편치 않은 편입니까? ① ② ③
6. 부모가 시키면 그대로 따릅니까? ① ② ③
7. 당신이 부모가 되면, 아이를 엄격히 기르겠다고 생각합니까? ① ② ③
8. 당신은 무엇이든 깔끔해 보이지 않으면, 계속 그것에 신경이 쓰입니까? ① ② ③
9. '잘못됐다', '....하지 않으면 안 된다'라는 표현을 잘하는 편입니까? ① ② ③
10. 당신은 시간이나 금전에 대해서 반드시 분명한 태도를 보여야만 한다고 생각합니까? ① ② ③

점수 계 : (　　　　　　)

2.

1. 타인이 길을 물으면 친절히 가르쳐주는 편입니까? ① ② ③
2. 친구나 나이가 어린아이들에게 칭찬해 주기를 좋아하는 편입니까? ① ② ③
3. 남을 돌보는 일을 좋아합니까? ① ② ③
4. 남의 나쁜 점보다는 좋은 점을 더 많이 보는 편입니까? ① ② ③
5. 낙담한 사람이 있다면 위로하거나 격려해 주기를 좋아합니까? ① ② ③
6. 친구들에게 무엇이든 사주는 것을 좋아합니까? ① ② ③
7. 도움을 요청받으면, 기꺼이 맡아서 처리해 주기를 좋아합니까? ① ② ③
8. 누구든 실패해도 책망하지 않고 용서하는 편입니까? ① ② ③
9. 남동생, 여동생, 또는 자신보다 나이가 적은 사람을 예뻐하는 편입니까? ① ② ③
10. 먹을 것, 입을 것이 없는 사람을 보면 도와주는 편입니까? ① ② ③

점수 계 : (　　　　　　)

3.

1. 당신은 여러 가지 책을 잘 보는 편입니까? ① ② ③
2. 어떤 일이 잘되지 않아도 화를 내지 않는 편입니까? ① ② ③
3. 어떤 일을 결정할 때 여러 사람의 의견을 듣고 정합니까? ① ② ③
4. 처음 접하는 일일 때 그 일을 잘 알아본 후 행동합니까? ① ② ③
5. 어떤 일을 할 때에 그 결과를 충분히 생각해 봅니까? ① ② ③
6. 모르는 것이 있으면 남에게 묻거나 상의해 보는 편입니까? ① ② ③
7. 몸에 이상이 생기면 조심하거나 무리하지 않도록 배려합니까? ① ② ③
8. 부모님과 감정의 상함 없이 대화를 잘하는 편입니까? ① ② ③
9. 해야 할 일들을 사리에 맞게 처리해 나간다고 생각합니까? ① ② ③
10. 미신이나 점치는 것 등을 믿지 않는 편입니까? ① ② ③

점수 계 : (　　　　　　)

4.

1. 당신은 화려한 것을 좋아하는 편입니까? ① ② ③
2. 여럿이 어울려 신나게 이야기하거나 노는 것을 좋아합니까? ① ② ③
3. '아!', '좋다', '멋지다' 등의 감탄사를 잘 쓰는 편입니까? ① ② ③
4. 당신은 말하고 싶은 것을 어려워하지 않고 말하는 편입니까? ① ② ③
5. 기쁘거나 슬플 때, 그 감정을 자유롭게 나타내는 편입니까? ① ② ③
6. 갖고 싶은 것을 가져야만 마음이 편안합니까? ① ② ③
7. 이성의 친구에게 자유롭게 말을 할 수 있습니까? ① ② ③
8. 남에게 농담을 하거나 장난으로 찝적거리는 것을 좋아하는 편입니까? ① ② ③
9. 그림을 그리거나 노래를 부르거나 하는 것을 좋아합니까? ① ② ③
10. 당신은 싫은 것을 싫다고 말하는 편입니까? ① ② ③

점수 계 : (　　　　　　)

5.

1. 당신은 남의 표정을 보고 행동하는 버릇이 있습니까? ① ② ③
2. 싫은 것을 싫다고 말하지 않고 참는 일이 많습니까? ① ② ③
3. 당신은 열등감이 강한 편입니까? ① ② ③
4. 어떤 일을 부탁받으면 곧 하지 않고 질질 끄는 편입니까? ① ② ③
5. 무리를 해서라도 남에게 항상 잘 보이려고 애씁니까? ① ② ③
6. 진실된 자신의 생각보다는 부모나 남의 말에 영향받기 쉬운 편입니까? ① ② ③

7. 슬프거나 우울한 기분을 느끼는 일이 흔한 편입니까? ① ② ③
8. 당신은 사양하는 편이며 소극적인 편입니까? ① ② ③
9. 부모의 비위를 맞추려고 애쓰는 편입니까? ① ② ③
10. 속으로 불만이지만 겉으로는 만족한 것처럼 행동합니까? ① ② ③

점수 계 : (　　　　　　　)

각 영역별로 점수의 합을 구하여 아래 그래프에 선으로 표기해 봅시다. 1번은 CP, 2번은 NP, 3번은 A, 4번은 FC, 5번은 AC입니다.

30					
28					
26					
24					
22					
20					
18					
16					
14					
12					
10					
8					
6					
4					
2					
점수					
내용					
항목	CP	NP	A	FC	AC

조별나눔

Q. 자신의 유형을 조원들에게 소개하고, 다른 조원들과 어떻게 다른지 비교 분석해 봅시다.

이제 몇몇 사례를 통해 자신과 타인의 유형이 어떻게 다른지 생각해 봅시다.

[사례 1 : 나와 엄마의 차이]

기본사항

일시 : 2021년 10월 25일

장소 : 집에서 실시함

소요 시간 : 검사에 걸린 시간은 약 10분, 논의에 걸린 시간은 약 1시간 소요됨

검사 대상 : 50대 엄마(20대 아들이 검사를 실시함)

검사결과

'나'의 자아 상태

CP	NP	A	FC	AC
3	5	10	8	9

본인의 경우 A > AC > FC > NP > CP 순으로 점수가 높게 나왔습니다. A가 높게 나온 것을 보아 논리적이고 이성적인 사고를 하는 것으로 판단됩니다. 그러나 AC가 높게 나온 점을 고려할 때, 논리적이고 이성적인 사고를 하면서도 타인의 말에 웬만해서는 순응하는 경향이 있는 것으로 보입니다. FC가 높고 CP가 낮게 나온 결과는 통제적인 상황을 선호하지 않는 것을 나타내지만, 앞서 언급한 AC가 높다는 점에서 그러한 상황을 받아들이고 순응하는 편임을 알 수 있습니다. 종합적으로 보면, 이성적이고 논리적으로 생각하며 자유롭게 표현하는 것을 좋아하는 것 같지만, 타인과의 관계에서 이러한 점들을 잘 드러내지 않고 순응적인 자세를 취하는 경향이 있는 것으로 보입니다.

'엄마'의 자아 상태

CP	NP	A	FC	AC
2	9	10	7	8

엄마의 경우 A > NP > AC > FC > CP 순으로 점수가 높게 나왔습니다. A가 높게 나온 것을 보아 평소에 이성적이고 논리적인 사고를 하는 것으로 판단됩니다. CP가 낮고 NP가 높은 점은 권위적이기보다는 다소 배려적인 성향이 강하다는 것을 나타냅니다. FC에 비해 AC가 높기 때문에 자유롭게 표현하기보다는 타인의 의견에 순응하는 편인 것으로 보입니다. 종합적으로 볼 때, 이성적이고 논리적인 사고를 바탕으로 남편의 부족한 점을 잘 파악하고 있지만, 남편을 대할 때 최대한 그에 맞춰주는 성향이 있어 지적하는 편은 아닌 것 같습니다. 그럼에도 불구하고 A가 가장 높게 나왔기 때문에 이성적인 판단을 통해 남편에게 부족한 점을 알려주는 경우도 있는 것으로 보입니다.

[사례 2 : 나와 다른 가족원][1)]

기본 사항

일시 : 2021년 10월 27일

대상 : 실시자 본인(장○○, 이하 A), 실시자의 어머니(이하 B)

소요 시간 및 장소 : 소요 시간은 약 1시간이며, 장소는 실시자 본인의 집입니다.

검사 대상자 정보

A는 20대 중반의 남자 대학생으로, 현재 별도의 직장은 없으며 맞벌이 가정환경에서 가사 활동 등을 하고 있습니다. 하루의 대부분을 혼자 보내고 있습니다.

수검자 정보

B는 50대 초반의 여성으로, 맞벌이 부부입니다. 코로나 이전에는 전업주부였으나, 코로나 기간 중에만 일을 하고 있습니다. 수검자와의 친밀감이 검사에 중요하므로, A와 가장 가까운 가족인 B를 수검자로 선택하였습니다.

검사 실시 및 방식

먼저 자아 상태 검사지를 전달한 후, 해당 테스트지의 내용을 바탕으로 약 한 시간 동안 주요 내용 및 심리 상황에 대한 질문을 통해 자아 상태를 측정하였습니다. 유형 비교의 용이성과 관계성 검증을 위해, 수검자가 테스트지를 작성할 때 떠올릴 대상을 가족으로 설정하였습니다.

1) 여기에 실린 사례는 2021년 서울시립대학교 <심리검사를 활용한 심리치료> 수업의 일환으로 학생들이 작업한 내용 중 일부이다. 학생들의 동의를 얻어 학문적 목적을 위해 소개한다.

검사 중에는 옆에서 모르는 질문에 대한 추가 정보를 제공하여 검사의 신뢰성을 높였습니다. 이 검사를 통해 기대하는 내용은 가족 내에서의 역할과 가족 내 심리 상태입니다.

결과 및 해석

실시자 본인(A)의 경우, 가족 내에서의 자아 상태 지표에서 'A'와 'NP'가 가장 높게 나타났고, 그다음으로 'AC' > 'FC' > 'CP' 순으로 정렬되었습니다. A는 가족관계에서 상대적으로 헌신적이며, 동시에 이성적이고 냉철한 모습을 보입니다. 의존-독자적 성격의 경계에서 중간에 위치하며, 폐쇄적이면서도 관용적인 특성을 지니고 있습니다.

이러한 결과를 통해 A는 가족관계에서 '장남'에게 나타나는 양상을 가장 뚜렷하게 드러냅니다. 가족으로부터 기대를 가장 많이 받고, 그 기대에 부응해야 하는 '장남' 역할의 특성상 가족에게 헌신적(NP)인 모습을 보입니다. 또한 받는 기대에 대해 알고 있기 때문에 감정적이기보다는 이성적이고 책임감을 많이 느끼고 있습니다(A). 동시에 자신의 길을 찾으려는 독자적 면모와 장남으로서의 기대 및 지원에 어느 정도 의존하는 이중적인 모습도 보입니다. 이것이 AC 지표가 중간에 위치한 이유일 것입니다. 한편, 가족의 테두리 안에서 아직 벗어나지 못하고 가족 내 장남의 역할에 매달리는 점은 해방적 지표(FC)가 낮은 것을 설명하며, 자아가 강하기보다는 부모님께 헌신하기 때문에 지배적(CP) 지표가 낮은 점 역시 설명할 수 있습니다.

이를 요약하자면, A(실시자 본인)는 가족 내에서 장남 역할에 맞는 자아가 형성되어 있으며, 이 과정에서 책임감이나 헌신적인 면모가 드러나고 있지만, 자신의 자아를 어느 정도 표출하는 것이 결여되어 있는 것으로 보입니다. 이러한 점을 해결하는 것이 중요해 보입니다.

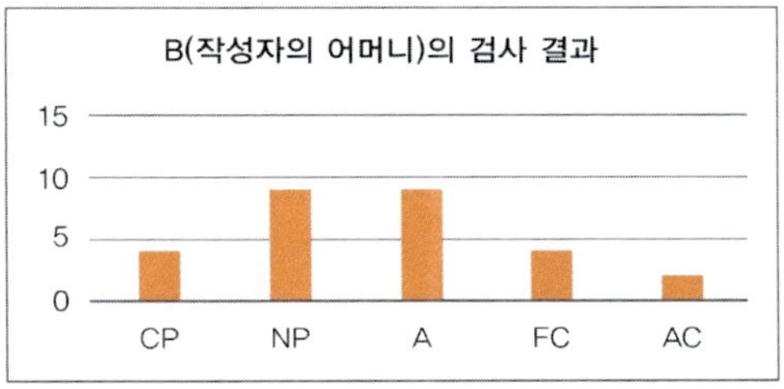

B(작성자의 어머니)의 경우, 가정 내에서의 자아 상태를 측정해 본 결과 'NP'와 'A'가 가장 높게 나타났으며, 그다음으로 'CP'와 'FC'가 이어졌고 'AC'가 가장 낮았습니다. 가장 높은 지표는 아들인 대상자 A와 유사한 양상을 보였고, 다른 지표의 점수 또한 비슷했습니다. 이는 가족이라는 관계 속에서 어머니의 모습이 아들에게 어느 정도 투영되었다고 볼 수 있습니다.

좀 더 자세히 살펴보면, B는 가족에게 헌신적이며 현실적인 모습을 보입니다. 이는 어머니의 '책임감'과 관련이 있습니다. 가정에 헌신적으로 봉사하며, 이상적이기보다는 현실적인 마인드로 가족의 앞날을 판단하는 것이 본인이 가족의 일원으로서 보이는 모습과 일치합니다. 이는 앞서 설명한 '수검자 A'의 장남으로서의 책임감이 심리 상태에 미치는 영향과 유사해 보입니다. 한편, 의존-독자적 영역을 나타내는 AC는 극단적으로 낮은 모습을 보입니다. 가족 내 어머니의 역할을 고려할 때, 독자적으로 가족을 이끄는 모습이 투영될 수 있습니다. 이는 코로나 상황 이후 맞벌이 가정에서 더욱 심화되었을 것으로 추정됩니다. 또한 '관용적'이고 '폐쇄적'인 모습 역시 가족을 이끄는 역할로 인해 포용적이지만 자아를 표출할 기회가 적었을 것으로 보입니다.

요약하자면, B(작성자의 어머니)에게서 강하게 드러나는 모습은 '어머니의 헌신'입니다. 가족에게 극단적으로 헌신하며 이러한 상황에서 자아 표현은 최대한 줄였던 것으로 보입니다. 그러나 이러한 모습은 개인의 자아를 억제하여 우울감을 유발할 수 있으므로 주의가 필요합니다.

결과에 대한 논의 및 느낀 점

B(작성자의 어머니)의 경우, 가정 내에서의 자아 상태를 측정해본 결과 NP와 A가 가장 높게 나타났으며, 그다음으로 CP와 FC가 이어졌고 AC가 가장 낮았습니다. 가장 높은 지표는 아들인 대상자 A와 유사한 양상을 보였으며, 다른 지표의 점수 또한 비슷했습니다. 이는 가족이라는 관계 속에서 어머니의 모습이 아들에게 어느 정도 투영되었다고 볼 수 있습니다. 좀 더 자세히 살펴보면, B는 가족에게 헌신적이며 현실적인 모습을 보입니다. 이는 어머니의 '책임감'과 연결될 수 있습니다. 가정에 헌신적으로 봉사하며, 이상적이기보다는 현실적인 마인드로 가족의 앞날을 판단하는 것이 본인이 가족의 일원으로서 보이는 모습과 일치합니다. 이는 앞서 설명한 '수검자 A'의 장남으로서의 책임감이 심리 상태에 미치는 영향과 유사해 보입니다. 한편 의존-독자적 영역을 나타내는 AC는 극단적으로 낮은 모습을 보입니다. 가족 내에서 어머니가 가지는 역할을 고려할 때, 독자적으로 가족을 이끄는 모습이 투영될 수 있습니다. 이는 코로나 상황 이후로 맞벌이 가정에서 더욱 심화되었을 것으로 추정됩니다. 또한 '관용적'이고 '폐쇄적'인 모습 역시 가족을 이끄는 역할로 인해 포용적이지만 자아를 표출할 기회가 적었을 것으로 보입니다. 요약하면, B에게서 강하게 드러나는 모습은 '어머니의 헌신'입니다. 가족에게 극단적으로 헌신하며 이러한 상황에서 자아 표현은 최대한 줄였던 것으로 보입니다. 그러나 이러한 모습은 개인의 자아를 억제하여 우울감을 유발할 수 있으므로 주의가 필요합니다.

이 검사를 진행하면서 가장 크게 느낀 것은, 대면심리검사와 토의가 그 자체로도 일종의 상담이 될 수 있다는 점입니다. 작성자와 어머니는 자연스러운 대화를 통해 평소에는 꺼내기 힘들었던 내면의 이야기들을 나누었고, 이 과정에서 어느 정도 마음의 짐을 덜 수 있었습니다. 또한 자아를 형성하는 요인은 단순한 개인의 문제가 아니라 공동체 내에서의 역할도 포함된다는 점을 알게 되었습니다. 가족 내 맡고 있는 역할에 따라 자아의 형태가 뚜렷하게 나타났기 때문입니다. 나 역시 가장이 되면 특정 영역에서 변화가 나타날 수 있고, 친구나 대학 공동체 내에서의 자아 검사는 판이하게 다를 수 있을 것 같습니다. 결국 자아라는 것은 상황과 시간, 그리고 주변 사람에 따라 급변할 수 있는 개념이 아닐까 하는 시사점을 가질 수 있는 조사였습니다.

2. Satir의 의사소통 검사를 통한 커플 이해

Satir 의사소통 검사지는 실제 임상현장에서 내담자들의 소통 유형을 파악하는 데 매우 유용하다. 특히 서로 '말이 통하지 않는다'고 불평하는 내담자들이 명확한 기준으로 각자의 소통 방식을 이해하고, 그로 인해 발생하는 오해를 원활하게 해소하는 데 매우 효과적인 도구이다.

여기에서는 본인의 소통 유형을 다음에 제시된 척도를 활용하여 점검해 보고, 이에 대해 몇 가지를 논의해 보고자 한다.

[의사소통 유형 검사 : 두 가지 상황]

• 검사 방법

1. 대상이 되는 인물 한 명을 떠올린다.
2. **좌측** : 평상시 상황(갈등이 없는 때)에 각 문항이 해당되는지 체크한다.
   해당되면 ○표, 해당되지 않으면 패스한다.
3. **우측** : 동일한 인물과의 관계에서 갈등이 있는 상황을 떠올리며 각 문항을 체크한다.
   해당되면 ○표, 해당되지 않으면 패스한다.

_____A. 나는 상대방이 불편하게 보이면 비위를 맞추려고 한다. ( )
_____B. 나는 일이 잘못되었을 때 자주 상대방의 탓으로 돌린다. ( )
_____C. 나는 무슨 일이든지 조목조목 따지는 편이다. ( )
_____D. 나는 생각이 자주 바뀌고 동시에 여러 가지 행동을 하는 편이다. ( )
_____E. 나는 타인의 평가에 구애받지 않고 내 의견을 말한다. ( )
_____A. 나는 관계나 일이 잘못되었을 때 자주 내 탓으로 돌린다. ( )
_____B. 나는 다른 사람들의 의견을 무시하고 내 의견을 주장하는 편이다. ( )
_____C. 나는 이성적이고 차분하며 냉정하게 생각한다. ( )
_____D. 나는 다른 사람들로부터 정신이 없거나 산만하다는 소리를 듣는다. ( )
_____E. 나는 부정적인 감정도 솔직하게 표현한다. ( )
_____A. 나는 나의 생각이나 감정을 표현할 때 남을 의식한다. ( )
_____B. 나는 내 의견이 받아들여지지 않으면 화가 나서 언성을 높인다. ( )
_____C. 나는 나의 견해를 분명하게 표현하기 위해 객관적인 자료를 자주 인용한다.( )
_____D. 나는 상황에 적절하지 못한 말이나 행동을 자주 하고 딴전을 피우는 편이다. ( )
_____E. 나는 다른 사람이 내게 부탁을 할 때 내가 원하지 않으면 거절한다. ( )
_____A. 나는 사람들의 얼굴 표정, 감정, 말투에 신경을 많이 쓴다. ( )
_____B. 나는 타인의 결점이나 잘못을 잘 찾아내어 비판한다. ( )
_____C. 나는 실수하지 않으려고 애를 쓰는 편이다. ( )
_____D. 나는 곤란하거나 난처할 때는 농담이나 유머로 그 상황을 바꾸려 하는 편이다. ( )
_____E. 나는 나 자신에 대해 편안하게 느낀다. ( )
_____A. 나는 타인을 배려하고 잘 돌보아주는 편이다. ( )
_____B. 나는 명령적이고 지시적인 말투를 자주 사용하기 때문에 상대가 공격받았다는 느낌을 받을 때가 있다. ( )
_____C. 나는 불편한 상황을 그대로 넘기지 못하고 시시비비를 따지는 편이다. ( )
_____D. 나는 불편한 상황에서는 안절부절못하거나 가만히 있지를 못한다. ( )
_____E. 나는 모험하는 것을 두려워하지 않는다. ( )
_____A. 나는 다른 사람들이 나를 싫어할까 봐 위축되거나 불안을 느낄 때가 많다. ( )
_____B. 나는 사소한 일에도 잘 흥분하거나 화를 낸다. ( )
_____C. 나는 현명하고 침착하지만 냉정하다는 말을 자주 듣는다. ( )
_____D. 나는 한 주제에 집중하기보다는 화제를 자주 바꾼다. ( )
_____E. 나는 다양한 경험에 개방적이다. ( )

______A. 나는 타인의 요청을 거절하지 못하는 편이다. ( )
______B. 나는 자주 근육이 긴장되고 목이 뻣뻣하며 혈압이 오르는 것을 느끼곤 한다. ( )
______C. 나는 나의 감정을 표현하는 것이 힘들고, 혼자인 느낌이 들 때가 많다. ( )
______D. 나는 분위기가 침체되거나 지루해지면 분위기를 바꾸려 한다. ( )
______E. 나는 나만의 독특한 개성을 존중한다. ( )
______A. 나는 나 자신이 가치가 없는 것 같아 우울하게 느껴질 때가 많다. ( )
______B. 나는 타인으로부터 비판적이거나 융통성이 없다는 말을 듣기도 한다. ( )
______C. 나는 목소리가 단조롭고 무표정하며 경직된 자세를 취하는 편이다. ( )
______D. 나는 불안하면 호흡이 고르지 못하고 머리가 어지러운 경험을 하기도 한다. ( )
______E. 나는 누가 나의 의견에 반대해도 감정이 상하지 않는다. ( )

검사를 마쳤다면 A, B, C, D, E가 좌측과 우측 상황에서 각각 몇 개인지 세어 다음 표 안에 숫자로 표기해 본다.

평상시		갈등 상황에서
	A	
	B	
	C	
	D	
	E	

• 검사 결과

A : 회유형, B : 비난형, C : 초이성형, D : 산만형, E : 일치형

회유형

회유형은 타인의 사랑과 인정을 받거나 타인에게 수용되기 위하여 자신을 무시하는 경향을 보이며, 자신을 낮추어 상대방을 만족시키려는 행동을 한다. 이러한 사람들은 감정적으로 매우 여리고 인정이 많으며, 대체

로 갈등을 회피하고 타인으로부터 받은 상처나 분노를 감추는 경향이 있다. 표면적으로는 만족한 듯 행동하지만, 내면적으로는 당연시되거나 소홀히 취급당하는 것에 대해 분개하는 감정을 느낀다. 회유형의 경우, 자신을 알아차리는 것은 타인뿐만 아니라 자기 자신을 돌보도록 하는 것을 의미한다. 즉, 과거의 대처 방식에 자기가치감과 평등성을 첨가하는 것이다. 회유형의 대처 방식을 사용하는 내담자에게는 감정을 통해 접촉하는 것이 효과적인 방법이다.

비난형

비난형은 자신이 다른 사람보다 우월하다는 것을 보여주기 위해 타인의 말이나 행동을 인정하기보다 비난하고 통제한다. 이러한 사람들은 타인을 무시하고 자기 자신과 현재 상황을 중요하게 여긴다. 또한 다른 사람들이 자신을 가치 있게 생각하고 인정한다는 것을 행동으로 표현해 주기를 바라며 요구가 많고 화가 난 듯이 행동하는 경향이 있다. 그러나 내면적으로는 자신이 외롭고 이해받지 못한다는 느낌을 가지고 있다. 이 유형의 사람들에게는 타인을 존중하는 요소를 더해줄 필요가 있다. 비난형의 대처 방식을 사용하는 내담자는 타인에 대한 기대로 인해 문제가 발생하는 경우가 많으므로, 이러한 기대 부분을 일차적으로 탐색하는 것이 효과적인 접촉 방법이다.

초이성형

초이성형은 스트레스 상황에서 합리적인 수준을 고수하며, 자기 자신과 타인의 감정을 무시한 채 상황만을 중요하게 여긴다. 표면적으로는 무감각하고 무심하게 행동하는 경향이 있다. 그러나 내면적으로는 쉽게 감정에 휘말리고 불안해하며 두려워하는 경우가 많다. 이 유형의 사람들에게는 자기 자신과 타인을 존중하고 수용하는 요소를 더해주는 것이 필요하다. 초이성형의 대처 방식을 사용하는 내담자에게는 지각 체계를 통해 용이하게 접촉할 수 있다.

산만형

산만형은 스트레스 상황에서 내적인 고통을 두려워하고 외적으로는 다른 사람들과 연결되는 것을 어려워하여 자신의 내면 역동과 외부와의 연결을 피하고자 한다. 즉, 자기, 타인, 상황을 모두 무시하기 때문에 접촉하기가 가장 어렵다. 표면적으로 이러한 사람들은 집중하기를 어려워하고 마치 광대처럼 행동하는 경향이 있다. 보통 이들과는 의미 있는 깊은 수준에서 관계를 맺기가 어렵다. 이 유형의 사람들에게는 자기, 타인, 그리고 상황을 모두 알아차리고 존중해 주는 것이 필요하다. 이들에게 치료적 변화가 일어나기 위해서는 충분한 시간을 들여 접촉하는 것이 우선적으로 이루어져야 하며, 신체적 감각, 신체적 접촉, 신체적 활동을 통해 접촉하는 것이 효과적인 방법이다. John Banmen은 이런 유형의 사람들 주위에 있는 구체적인 사물들을 살펴보게 함으로써 환경의 구성물 때문에 안정되고 경계선을 만들게 되어 신뢰를 형성한다고 언급한 바 있다.

일치형

일치형은 의사소통의 내용과 방법이 일치하는 것, 즉 전달하는 내용과 정서가 일치하는 것을 의미한다. 이때 정서란 목소리의 특징, 얼굴 표정, 몸짓, 신체의 자세, 음조, 피부색, 호흡 등이 포함된다. 이 일치형의 의사소통이야말로 자아존중감이 높고 성숙하며 기능적이고 책임감 있고 진실한 인간의 의사소통 방법이다. 따라서 Satir는 자기가치 수준을 향상시키는 것을 중요한 치료 목표로 삼았기에, 내담자가 자신의 역기능적 의사소통과 대처 방식, 즉 생존 유형을 의식하고 표현하는 경향을 통해 일치적인 의사소통을 하도록 돕는 치료 기법을 개발하여 사용하였다.

일반적으로 사람들은 자신이 지각한 것을 기초로 타인의 의도를 추론하거나 가정하기 쉽지만, 사실 확인이 되지 않은 가정이 치료 상황에서도 일어난다면 문제가 된다. 흔히 자신의 과거 경험과 사고의 틀에 근거하여 타인의 행동과 말, 감정 표현 등에서 단서를 얻어 가정하게 된다. 그러나 사람의 표현 방법과 지각에 있어 개인차가 있기 때문에 자신의 사고 틀에서 해석하는 경우 오류가 생길 수 있다. 이처럼 상대방의 언어적, 비언어적 메시지의 의미를 직접 확인해 보지 않고 나름대로 지각한 것에 기초하여 가정하기 때문에 타인을 오해할 확률이 커질 뿐만 아니라, 이와 관련하여 특정 감정도 갖게 된다.

조별나눔

Q1. 여러분의 유형은 무엇인지 조원들과 자유롭게 이야기 나누어 봅시다.

Q2. 여러분은 자신의 감정을 얼마나 잘 파악할 수 있습니까? 0~10점 척도로 볼 때, 여러분의 성숙도는 현재 몇 점 정도라고 생각하십니까? 그 이유는 무엇인지 설명해 봅시다. 또한 1점을 올리기 위해 무엇이(어떠한 인식과 행동의 변화) 필요할지 생각해 보고 조원들과 공유해 봅시다.

- 점수 :

- 1점을 올리기 위해 필요한 것 :

Q3. 온도계를 상상해 봅시다. -20도에서 50도까지 눈금이 있다고 할 때 자신의 자아존중감 수준을 체크해 봅시다. 추운지 더운지 또는 매우 더운지 그 반대인지, 혹은 쾌적한 온도인지 등에 관해 비유적으로 표현해 봅시다. 자신이 체크한 온도의 점수가 의미하는 바는 무엇입니까? 아울러 자신은 자신을 어떠한 방식으로 존중하고 있는지 조원들과 이야기 나누어 봅시다.

Q4-1. 자아존중감이 낮아 심리적 불편감을 호소하는 내담자들을 종종 만나게 됩니다. 여러분이 상담사라면, 일상에서 실천할 수 있는 자아존중감 수준을 높일 수 있는 구체적인 방법이 있을까요? 일상생활에서 어렵지 않게 실천할 수 있는 솔루션을 세 가지 제안해 봅시다.

Q4-2. 잠시 눈을 감고 자신의 모습을 떠올려 봅시다. 스스로 마음에 드는 자신의 모습도 있고 그렇지 못한 부분도 있을 것입니다. 현재까지 자신을 수용하지 못한 부분을 떠올려봅시다. 그리고 그것이 자신에게 어떻게 영향을 미치고 있는지 살펴봅시다.

- 수용하지 못한 부분 :

- 수용하지 못한 부분이 자신에게 미치는 영향 :

Q5. 자신의 의사소통 유형이 지닌 고유한 강점 및 자원을 세 가지 정리하여 기록해 봅시다.

Q6. 조별로 역할극을 시도해 봅시다. 위에서 검사한 척도를 활용하며, 비난형은 손가락으로 타인을 가리키며 비난하는 자세로 서 있고, 회유형의 사람은 바닥에 무릎을 꿇고 앉습니다. 오른손은 왼쪽 가슴에 올리고 가슴을 치며 시무룩한 표정을 짓습니다. 다른 두 사람은 관찰자의 역할을 합니다. 서 있는 사람은 앉은 사람에게 손가락으로 가리키며 비난합니다. 이 자세로 30초~1분 정도 정지하여 그 상태를 유지합니다. 신체의 감각을 느껴보고 자신과 상대방에 대해 어떠한 감정이 드는지 알아차려 봅시다. 역할극을 마친 후 각자 자신이 느낀 점을 공유해 봅시다.

Q7. (수시과제) 아침 혹은 저녁 고요한 시간 자신의 호흡을 관찰합니다. 숨이 나오고 들어가는 것을 느끼고 경험해 봅시다. 눈꺼풀이 감기고 떠지는 것과 숨이 코로 들어가 배가 나오고, 숨이 내쉬어질 때 배가 들어가는 나를 관찰합니다. 약 10분 자신의 호흡을 관찰하고 그 경험을 자유롭게 기록합니다.

- 호흡 과정에서 눈으로 관찰할 수 있는 부분은 무엇입니까?

- 호흡 과정에서 자신의 감정 상태는 변화합니까, 혹은 그렇지 않습니까? 만약 변화한다면 어떻게 변화하는지 자세히 기록해 봅시다.

참고문헌

전주람 · 한혜현(2024). **가족상담 부부상담**. 경기 : 공동체.

Banmen, J., & Maki-Banmen, K.(2014). What Has Become of Virginia Satir's Therapy Model Since She Left Us in 1988?. *Journal of Family Psychotherapy*, *25*(2), 117-131.

CHAPTER 08

심리평가 보고서

1. 심리평가 보고서의 목적
2. 심리평가 보고서 작성의 기본 원칙
3. 심리평가 보고서의 구성요소
4. 심리평가 보고서의 조직화
5. 심리평가 보고서 작성의 실제적인 지침

CHAPTER

08 심리평가 보고서

(전주람 · 전지은)

심리평가 보고서는 내담자들의 심리적 상태를 평가하고 이해하기 위해 작성되는 전문 문서로, 임상 및 교육현장에서 필수적인 역할을 수행한다. 이러한 보고서는 정서적 · 인지적 · 행동적 문제를 평가하고, 개입 및 치료 계획을 수립하는 데 활용된다. 또한 학습 지원, 사회성 발달, 보호 조치 및 법적 판단과 같은 다양한 목적을 가지며, 정확하고 신뢰성 있는 정보를 제공하기 위해 체계적인 작성 지침이 필요하다. 심리평가 보고서는 내담자의 문제를 객관적으로 평가하고, 보호자 및 전문가들이 적절한 개입을 할 수 있도록 방향을 제시하는 중요한 역할을 한다.

심리평가 보고서는 단순한 진단 도구가 아니라, 내담자들의 정서적 안정과 사회적 적응을 돕기 위한 중요한 자료로 활용된다. 특히 심리적 어려움을 겪고 있는 아동 및 청소년의 문제를 조기에 발견하고 개입할 수 있는 기초 자료가 되며 이를 통해 학습 지원과 행동 교정을 위한 계획을 수립할 수 있다. 또한 법적 판단을 내릴 때 중요한 참고 자료가 되며, 보호자와 교사가 효과적인 개입 방안을 모색하는 데 활용할 수 있다.

이 장에서는 심리평가 보고서의 목적, 작성의 기본 원칙, 구성요소, 실제적인 지침 등을 종합적으로 고찰하고자 한다. 심리평가 보고서의 작성 방식과 절차를 구체적으로 설명하고, 평가 결과가 내담자와 보호자, 교육자에게 미치는 영향을 분석하여 보다 신뢰성 있고 실용적인 평가 보고서를 작성하는 데 필요한 요소를 제시하고자 한다.

이를 통해 내담자들의 정신건강을 보호하고, 최적의 성장과 발달을 지원하는 데 기여할 수 있는 심리평가 보고서의 역할과 중요성을 강조하고자 한다.

조별나눔

Q. 심리평가 보고서는 왜 필요할까요?

1. 심리평가 보고서의 목적

심리평가 보고서는 읽는 이가 이해하기 어렵게 기술되거나 자료에만 초점에 맞춰져 있어 수검자의 특성, 의뢰 사유에 대한 설명이 부족한 보고서는 좋지 못하다. '좋은 심리평가 보고서'는 다양한 분야의 의뢰자, 부모, 피검자 등이 명확하게 이해할 수 있고 읽기 쉽게 기술된 보고서이며, 피검자의 특성, 의뢰 사유에 정확한 설명을 제공하고, 동시에 치료 계획에 대해 현실적이고 구체적인 제안을 포함하는 보고서이어야 한다.

1) 임상적 목적

심리평가 보고서는 아동과 청소년의 심리적 문제를 진단하고 치료 계획을 수립하는 데 활용된다. 이를 통해 치료자는 내담자의 강점과 약점을 분석하여 효과적인 개입 전략을 마련할 수 있다. 예를 들어, 불안장애를 가진 아동의 경우 심리평가를 통해 불안의 원인을 파악하고, 이에 맞는 치료 방법을 제시할 수 있다. 또한 심리평가는 치료의 진행 과정을 모니터링하는 데도 유용하다. 초기 평가를 통해 내담자의 현재 상태를 확인하고, 치료 후 변화를 분석함으로써 치료의 효과성을 검토할 수 있다.

심리평가는 또한 정신건강의 예방적 차원에서도 중요한 역할을 한다. 조기 개입을 통해 증상이 심각해지기 전에 적절한 지원을 제공할 수 있으며, 내담자가 자신의 감정과 행동을 이해하고 효과적으로 조절하는 능력을 개발하도록 도울 수 있다.

2) 교육적 목적

교육현장에서 심리평가 보고서는 학생들의 학습 능력, 인지기능, 정서 상태 등을 평가하는 중요한 도구로 사용된다. 특히 특수교육 대상 학생을 평가할 때 심리평가 보고서는 필수적인 역할을 한다. 개별화 교육 프로그램(IEP)을 수립할 때 심리평가 결과를 참고하여 학생의 학습 목표와 지원 방안을 결정할 수 있다. 또한 학습장애, ADHD, 정서적 문제 등의 조기 발견을 통해 적절한 교육적 개입을 제공할 수 있다. 심리평가는 학생의 학업 성취도를 높이고, 전반적인 발달을 지원하는 데 기여할 수 있다.

학습 평가에서 심리평가는 학생의 학습 방식, 정보 처리 능력, 동기부여 수준을 분석하는 데 활용될 수 있다. 이러한 평가를 통해 교육자들은 학습환경을 조정하고, 학생 개개인에게 최적화된 교육 방법을 적용할 수 있다. 예를 들어, 청각적 학습을 선호하는 학생과 시각적 학습을 선호하는 학생은 각기 다른 방식으로 정보를 처리하므로, 이에 맞는 교수 전략이 필요하다.

3) 법적 목적

법적 절차에서 심리평가 보고서는 개인의 심리적 상태를 평가하는 중요한 근거 자료로 활용된다. 이는 범죄자의 책임 능력, 심신미약 여부, 양육권 및 후견인 결정, 정신적 피해 여부 등을 판단하는 데 중요한 역할을 한다. 예를 들어, 범죄자가 특정 범죄를 저지를 당시 정신적으로 정상적인 판단을 할 수 있었는지를 평가하는 데 심리평가 보고서가 사용될 수 있다. 또한 아동 보호와 관련된 법적 절차에서도 부모의 양육 능력을 평가하는 데 활용될 수 있다.

아동학대 및 방임 사례에서도 심리평가는 중요한 역할을 한다. 아동이 겪는 심리적 외상을 평가하고, 이에 따른 보호 조치를 결정하는 데 있어 심리평가 결과는 중요한 자료로 사용된다. 법정에서는 이러한 평가 자료를 토대로 아동의 최선의 이익을 보호하는 결정을 내리게 된다.

4) 연구 및 치료 계획 수립 목적

심리학 연구에서 심리평가 보고서는 연구 데이터를 수집하고 분석하는 데 중요한 역할을 한다. 심리평가 결과는 다양한 연구에서 신뢰할 수 있는 데이터로 활용되며, 새로운 치료 기법 개발 및 기존 치료법의 효과성을 검증하는 데 기여한다. 예를 들어, 특정 심리치료 기법이 효과적인지 검증하기 위해 실험군과 대조군을 설정하고, 심리평가를 통해 변화를 분석할 수 있다. 이러한 연구는 임상심리학의 발전에 기여하며, 새로운 치료 기법이 실제 현장에서 적용될 수 있도록 한다.

심리평가는 또한 치료 계획 수립에 있어 매우 중요한 자료로 사용된다. 심리적 문제의 원인을 파악하고, 개별적인 치료 목표를 설정하며, 진행 상황을 모니터링하는 데 있어 필수적인 요소이다.

심리평가 보고서의 네 가지 목적
첫째, 의뢰 사유에 대해 명확한 답을 제공한다.
둘째, 피검자 개인에 대해 설명해 준다.
셋째, 수집된 다양한 자료를 조직화, 통합한다.
넷째, 치료적 개입방법에 대한 제언을 한다.

2. 심리평가 보고서 작성의 기본 원칙

심리평가 보고서를 작성할 때에는 객관성, 윤리성, 표준화 등의 원칙을 반드시 준수해야 한다. 이를 통해 평가의 신뢰성과 타당성을 확보할 수 있으며, 내담자에게 효과적인 개입 방안을 제공할 수 있다.

1) 객관성 및 신뢰성 확보

심리평가 보고서는 객관적인 데이터를 기반으로 작성되어야 하며, 평가자의 주관적 해석이 최소화되어야 한다. 보고서의 신뢰성을 높이기 위해 신뢰도와 타당성이 입증된 검사 도구를 사용해야 하며, 동일한 절차와 기준을 적용하여 평가를 수행해야 한다. 또한 다양한 검사 방법(설문지, 행동관찰, 면담 등)을 병행하여 종합적인 분석을 수행하는 것이 중요하다.

2) 윤리적 고려 사항

심리평가 과정에서는 내담자의 권리와 개인정보 보호를 최우선으로 고려해야 한다. 평가자는 내담자의 동의를 받은 후 검사를 진행해야 하며, 평가 결과를 보호자 및 교육자가 이해할 수 있도록 설명해야 한다. 또한 평가 결과가 내담자에게 부정적인 영향을 미칠 가능성이 있는 경우 이를 신중하게 전달해야 한다. 평가 결과는 내담자의 강점과 발전 가능성을 포함하여 균형 잡힌 시각에서 해석하는 것이 중요하다.

3) 표준화된 절차 준수

평가 과정에서는 표준화된 검사 도구와 절차를 활용하여 결과의 신뢰성을 확보해야 한다. 예를 들어, 심리검사(WISC-V, MMPI-A, CBCL 등)는 표준화된 방식으로 실시해야 하며, 검사 환경도 일정한 조건을 유지해야 한다. 또한 동일한 내담자에게 여러 번 평가를 실시할 경우, 동일한 기준을 적용하여 일관된 결과를 도출해야 한다.

심리평가 보고서의 여섯 가지 원칙

첫째, 장황한 표현을 피한다.

예 피검자는 평가자가 제시한 모든 과제에 기꺼이 최선을 다하여 성심성의껏 열심히 임하였고 평가 상황에서 동기유발이 잘 되었다.

☞ 피검자는 제시된 과제를 자발적으로 성실히 수행하는 등 동기유발이 잘 되었다.

둘째, 짧은 문장의 반복을 피한다.

예 피검자는 현재 우울하다. 피검자는 현재 불면을 호소한다. 피검자는 식욕이 감퇴되어 있다. 피검자는 주변 활동에 흥미가 없다. 피검자는 쉽게 피곤해한다. 피검자는 무력감을 호소한다.

☞ 피검자는 현재 우울감, 의욕 저하와 함께 불면, 식욕감퇴, 피로감, 무력감 등의 증상을 호소한다.

셋째, 불필요하게 반복되는 문구를 피한다.

예 귀가 잘 들리지 않고 ☞ 잘 듣지 못하고/ 얼굴 모양이 둥글고 ☞ 얼굴이 둥글고/ 빠르게 서둘렀다 ☞ 서둘렀다/ 가장 필수적인 ☞ 필수적인/ 간단히 요약하면 ☞ 요약하면

예 피검자에 대해 치매 가능성을 단언하기는 어렵지만, 이 모든 가능성을 고려하더라도 피검자는 분명히 기억력이 경미하게 저하되어 있어 불편감을 겪고 있다.

☞ 피검자는 경미한 기억력 저하로 불편감을 겪고 있다.

넷째, 모호한 표현 대신 명확한 용어를 사용한다.

예 아동은 부주의하고 산만해 보였다.

☞ 아동의 놀이 행동을 관찰한 결과, 2~3분 정도 한 가지 놀이에 주의를 기울일 수 있지만 이를 지속하지 못하고 한 가지 놀이에서 다른 놀이로 빠르게 관심을 돌렸으며, 놀이치료실 밖에서 나는 사소한 소음에도 쉽게 산만해졌다.

다섯째, 전문용어, 영어 및 약어 사용을 피한다.

예 피검자는 현재 depressive mood, anxiety를 호소하고 있다.

☞ 피검자는 현재 우울감, 불안감을 호소하고 있다.

예 피검자는 투사를 광범위하게 사용한다.

☞ 피검자는 자신의 부정적 감정, 생각, 부적응적 행동의 원인을 다른 사람의 탓으로 돌리는 경향이 있다.

여섯째, 구어체 표현을 자제한다.

예 피검자는 가족들이 자신을 해칠 것이라고 느낀다.

☞ 피검자는 가족들이 자신을 해칠 것이라는 피해 사고를 보인다.

예 지난번에 실시한 주의력 검사 때보다 수행이 매우 떨어졌다.

☞ 지난 9월에 실시한 주의력 검사 결과와 비교해 이번 검사의 수행이 유의하게 저하되었다.

3. 심리평가 보고서의 구성요소

심리평가 보고서는 일반적으로 기본 정보, 평가 방법, 검사 결과, 해석, 종합적 결론 및 권장 사항으로 구성된다.

심리평가 보고서의 구성

제목 및 머리글
피검자 신상 정보 : 성명, 성별, 연령, 교육 연한, 직업, 결혼 상태 등
의뢰 사유 및 배경 정보
실시 검사 및 평가 절차
행동관찰 및 수검 태도
검사 결과 및 해석
요약, 진단적 인상 및 제언
검사 점수 요약

1) 기본 정보 및 의뢰 이유

심리평가 보고서의 첫 구성요소는 내담자의 인적 사항과 평가를 의뢰한 이유이다. 내담자의 성명, 연령, 성별, 학력 등의 기본 정보를 명확하게 기재해야 하며, 평가를 의뢰한 주체(부모, 교사, 정신건강 전문가 등)와 평가의 목적을 구체적으로 서술해야 한다. 예를 들어, 학습 부진으로 인해 교사나 부모가 평가를 의뢰한 경우, 학업 성취도, 주의력 문제, 정서적 어려움 등 평가의 주요 초점을 기록해야 한다.

2) 평가 방법 및 절차

사용된 심리검사 도구(예 WISC-V, K-ABC, KPRC 등), 면담 방식, 행동관찰 등을 명확하게 서술해야 한다. 또한 평가 과정에서 내담자가 보인 특이 반응(예 검사 수행 태도, 정서적 반응 등)도 함께 기술하여 평가의 신뢰성을 높여야 한다.

3) 배경 정보 및 병력

내담자의 성장 과정, 가족력, 출생 시 건강 상태, 학습 및 사회적 발달, 주요 생활 사건 등의 정보를 포함해야 한다. 정신과적 병력, 과거 치료 경험, 학업적 어려움, 가족관계 등의 배경 정보는 평가 결과의 해석을 돕는 중요한 요소가 된다. 내담자가 겪었던 주요 스트레스 요인과 현재 정서적 상태도 함께 고려하여 작성해야 한다.

4) 행동관찰 및 수검 태도

평가 도중 내담자가 보인 행동 패턴, 태도, 정서적 반응을 기록해야 한다. 예를 들어, 검사 수행 중 주의집중이 어려웠는지, 불안해 보였는지, 반항적인 태도를 보였는지 등의 정보를 포함해야 한다. 평가자가 직접 관찰한 비언어적 표현(예 표정 변화, 신체 움직임)과 면담 과정에서 나타난 반응도 보고서에 포함하여 보다 객관적인 평가를 제공할 수 있도록 한다.

5) 검사 결과 및 해석

검사 결과는 수치와 함께 해석을 병행하여 제시해야 하며, 단순한 점수 나열이 아니라 평가 대상자의 특성을 구체적으로 분석해야 한다. 예를 들어, “주의력 검사에서 평균보다 낮은 점수를 기록했으며, 지속적인 주의력 유지가 어려운 특성을 보임”과 같은 설명을 추가하는 것이 바람직하다.

6) 종합적 결론 및 권장 사항

검사 결과를 종합하여 내담자의 심리적 상태를 요약하고, 필요한 경우 치료나 개입에 대한 권장 사항을 포함해야 한다. 개입방법에는 심리치료, 학습 지도, 가족상담, 사회성 훈련 등의 다양한 접근이 포함될 수 있다.

4. 심리평가 보고서의 조직화

심리평가 보고서의 조직화

- **영역별 조직화** : 개인의 인지능력, 정서 상태 및 정서적 대처 방식, 성격 특성, 대인관계 및 사회적 능력 등 구체적 영역을 논의 → 가장 많이 선호
- **기능별 조직화** : 신경심리평가, 학습장애 평가 등에서 주로 사용. 각 기능별로 구분하여 보고서 기술. 여러 기능 간 상호작용의 결과가 간과될 수 있으므로 주의 필요
- **검사별 조직화** : 시행된 검사별로 보고서를 기술. 특정 검사 점수에 지나치게 의존하여 수검자를 한 개인으로 이해하는 것을 방해할 수가 있음

첫 번째로 보고서를 어떻게 조직화할 것인가, 두 번째로 영역별로 조직화해 보고서를 작성할 경우 각 영역에 해당하는 부제를 붙인 후 해당 내용을 기술하는 것이다. 세 번째로 전체적인 것에서 구체적인 것으로 기술하는 것이 바람직하다. 포괄적인 정보를 먼저 기술한 후 그와 관련된 세부적인 내용들을 다룬다. 네 번째로 대비를 활용한다. 예컨대, "구조화된 지능검사에서 최우수 수준의 수행을 유지한 것과는 달리, 피검자는 모호한 투사검사에서는 반응 수가 매우 적고 형태 위주의 단순한 반응이 대부분이며 보편적 관점에서 지각하지 못하고 부정확한 판단을 내리는 등 수행이 저조하다. (중략) 이런 점에 비춰 볼 때, 특성이 분명하고 익숙한 환경에서는 보유한 지적 능력을 바탕으로 적응을 유지해 나갈 수 있지만, 낯설고 복잡한 상황에서는 판단의 정확성이 저하되며 단순하고 경직된 사고방식으로 인해 대처에 어려움이 예상된다."와 같이 기술할 수 있다.

행동관찰 및 수검 태도의 예시

우울해 보였다. ☞ 반응을 개시하기까지 시간이 오래 걸렸고 전반적인 반응 속도도 매우 느렸으며, 수행 도중 "내가 바보 같죠?"와 같은 자기 비판적인 언급을 자주 하였다.
검사자와 눈 맞춤을 하지 않고 과제 수행에 대해 짜증을 내며 거부하는 경우가 있었고 토막짜기 소검사 수행 시에는 시간 측정에 예민하게 반응하며 경미한 손 떨림이 관찰되었다.

5. 심리평가 보고서 작성의 실제적인 지침

1) 검사 선택 및 적용 방법

평가 목적과 내담자의 특성에 맞는 적절한 검사 도구를 선택하고, 표준화된 절차에 따라 정확하게 적용해야 한다. 평가 도구의 선택 시, 평가자의 전문적 판단이 필요하며, 내담자의 연령, 인지 수준, 정서 상태를 고려해야 한다. 예를 들어, 학령기 아동의 경우 지능검사(WISC-V)와 정서평가(MMPI-A)를 병행하여 종합적인 판단을 내릴 수 있다. 또한 언어적 이해도가 낮은 내담자에게는 비언어적 검사(Raven's Progressive Matrices) 등을 활용할 수도 있다.

검사 선택 시에는 신뢰도와 타당도가 검증된 도구를 활용해야 하며, 평가자의 숙련도가 검사 결과에 영향을 미칠 수 있으므로 검사 시행 전에 충분한 교육과 훈련이 필요하다. 또한 동일한 평가 도구를 반복적으로 사용할 경우 검사 결과의 왜곡이 발생할 수 있으므로, 적절한 기간을 두고 검사 도구를 선정하는 것이 중요하다.

2) 결과 해석 시 주의사항

검사 결과를 해석할 때는 문화적 배경, 개인적 경험, 상황적 요인 등을 고려하여 신중하게 접근해야 한다. 단순한 수치적 해석을 넘어서, 내담자의 환경과 맥락을 고려한 종합적 해석이 필요하다. 예를 들어, ADHD로 진단된 아동의 경우 단순히 충동성과 부주의가 높은 것으로 평가하기보다는, 가정 내 양육 방식, 학교 환경, 사회적 관계 등을 함께 분석해야 한다.

또한 검사 결과는 단순히 점수나 등급으로만 해석해서는 안 되며, 개별적인 심리적 특성과 연계하여 종합적인 평가가 이루어져야 한다. 한 가지 검사 결과만을 근거로 판단하는 것은 오류를 초래할 가능성이 높으므로, 다양한 검사 도구와 면담, 행동관찰 결과를 종합하여 해석해야 한다.

3) 보고서 작성 시 명확성과 간결성 유지

보고서는 명확하고 간결하게 작성되어야 하며, 전문용어의 사용은 최소화하고, 필요한 경우 설명을 덧붙여야 한다. 또한 평가 목적과 결과, 개입 방안이 논리적으로 연결될 수 있도록 구성하는 것이 중요하다.

보고서 작성 시에는 평가자의 주관적 의견이 아니라, 객관적인 데이터를 기반으로 한 설명이 이루어져야 한다. 또한 평가 결과를 쉽게 이해할 수 있도록 그래프나 표를 활용하는 것도 유용하다. 보고서를 읽는 대상이 보호자, 교사, 의료진 등 다양한 경우가 있으므로, 대상자에 따라 적절한 서술 방식을 조정할 필요가 있다.

4) 보호자 및 교육자와의 협력 강화

아동 및 청소년 심리평가는 단순한 진단 과정이 아니라, 개입과 지원을 위한 중요한 단계이다. 따라서 보호자 및 교육자와의 협력이 필수적이다.

심리평가 결과를 보호자와 공유할 때는 단순한 점수 전달이 아니라, 이를 어떻게 활용할 수 있는지에 대한 구체적인 설명과 실천 가능한 개입 방안을 함께 제공해야 한다.

보호자와 교육자의 적극적인 참여를 유도하기 위해서는, 평가 결과를 명확하게 전달하고, 내담자의 강점과 약점을 균형 있게 설명해야 한다. 또한 보호자와 교육자가 평가 결과를 바탕으로 실질적인 지원을 할 수 있도록 구체적인 행동 지침을 제공하는 것이 중요하다. 예를 들어, ADHD 아동의 경우 주의력을 향상시키기 위한 가정 내 전략이나 학습환경 조성 방안을 함께 안내하는 것이 효과적이다.

5) 윤리적 고려 사항

심리평가 보고서는 내담자의 민감한 정보를 포함하고 있으므로, 작성과 보관 시 윤리적 원칙을 철저히 준수해야 한다. 평가 과정에서 내담자의 동의를 명확히 받고, 개인정보 보호 규정을 준수하는 것이 필수적이다. 또한 평가 결과는 내담자에게 부정적인 영향을 미칠 가능성이 있으므로, 보호자 및 교육자와의 상담과정에서 신중하게 전달해야 한다.

윤리적 고려 사항에는 비밀 유지, 내담자의 인권 보호, 평가 과정에서의 공정성 유지 등이 포함된다. 평가자는 내담자의 심리적 상태를 존중해야 하며, 부적절한 진단이나 예측을 삼가야 한다. 또한 내담자가 평가 과정에서 불안을 느끼지 않도록 편안한 환경을 조성하는 것도 중요하다.

6) 평가 결과의 실질적 활용 방안

심리평가 보고서는 단순한 진단 도구가 아니라, 내담자의 실질적인 변화와 개입을 위한 중요한 자료로 활용되어야 한다. 평가 결과는 교육적 개입, 심리치료, 가족상담 등의 다양한 분야에서 활용될 수 있으며, 내담자의 성장과 발달을 돕는 방향으로 사용되어야 한다.

예를 들어, 학습장애가 있는 아동의 경우 평가 결과를 바탕으로 맞춤형 학습 계획을 수립할 수 있으며, 정서적 문제가 있는 청소년의 경우 상담 프로그램이나 심리치료 개입이 필요할 수 있다. 따라서 평가 결과를 바탕으로 구체적인 개입 계획을 세우고, 이를 지속적으로 모니터링하며 피드백을 제공하는 과정이 필요하다.

7) 다학문적 접근의 필요성

심리평가 보고서는 심리학자뿐만 아니라 교육자, 사회복지사, 의사 등 다양한 전문가들과 협력하여 다학문적 접근을 통해 활용될 때 더욱 효과적인 개입이 가능하다. 예를 들어, 정신건강 문제가 있는 아동의 경우 심리학적 평가뿐만 아니라 신경학적 검사 및 교육 심리평가를 함께 고려하여 보다 포괄적인 개입이 이루어져야 한다.

또한 보호자 및 교사와의 협력 외에도, 필요에 따라 정신과 의사나 특수교육 전문가 등의 의견을 반영하는 것이 중요하다. 이를 통해 보다 체계적이고 효과적인 지원을 제공할 수 있으며, 내담자의 성장과 발달을 최적화할 수 있다.

8) 지속적 평가와 피드백 제공

심리평가 보고서는 한 번 작성되고 끝나는 것이 아니라, 지속적인 평가와 피드백을 통해 발전해야 한다. 내담자의 상태는 시간이 지나면서 변화할 수 있으며, 이에 따라 개입방법도 조정될 필요가 있다. 따라서 정기적인 재평가를 통해 심리적 상태의 변화를 모니터링하고, 필요한 경우 개입 전략을 수정하는 것이 중요하다.

예를 들어, 치료 개입을 받은 아동의 경우 일정 기간 후 재평가를 통해 치료의 효과를 검토하고, 추가적인 개입이 필요한지를 판단할 수 있다. 이를 통해 보다 지속적이고 효과적인 심리 지원이 가능하게 된다.

마지막으로, 심리평가 보고서는 내담자의 삶에 실질적인 변화를 가져올 수 있도록 구성되어야 한다. 단순한 문제 진단이 아니라, 개입과 지원을 중심으로 한 보고서가 될 때, 심리평가는 보다 실질적인 의미를 가질 수 있다.

조별나눔

Q1. 심리평가 보고서를 작성할 때, 가장 중요하다고 생각하는 세 가지 요소는 무엇인가요? 그 이유와 함께 조원들과 심도 있게 논의해 봅시다.

Q2. 만약 심리평가 보고서에서 중요한 사실이 누락된다면, 어떠한 문제들이 발생할 수 있을지 조원들과 함께 논의해 봅시다.

Q3. 어떠한 이유로든 심리평가 보고서가 저장되지 않아 추후 확인할 방법이 없다면, 어떤 어려움이 초래될 수 있을지 조원들과 함께 토론해 봅시다.

참·고·문·헌

강연욱(2009). 혈관성 인지장애 선별검사로서 Korean-Montreal Cognitive Assessment(K-MoCA)의 신뢰도, 타당도 및 규준 연구. **한국임상심리학회지, 28**(4), 549-562.

김향희(1997). **한국판 보스톤 이름대기 검사**. 서울 : 학지사.

박은영 · 홍상황(2012). 청소년 성격평가질문지(PAI-A) 긍정왜곡 지표의 효율성. **한국심리학회 : 학교심리학, 9**(2), 275-288.

석정서(2010). 한국판 치매 평가 검사(K-DRS)의 2차 규준 연구. **한국임상심리학회지, 29**(4), 559-572.

송호정(2006). 한국 노인의 숫자폭 및 시공간폭 검사 표준화 연구. **한국임상심리학회지, 25**(2), 505-532.

이수정 · 고려진(2011). 한국판 위험성평가도구, KORAS-G(Korean Offender RiskAssessment-General) 타당도 연구. **대한범죄학회지, 5**(1), 221-258.

지연경(2011). Wisconsin Card Sorting Test-64 Card Version(WCST-64)의 한국 노인 정상규준 연구. **한국임상심리학회지, 30**(3), 1037-1046.

최선희 · 서종한(2019). 한국판 삼원사이코패스 측정도구 타당화 연구. **대한범죄학회지, 13**(3), 321-344.

Achenbach, T. M.(2001). *Manual for the ASEBA School-Age Forms & Profiles*. Burlington, VT : University of Vermont, Research Center for Children, Youth, & Families.

Arnett, J. J.(1999). Adolescent storm and stress, reconsidered. *American Psychologist, 54*(5), 317-326.

American Psychiatric Association(2013). *Diagnostic and Statistical Manualof Mental Disorders*(5th ed.). Arlington, VA : American Psychiatric Publishing.

Harrison, P. L., & Oakland, T.(2015). *Adaptive Behavior Assessment System, Third Edition (ABAS-3)*. Western Psychological Services.

Kaufman, A. S., & Kaufman, N. L.(2004). *Kaufman Assessment Battery for Children(KABC-II)*. Wiley.

Raven, J.(2003). *Raven Progressive Matrices*. Pearson Assessment.

Wechsler, D (2014). *Wechsler Intelligence Scale for Children-Fifth Edition(WISC-V)*. San Antonio, TX : Pearson.

찾·아·보·기

저/자/소/개

글

■ **전주람(Jun Joo-ram), ramidream01@uos.ac.kr**

서울에서 태어났으며, 성균관대학교 가족학(가족관계 및 교육, 가족문화)으로 박사학위를 최종 취득하였다. 서울시립대학교 교육대학원 교수학습·상담심리 연구교수로 2017년 7월부터 2019년 6월까지 재직했으며, 현재는 서울시립대학교 교직부 소속으로 〈심리검사를 활용한 심리치료〉, 〈심리학의 이해〉를 가르치고 있다. 아울러 서울가정법원 상담위원으로 2014년부터 최근까지 활동중이며, 2022년부터는 통일부 통일교육위원, 2025년부터는 경기도교육청 미래통일교육센터 통일교육해설사로 활동하고 있다. 지속적인 연구 관심사로는 가족관계, 가족치료, 문화갈등, 남북사회통합 등이 있다.

주요 논문으로는 「20대 이혼을 결심한 신혼기 부부에 관한 가족치료 사례연구」, 「북한이주민과 근무하는 남한 사람들의 직장생활 경험에 관한 혼합연구」 등 60여 편이 있으며, 저서로는 『절박한 삶』(공저, 2021년 서울대학교 다양성위원회 선정도서), 『21세기 부모교육』(공저, 2023년 세종도서 학술부문 선정도서), 『북한이주민과 지역사회복지』(공저, 2024년 학술원 우수학술도서 선정도서), 『공감을 넘어, 서로를 잇다』(공저, 2024), 『낯선 환경, 다른 공존』(공저, 2025) 등 30여 편이 있다. 2016년 KBS 〈생로병사의 비밀 : 뇌의 기적〉 600회 특집에 부부상담사로, 2021년 KBS 통일열차 일요초대석에 출연하였다. 2024년에는 국립통일교육원 〈통일책방 함께 읽는 통일 시즌 2〉에 출연하였다.

■ **전지은(Jeon Ji-eun), imjiean@naver.com**

경기도에서 태어났으며, San Francisco State University에서 Family and Consumer Science-Child Education을 전공하였다. 한양대학교에서 아동심리학으로 석사학위를 취득하였다. 2014년 경기도 교육청 생활체육과에서 프로젝트 매니저로 근무하였고 한양여자대학교에서 2018년 심리검사의 이해 과목을 강의하였다. 현재는 아동발달센터와 소아청소년과에서 아동심리치료사 및 임상심리사로 활발하게 활동하고 있다.

저/자/소/개

글

■ **한혜현**(Han Hye-hyun), dakhan@nate.com

1965년 충청남도 홍성에서 태어났으며, 1984년에 성균관대학교 수학교육과에 입학하였으나 80년대 시대적 상황상 뒤늦게 학업을 마쳤다. 논노 노조위원장을 거쳐 1992년 대통령 선거 이후 내일신문 기자 겸 내일여성센터 서울사무국장(1995), 대구내일여성센터 회장(1996)을 역임하였고, 아우성센터(현 푸른 아우성, 2000), HD가족클리닉(2007)에서 본격적인 가족상담, 부부상담을 시작했다. 서울불교대학원대학교에서 상담심리전공을 수료하고 2010년에 I&H 심리치유센터를 개소하여 부부상담, 가족상담, 개인상담을 해오며, 2012년부터는 서울가정법원 상담위원으로 현재까지 활동하고 있다. 2013년부터 '친밀한 관계를 위한 부부워크숍' 프로그램을 개발하여 종로구건강가정지원센터(현 종로구가족센터), 마음치유학교 등에서 총 400여 쌍 부부 대상 집단상담을 진행하였다. 2020년부터 2021년에는 서울가정법원 상담위원협의회 회장을 역임했다. 가족상담사(2009, 한국가족상담협회), 상담심리사(2012, 한국상담심리학회), 게슈탈트치료 전문지도자과정 수료, PREPARE-ENRICH국제공인상담사(2013, ENRICH KOREA 한국본부), 동작중심표현예술 Tamalpa Practioner 수료(2011, Tamalpa Institute), 국제공인 SEP(Somatic Experiencing Practitioner, 2019, Somatic Experiencing Trauma Institute) 과정을 통해서 다양한 임상 경험과 상담의 전문성을 키워왔다.

저서로는 『복지부 국민건강보험공단 정책연구원 장기요양가족 상담지원프로그램 매뉴얼』(공저, 2016)이 있다. 현재 종로구 인왕산 자락에서 I&H 심리치유센터(2010~)를 운영하며, 서울가정법원의 이혼소송부부, 아동보호사건, 가정보호사건 상담위원 등으로 활동하면서 이혼위기 부부상담, 트라우마 상담, 가정폭력, 아동학대 등 위기 가족상담 등을 진행하고 있다.

그림

■ **전주성**(Jeon, Ju-sung), jjs171@naver.com

세상이라는 거친 파고에 지친 이들의 마음에 그림으로 위로를 수놓고 싶습니다. 단순한 희망을 넘어, 깊은 적막과 고요함 속에서도 한 줌의 흙에서 새싹이 돋아나듯, 메마른 영혼에 진정한 위안과 생기를 불어넣고자 합니다.

심리검사 및 평가

|공저자| 전주람 · 전지은 · 한혜현
|표지그림| 전주성

|1판 1쇄| 발행 2025년 12월 30일

|발행인| 김 동 훈
|발행처| 공 동 체

|주소| 경기도 고양시 일산동구 호수로 358-39
동문타워 I 905호(백석동)
|전화| 031) 814-3000(대표)
|팩스| 031) 814-3100
|홈페이지| http://www.compub.co.kr
|전자우편| compub@naver.com
|출판등록| 2005년 10월 6일
|등록번호| 제396-2005-36호

|ISBN| 979-11-7554-001-9
정가 21,000원